湖南红色

墨园文库

汝城县革命斗争史

1921—1949

《湖南红色基因文库》编纂出版委员会 / 中共湖南省委党史研究院 ◎ 编著

湖南人民出版社 中共党史出版社

图书在版编目（CIP）数据

汝城县革命斗争史：1921—1949 /《湖南红色基因文库》编纂出版委员会，中共湖南省委党史研究院编著. —北京：中共党史出版社；长沙：湖南人民出版社，2023.10
（湖南红色基因文库）

ISBN 978-7-5098-6195-0

I.①汝…　Ⅱ.①湖…　②中…　Ⅲ.①革命史—汝城县—1921—1949　Ⅳ.①K296.44

中国版本图书馆CIP数据核字（2022）第226383号

RUCHENGXIAN GEMING DOUZHENGSHI（1921—1949）

汝城县革命斗争史（1921—1949）

出版发行　中共党史出版社　湖南人民出版社

策划编辑　贺　娅

责任编辑　赵　雨

社　　址　北京市海淀区芙蓉里南街6号院1号楼

邮　　编　100080

网　　址　www.dscbs.com

经　　销　新华书店

印　　刷　长沙鸿发印务实业有限公司

开　　本　787 mm × 1092 mm　1/16

字　　数　317千字

印　　张　17.75

版　　次　2023年10月第1版

印　　次　2023年10月第1次印刷

书　　号　ISBN 978-7-5098-6195-0

定　　价　65.00元

营销电话：0731-82221529　　（如发现印装质量问题请与出版社调换）

《汝城县革命斗争史(1921—1949)》编委会

总　序

　　习近平总书记反复强调，要把红色资源利用好、把红色传统发扬好、把红色基因传承好。红色基因记录着中国共产党筚路蓝缕、奠基立业的光辉历程，蕴含着共产党人初心如磐、使命如山的坚定信仰，承载着党带领全国各族人民不懈奋斗、实现中华民族伟大复兴的使命担当，是党带领人民战胜一个又一个艰难险阻、不断从胜利走向胜利的精神密码和重要法宝。

　　湖南是伟人故里、红色圣地、革命摇篮，拥有得天独厚的党史资源和革命胜迹，以毛泽东、刘少奇、任弼时、彭德怀、贺龙、罗荣桓等为代表的一大批革命家、军事家及英雄模范人物群体在这里孕育诞生。百年来，湖南以其砥柱之坚、开创之功、牺牲之众、贡献之大，奠定了在百年党史特别是中国革命史上的重要地位，成为当之无愧的红色基因宝库。

　　习近平总书记高度赞誉湖南"十步之内，必有芳草""寸土千滴红军血，一步一尊英雄躯"，多次嘱托湖南"要教育引导广大党员、干部发扬革命传统，传承红色基因，牢记初心使命，走好新时代长征路"。为深入贯彻习近平总书记系列重要讲话指示精神，推动全省红色资源保护利用，中共湖南省委部署启动《湖南红色基因文库》这一大型党史系列丛书编纂出版项目。

　　编纂出版《湖南红色基因文库》是一项重要的政治工程、历史工程、文化工程。省委对此高度重视，先后担任省委书记的杜家毫、许达哲、张庆伟多次作出指示批示，省委几任秘书长谢建辉、张剑飞、谢卫江多次协调调度并作出批示，省委办公厅、省委组织部、省委宣传部、省教育厅、省财政厅、省社科联、省新闻出版局等部门单位密切配合，省委党史研究院精心组织、周密安排，各市州及相关县市区委高位统筹、协同协作，确保丛书征编、组稿、审核、出版等各项工作稳步推进、有序展开。

《湖南红色基因文库》以中国共产党在湖南百年历史中的重大事件、重要人物为经纬，共编纂百余种图书，包含湖南地方党史基本著作、以新中国成立后国家批准认定的湖南一类革命老区县为基础编纂的地方革命斗争史、以湖南发生的重大党史事件及重要历史经验为内容的专题史书、以湖南重要党史人物及先锋模范人物为内容的史料著作，以及重要红色遗址遗迹、纪念场馆、红色文献资料图书，从史料的时间跨度、覆盖的广度、挖掘的深度上可谓"百科全书"式的党史著作。

丛书编纂出版始终坚持以习近平新时代中国特色社会主义思想为指导，以党的三个历史决议为遵循，坚持辩证唯物主义和历史唯物主义，坚持正确党史观，牢牢把握党的历史发展的主题主线、主流本质，按照突出重点、区分层次、优化设计的要求，以收集整理历史文献资料为主，适当兼顾党史故事叙述宣传，力求融政治性、思想性、资料性、可读性于一体，做到观点正确、史实准确、主题鲜明、图文并茂。

丛书编纂出版从一个侧面显现中国共产党的百年苦难辉煌历程，集中反映百年党史中湖南的重大事件、重要人物及其重要思想，着力阐释宣传中国共产党团结带领全省人民在为实现民族独立、人民解放和国家富强、人民幸福而不懈奋斗中取得的重要成就、成功经验及所锻造形成的伟大精神，为党员干部、社会群众尤其是青少年提供最好的"教科书""营养剂""清醒剂"。

迢迢复兴路，悠悠中国梦。一切向前走，都不能忘记走过的路，走得再远、走到再光辉的未来，也不能忘记走过的过去，不能忘记为什么出发。让我们永远传承弘扬中国共产党的伟大建党精神，紧密团结在以习近平同志为核心的党中央周围，砥砺初心、高举旗帜，不断把红色基因滋养转化为加快建设现代化新湖南、实现中华民族伟大复兴中国梦的强大精神力量。

是为序。

《湖南红色基因文库》编纂出版委员会

前言

　　耒耜，耒山，耒水，神农制耒耜，根植于汝城。

　　汝城，位处湘粤赣边陲，水注三江，鸡鸣三省。

　　汝城县，公元 358 年始置县，2017 年，联合国地名专家组授牌为"千年古县"。

　　汝城沙洲，习近平总书记多次深情讲述半条被子故事的发生地。

　　汝城拥有丰富的红色资源，为湘粤赣"红三角"之中心地带。

　　汝城人民智慧善良，勤劳勇敢，在中国共产党的正确领导下，百折不挠求真理，高举红旗勇争先。

　　汝城人民的革命斗争，与北伐战争、南昌起义、秋收起义、广州起义、湘南起义、红军长征、三年游击战争、抗日战争、解放大业都息息相关，历史有烙印，文献有记载。

　　汝城是南昌起义部队的休整地，朱德与范石生建立反蒋统一战线的合作地，湘南起义的策源地，支援广州起义的出发地，红军长征突破第二道封锁线的主战场，中央红色交通线复线穿越地。

　　土地革命战争时期，汝城工农革命运动引发湘南起义，星火燎原之后，汝城属于井冈山根据地、湘赣苏区和中央苏区范围。

　　从郴州北街客栈到汝城老街书店，一盏"永丰和"的油灯，一缕信诚书社的阳光，铁锤镰刀铸就核心力量，领导人民探寻真理，谋求解放，不畏艰难险阻，勇往直前。

烽火汝城，势必燎原：工人—农民—商学兵；农会—赤卫队—工农革命军；犁头—蜈蚣—铁锤镰刀旗；梭镖—木棍—刀枪林立；区乡—县城—湘粤赣边；党支部—特别支部—C.P驻汝特别工委……全凭共产党的坚强领导，才有风起云涌，蓬勃发展的汝城工农革命运动。

1927年，"汝城是当时唯一未受到国民党叛变打击的一个县，农工运动仍然蓬蓬勃勃"。汝城一时担当起了湖南工农革命运动中心的光荣使命，被中共中央政治局临时常务委员会委员周恩来等誉为"新湖南"。

"桂汝秋收起义连克两座县城，并建立了汝城县苏维埃政权，实现了湖南省委的计划，对湘南地区的武装斗争产生了重要的影响。"——得到中共中央的认可，这就是有名的汝城"新湖南"。

汝城"新湖南"的汗青，镌刻着从"4·12"到"8·15"这125天——沧桑与巨变：有毛泽东第一篇军事著作《湘南运动大纲》指导，"以汝城县为中心"的湘南秋收起义，才有胜利的硝烟；有周恩来的指令，组建工农革命军第二师，才成为"中国共产党领导的第一支打出了工农革命军旗号的武装力量"；有朱德与范石生在汝城建立的反蒋统一战线，才力挽狂澜，拯救革命，保存了南昌起义的火种；汝城衡永会馆的马灯，照亮了湘南起义的宏伟前景。

湘南起义后，毛泽东率部下井冈，到汝城接应朱德队伍，攻克寒岭脑、银岭头、鸭屎片和县城；开始落实三大纪律六项注意，开始建立井冈山外围根据地，开始接触湘南起义队伍，顺利实现朱毛会师，开启了井冈山根据地的新征程。

指头春药店的殷切私语，朱毛红军又回来了，酝酿了汝城党政军的复兴，创建了中共资汝边区支部、资汝赤色游击队。

汝城是革命老区。红五军、红九师、红七军、红三军团，先后都到汝城，扩红建政，打土豪，分田地，老区人民积极参军参战，给予了大力支援。

彭德怀三打胡凤璋，"湘南王"的西洋楼里，再也没有往日的骄横；中央红军占领汝城，模范学校回荡着响彻云霄的冲杀声，翱翔着红三军团教导团英姿飒爽的雄鹰；集龙圩江西会馆的石柱大门，千百双眼睛凝视着彭大将军树立的盾牌——"汝城县革命委员会"，字字千钧，威震湘粤赣边。

"五岭逶迤腾细浪"，1934年秋冬，红六军团九千余人，历时3天，中央红军8.67万大军，历时16天，先后穿越罗霄山南端——汝城，行程180余公里，足迹遍及汝城23个乡圩，200多个山村。汝城党组织和人民群众积极配合，无私支援，红军在汝城胜利突破国民党第二道封锁线。

《出路在哪里》、《红星》号外、放弃县城、延寿战役、文明休整、新三人团、苏维埃银行、弃辎重一半、战略调整——运筹帷幄在汝城。

半条被子，红军借据，同志们跟我上、一块山楂片、一只藤碗、一口米汤的动人故事，彰显出"军民团结如一人，试看天下谁能敌"的无穷力量，凝聚着军民鱼水情谊。

"在湖南汝城县沙洲村，3名女红军借宿徐解秀老人家中，临走时，把自己仅有的一床被子剪下一半给老人留下了。老人说，什么是共产党？共产党就是自己有一条被子，也要剪下半条给老百姓的人。"

2016年10月21日，中共中央总书记习近平深情地铿锵有力地讲述这感人肺腑的故事，这一番话响彻神州大地。

东边山，西边山，东西边山的老百姓全都从了红军。搞"清剿"，断炊烟，株连九族，放火烧山，崇山峻岭之中汝城东西边山坚持三年游击战争。

抗日战争之初，汝城国共合作又得到了迅速发展。星光书店，濠头剧团，殿华大幕，土桥建机场，救援"飞虎队"，护送飞行员，奔赴延安。叶震宇、欧阳泗、朱宇平、邓驹、何作梯、袁贤瑸、何秉才、白皓、范大生……数千汝城英雄儿女浴血疆场，英勇抗战。

汝城成为湘粤大后方，百万难民涌入。湖南省府、省党部、第九战区、陆军空军、中山大学纷纷迁往汝城。谷米、油盐、衣服、柴草、住房，高度紧张。汝城人民勒紧裤带，义无反顾，抠出口粮，也要供给军队和难民。汝城民众为抗战顾大局，做出的巨大牺牲和贡献，受到了中共湖南省委的高度称赞。

民心企盼，解放大业。

1947年8月底，东岭乡乡公所突然"天兵"降临，乡长、副乡长被游击队一锅端；接着集龙警察分局，驻江西会馆，汝桂游击队在此打响了湖南解放第一枪——1947年10月29日。

1949年5月1日，汝城独立大队解放文明，文明成为湖南省第一个解放的乡，"汝城县军事管制委员会文明办事处"——这就是人民政权。

1949年6月13日，汝城、桂东人民武装5000余众，汇集泉水殿华整编，湘南地委组建了湘南支队。

同年，6月25日，宣布汝城解放，汝城成为湖南省第二个解放的县。

同年，7月11日，活捉"湘南王"胡凤璋；8月15日，公决胡凤璋。

同年，8月26日，汝城县人民政府宣告成立，朱汉樵就任第一任县长。从此，汝城人民获得了彻底解放，汝城的历史开启了崭新的征程。

这块红色土地，养育了一大批党和人民的优秀儿女——朱青勋、朱舜华、李涛、宋清贤、何翊奎、朱良才、邓毅刚、宋裕和、何举成、朱春荣……

汝城这片血染江山，留下了毛泽东、朱德、刘少奇、周恩来、任弼时、陈云、彭真、董必武、林伯渠、张闻天、彭德怀、邓小平、陈毅、王震等老一辈无产阶级革命家的光辉足印。

28年的历史告诉我们：人民，只有人民，才是创造历史的真正动力。只有在中国共产党的领导下，始终相信人民，紧紧依靠人民，充分调动人民群众的积极性和创造性，革命斗争才能取得圆满成功，人民大众才能获得彻底解放，人民群众才能真正当家做主人。

目 录

第一章

汝城党组织建立前后

───────── ★ ─────────

　　汝城是湘南古邑。相传华夏祖先神农氏曾在此发明耒耜。县城南面百余公里的韶关曲江，即是"马坝文化"的发源地。汝城秦时为长沙郡郴地，湘南的汝城与粤北的仁化交界处建有秦城。东晋穆帝升平二年（358）置汝城县，南北朝改称卢阳，唐改义昌、郴义，宋太平兴国初年改名桂阳，1913年复称汝城县。

　　汝城位于湖南省东南部，总面积2444.57平方公里，属中亚热带向南亚热带过渡的季风湿润气候。境内河网密集，水流湍急，水能资源丰富；多丘陵和山地，林地面积占总面积的80%，树种和野生动物品种繁多；地下矿藏丰富，铁矿、钨矿储量很大，是著名的"有色金属之乡"。自古以来，勤劳勇敢的汝城人民就在这块土地上劳作生息。

　　然而，近代以来，随着民族矛盾和阶级矛盾的不断加深，帝国主义、封建主义和官僚资本主义的剥削，压迫日益加剧。汝城经济凋敝，政治腐败，民不聊生。

一、汝城反帝反封建革命的背景

"穷人头上三把刀:租子重,利息高,苛捐杂税多如毛。"旧社会穷人受剥削,地租、高利贷和苛捐杂税,像三把刀威胁着他们。

1915 年,汝城水灾,南乡八丘田一带的农田大半被冲毁;1917 年 4 月,汝城又遇水灾,东北区濠江沿岸田土十之八九被毁。1917 年、1918 年,汝城连年大旱,井干河涸,田成焦土,百姓饿死者无数。

汝城绅商学界曾把汝城经济凋弊、民生痛苦的情况呈报当时的县长唐承绪,称:"查敝邑山多田少,向称贫瘠,正供不过尔尔。而居民十五万有奇。每年生计,田租而外,惟以纸木两项收入为大宗。……光复而后,田租则岁岁歉收,生计则种种跌落。一元七斤之米,上年之饥荒可惧;十室九空之叹,今日之现象已成。又复军米也,军款也,契捐也,八年而征九年之饷也,地方附加税之厘卡新加也,无一非吾汝城经过之惨史,即无一非吾汝城将尽未尽之生命。兹复大军压境,倘不预为之所,事事仍责令地方负担,无论其不能支持日久,恐再逾一二星期,斗大垂危之汝城,亦将无法应付,势必至民兵交困不止。"可见汝城人民负担之重。

由于帝国主义列强、军阀政府、地主乡绅的残酷剥削和压迫,严重阻碍和破坏了生产力的发展,导致社会矛盾不断激化,人民反帝反封建革命浪潮迭起。

进步青年投身反帝反封建的洪流。1919 年,五四运动爆发,一大批汝城进步青年怀着救国救民的抱负,接受和传播马克思主义,投身反帝反封建的革命洪流,朱舜华就是其中的代表人物。

朱舜华(又名张琼),1902 年出生于汝城县卢阳镇津江村一个封建官僚家庭,16 岁到衡阳湖南省立第三女子师范学校读书,积极参与新文化运动,并与进步学生何宝珍等朝夕相处,思想日趋进步。1919 年五四运动爆发,她积极投入运动,并在运动中结识了毛泽东、刘少奇、何叔衡、杨开慧等著名人士。后朱舜华经何宝珍等人介绍加入新民学会,并参加了毛泽东组织的驱逐军阀张敬尧的游行示威活动。

1920 年 7 月,朱舜华参加何叔衡组织的"赴衡驱张"代表团,到郴州宣传时回到汝城,分别在储能学校、濂溪书院、云头书院组织发动师生及爱国人士、各界绅商集会,宣传马克思主义,向濂溪学校在读学生李涛、朱良才、邓毅刚等介绍《新青年》等进步书籍,号召大家行动起来,"外争国权,内惩国贼""坚决抵制洋货"。

1922 年 10 月,经刘少奇、杨开慧介绍,朱舜华加入中国共产党。毛泽东多次教诲朱舜华说："干革命不容易，要吃得千辛万苦，你受得住就干下去，受不住就回你家那个大花园去。"朱舜华坚定地说："要是受不住，我就不跑出来了。"

五四运动期间，汝城已经有濂溪、云头、朝阳和白石四大书院，以及各大姓氏开设的储能、启明、养正、培正等新式学校，几乎都向学生灌输进步思想。朱良才、李涛、邓毅刚、何举成等青年在这些学校接受了新思想、新文化。其后新式学校逐渐取代私塾和书院，全县有高小6所，初小数十所。五四运动前后，胡宗腾、袁同畴、朱梦轩、朱应会、朱应祺、何伦方等人更是远涉重洋，赴法国、日本、英国等地留学。这些较早接受新思想、新文化影响的进步青年力图教育救国，强兵救国，振兴中华。其中，何翙奎为代表之一。何翙奎（又名辅仁），字竹贡。1897年生，汝城县田庄乡蔡家村人。在五四运动新思潮的影响和推动下，他矢志教育救国，在田庄圩创办柱石小学，自任校长，励志成为田庄老百姓的柱石；后又与他人筹创新民高级小学，当选为校董，追求新民主主义。他以学校为阵地，积极宣传新思想、新文化，期盼在当地树立起新的风气。

毛泽东在湖南一师的同学张盛珊，1912年毕业后，回汝城文明乡当小学教员，在五四精神的鼓舞下，自筹资金在家乡文明乡韩田村办起了培正学校，吸纳周边数百学生，以教书为掩护，传播新思想、新文化。

投身黄埔寻求救国救民道路。1924年，孙中山在广州改组国民党，创办黄埔军校。受民主革命思想的影响，汝城一大批仁人志士先后考取黄埔军校。其中，有父子、夫妻、兄弟、兄妹同是黄埔军校学生的，如何仇、何诗豪、朱思莲一家两代三位黄埔生，朱纯清、朱丹、朱树藩和叶琦、叶琳、叶畴九，两家各有三兄弟读黄埔军校，他们毕业后投身抗日和革命斗争。在汝城籍黄埔军校学生中，邓毅刚、罗赤魂、何诗豪等加入中国共产党，从事党的工作，邓毅刚是在中央苏区牺牲的级别最高的将领之一。井坡古塘袁同畴、袁正东、袁友牧则为同族将军。

二、马克思主义在汝城的传播

新思想、新文化的迅速传入和大批汝城进步青年外出寻求革命真理，为马克思主义在汝城的传播奠定了坚实的基础。

朱舜华是汝城最早接受和传播马克思主义的人，是中国共产党最早的女党员之一，也是汝城县最早的中共党员。

继朱舜华之后，朱青勋在汝城大力传播马克思主义。朱青勋是汝城县卢阳镇联江白石村人，出身于贫苦农民家庭，15岁入县城一家客栈做小工。1923年，他离开汝城到郴州谋生，住表兄宋清贤的"永丰和"客栈。宋清贤思想激进，性格豪爽，时为郴州北街宋氏宗祠的理事，对朱青勋给予很大帮助。朱青勋在郴州街头以卖猪肉为生，仗义疏财，常接济往来"永丰和"客栈的汝城老乡。表兄弟二人被称为"'永丰和'客栈二杰"，声名远扬。其间，他们帮助过在郴州第七联立中学读书、因参加学潮被校方开除的李涛（又名李湘民），回家葬父期间与地方豪恶产生矛盾逃往郴州的何举成。

在朱青勋、宋清贤的关心帮助下，何举成、李涛、何翙奎等一批在郴州的汝城籍青年学生经常到"永丰和"客栈聚会，一起阅读进步书刊，一起探讨救国救民和改造社会等问题，逐步接受了马克思主义思想，引起中共郴县特别支部的关注。

1925年，上海五卅惨案爆发，朱青勋、宋清贤、何举成、李涛等在郴州参加中共郴县特别支部组织的"雪耻会""后援会"，反对帝国主义和抵制日货，得到了中共郴县特别支部孙开球、李一鼎、陈奇、骆昌义等人的引导，予以重点培养。1926年春初，经陈奇介绍，特别支部批准，朱青勋、宋清贤加入了中国共产党，并先后回县开展革命活动。

其后，在长沙、衡阳读书的汝城籍学生陈烈、朱圣祖、范旦宇等12人也回到汝城开展反帝爱国宣传，号召汝城人民抵制日货，并成立汝城"雪耻会"。1926年，何日升在衡阳省立三师读书时加入了中国共产党。同年7月，何日升暑假回家，联络回乡的曹裕源、卢正祜、何作崖、何作森等进步学生，组织启明学校、储能学校、县立中学和成教女校的师生，上街宣传孙中山"联俄、联共、扶助农工"三大政策，清查日货，打击奸商，组织演出队下乡巡回演出《农民苦》《童养媳》等节目，成立了对日经济绝交委员会。

这些走出汝城的爱国青年，较早地接受了马克思主义，思想上实现了由旧民主主义向新民主主义的转变，加快了马克思主义在汝城的传播，促进了汝城人民的觉醒。在后来的各项革命运动中，这批进步青年大多站在了斗争的最前列，为汝城党组织的诞生奠定了良好的思想基础。

三、建立汝城党组织

汝城党小组诞生。朱青勋、宋清贤、何举成、李涛、何翙奎加入中国共产党后，把"永丰和"客栈作为联络点，积极团结进步青年知识分子，聚集革命力量，经常向他们宣传马克思主义和革命道理。

1926年2月，经中共郴县特别支部批准，汝城党小组在郴州北街宋氏宗祠成立。朱青勋为小组长，宋清贤、何举成、李涛、何翙奎等为成员。中共汝城组织建立后，积极带领汝城民众开展轰轰烈烈的反帝反封建革命斗争，汝城人民的革命斗争历史从此揭开了新的一页。

汝城党支部成立。1925年，汝城始设电报局，开通长途电话。同年，附城田家岭村邓淑文在县城中大街开设信诚书社，经营各类图书。此后，信诚书社置办手摇圆盘铅字印刷机，承印名片、信封、政府文件并开展广告业务等，生意旺极一时。一批有志青年和开明绅商常在此交流实业救国、科技救国的进步思想。

1926年6月，经中共郴县特别支部考察批准，建立中共汝城县支部。地址选在信诚书社。朱青勋为支部书记，何举成为组织委员，何翙奎为宣传委员。朱青勋主持全面工作，并兼管中乡的农运工作；何举成、何翙奎、宋清贤分别负责濠头、田庄、南乡的农运工作。同时，根据中共郴县特别支部的指示，选送李涛、朱书诚到湖南政治讲习所学习农运知识。

中共汝城县支部成立后，积极开展各项工作：1.大力宣传孙中山的新三民主义，唤起民众，推动国民革命。2.开展革命统一战线工作。3.开办农运讲习所，大力培训工农运动骨干，发展党的组织。4.以个人名义加入国民党。根据上级组织指示，党支部决定朱青勋、何举成、何翙奎等分别以个人名义加入国民党，着手筹备国民党县党部。其间，经考察，钟碧楚、何大修、何亚奎、欧阳濛、朱忠良、朱道行、叶愈蕃、何湘尧、范大澂、曹一士、刘光明、胡书田、曹先德、曾棠等工农运动先进分子相继加入了中国共产党。

中共汝城特别支部建立。中共汝城县支部积极带领汝城民众与反动势力展开了争自由、争民主的革命斗争。为适应形势发展的需要，1926年8月，奉中共湖南区委指示，也是在信诚书店，中共汝城县支部扩大为中共汝城特别支部，代号"何儒林"，直属中共湖南区委领导。朱青勋为中共汝城特别支部书记，何举成为组织委员，何翙奎为宣传委员，李涛、宋清贤为委员。扩大后的中共汝城特别支部发展党员至20余人。

四、重建国民党汝城县党部

1912年冬，国民党湖南省党部派宋世楠到汝城发展党组织，成立了中国国民党汝城县党部，党员发展至 700 余人。县党部设总务、组织、文书、交际四科。1914
年，袁世凯复辟帝制，排斥国民党，下令解散国民党各级组织，国民党汝城县党部
转入秘密活动，后逐渐销声匿迹。到 1924 年国民党一大召开时，国民党组织在汝城
县不复存在。

1923 年 6 月，中国共产党第三次全国代表大会确定了全体共产党员以个人名义
加入国民党，与国民党建立革命统一战线的方针。

1926 年 6 月，根据国共合作的原则，朱青勋、何举成、何翊奎等共产党员均以
个人身份加入了国民党。他们以中共汝城县支部为核心，联络国民党左派，在县模
范学校成立国民党汝城县党部筹备处，朱青勋、何举成、何翊奎、钟碧楚等为筹备
处负责人。8 月中旬，中国国民党汝城县第一次代表大会召开，有 10 名委员参会，
他们是：何举成（常务）、何国栋（组织）、欧阳焜（宣传）、朱青勋（农工）、何
翊奎（财务）、宋训玉（青年妇女）、何大仁（监委常委）、钟湘灵（又名钟碧楚，
监委）、胡光昭（文书）、朱正显（监委）。前 8 人都是共产党员，后 2 人是国民党
左派。出席大会的代表 100 余人，农民、工人、进步知识分子占绝大多数，共产党
员占三分之一。

在统一战线的旗帜下，由共产党员和国民党左派掌权的国民党汝城县党部，实
际领导权牢牢掌握在共产党手中。

1951 年 1 月 27 日，李涛在讲到这一情况时说："那个时候的国民党有许多地方
组织是共产党员把它组织起来的。别的地方我不知道，在湖南省，我可以证明。特
别是在湘南，从有国民党我就参加了，那是共产党组织的国民党。"①

五、汝城人民支援北伐

1926 年 5 月，北伐军先遣队叶挺独立团挺进汝城。中共郴县地方执委派朱青
勋、李涛等回汝城组织农民运动，支援北伐军过境。以朱青勋为首的汝城党组织，
发动民众，给予北伐军大力支援。成立了支援北伐军筹备委员会，动员各机关、学
校、社团，以极大的热情，全力以赴支援北伐军。广大师生上街游行，宣传北伐战
争；各地农协成立支前队伍，积极筹粮筹款，并设立慰问站、茶水站。

朱青勋、李涛还大力宣传国共合作、打倒列强、铲除军阀势力和国民革命的政

---

① 刘庆方：《开国上将李涛》，解放军文艺出版社 2006 年版，第 36 页。

治主张。

独立团势如破竹，仅经一夜激战，突破敌军防线，以伤亡50余人的代价，毙敌俘敌200多人，将军阀谢文炳的前卫部队打得狼狈逃窜。独立团迅即占领汝城县城，插上了第一面胜利的旗帜，北伐先遣独立团首战告捷。叶挺独立团威名远扬。

7月，国民革命军第二军鲁涤平部从广东进入汝城，中共汝城县支部以国民党汝城县党部筹备处的名义，组织民众在县城小教场召开欢迎大会。大会气氛极为热烈，群众高呼口号，欢迎北伐军过境汝城。同时，组织慰问队、茶水队、担架队、运输队，在沿途开展慰问、支前活动，并安排人员为北伐军侦察敌情，担任向导，全力保障北伐军顺利过境汝城。

在北伐军节节胜利的大好形势鼓舞下，汝城县工农运动风起云涌，蓬勃发展。

六、挫败反革命阴谋

经过支援北伐军过境、撤销县议会和成立汝城县国民党县党部筹备处等系列运动和斗争，汝城广大工农群众的觉悟逐渐提高，中共汝城组织在斗争中得到了发展。但是，当时县议会虽然已撤销，财产保管处、田赋征收处、县"挨户团"、县商会、县警察局等机关仍掌握在封建势力代表人物的手中。县议会原议长、议员们不甘失败，梦想夺回他们失去的权力。旧议长何朝钦、商会会长何晋卿及原议员朱显哉等纠集县内土豪劣绅以及桂东、江西崇义等县同善社信徒千余人，在县城汝南崇祀祠组织封建迷信团体——乩坛，竖起99根幡竹，大搞封建迷信活动。同时规定，凡县内豪绅富户，只要交大洋5元，即可在乩坛上树幡竹一根。乩坛宣称做七七四十九天道场，就可祸去福来。其目的是以扶乩为掩护，妄图网罗全县土豪劣绅，积蓄反动力量，伺机反扑，并以此欺骗愚弄广大群众，阻挠破坏革命运动。国民党县党部筹备处主办的《汝城周刊》撰文，对乩坛给予揭露和严厉抨击。中共汝城特别支部组织党员赴全县各地破除迷信，教育群众不要上土豪劣绅的当。

1926年7月下旬，国民党第一区党部成立筹备处。土豪劣绅何晋卿、朱乐尧、朱显哉等以"国民党党员"身份，拼凑网罗了一班劣绅来对抗第一区党部。他们在报恩寺县商会内擅自组织"第六区党部"，要挟县党部筹备处予以批准成立，妄图以此取得出席县党部代表大会的代表资格，争夺县党部执委、监委的领导权。中共汝城县特别支部识破了他们的阴谋，朱青勋主持召开县党部筹备处会议，安排共产党员和国民党左派改组土豪劣绅拼凑的"第六区党部"，同时指派共产党员朱庭芳具体负责对付这股顽固的反动势力。朱庭芳遵照特别支部"团结左派，争取中间派，孤立右派"的斗争策略，首先发动群众，揭露和抨击土豪劣绅长期压迫剥削民众和破坏革命运动的罪行，然后利用选举机会，将反动势力的代表全部清除出去，重新成立以共产党员和国民党左派人士为领导成员的第六区党部。

何晋卿等顽固反动势力不甘失败，继续进行疯狂反扑。他们罗织罪名，以"汝城县公民代表"名义，电请湖南省政府和省党部罢免朱青勋的职务，企图由他们来主持国民党汝城县党部的筹备工作。中共汝城特别支部带领汝城人民与之进行针锋相对的斗争，及时将汝城的情况汇报给省党部。省党部农运部特派员骆昌义（共产党员）亲临汝城指导工作，使得何晋卿等的阴谋未能得逞。

1926年12月3日下午3时，在匪首胡凤璋的支持下，何晋卿指使"挨户团"副主任邓邦彦、县保商队队长朱扬荣、县团防局队长何驰标，带领全副武装的队伍，封锁县城四门，在县城汝南崇祀祠策动了反革命武装叛乱。他们控制了邮政电报局，围攻、捣毁国民党县党部和县农民协会筹备处，并把省党部农运特派员、中共汝城特别支部书记朱青勋捆绑押送至县署。

中共汝城特别支部委员何翊奎和回县协助工作的李涛、宋清贤等立即召开特别党支部紧急会议，研究对策，部署行动。一边紧急通知县城附近各区、乡党部和农民协会，立即组织农协会员进城抗议，一边派人电告省党部。即日下午，附近区乡农协会员数百人高举红旗，携带梭镖大刀前往县署门前示威抗议。

何翊奎带领代表到县署与县长吴昭治谈判，义正词严地提出：1. 必须立即恢复朱青勋的自由；2. 立即逮捕反革命叛乱首犯何晋卿。其间，城内人潮涌动，口号震天，"打倒土豪劣绅！""坚决保护朱青勋！"的口号声此起彼伏。

同时，宋训玉、胡书田受中共汝城特别支部密派，昼夜兼程赶到资兴，向国民党省党部发电告急。电文如下：

"呈为率队谋叛，肆行反动，立恳转咨政府派队痛剿，以肃乱源而固后防事，窃革命政府统治下之人民，发展自身组织，取得革命民权，实为急图，不容稍缓，是即革命政府之所以异于军阀政府，亦即革命民众所应用之权力也。敝县商民，原本斯旨，于前月二十间，推举中小商人邓淑文等筹组商民协会，并请属部加委，以昭慎重在案。乃素恃武装、仇视民众之军阀余孽朱忠懋（朱扬荣，现任保商队长）、何驰标（现任团防队长），深恐组织商民协会，彼等所把持之旧商会，势必倒闭，其所利用以为爪牙之保商队，亦不能久存，故反抗甚力，捏造种种谣言中伤属部，阴谋破坏，无所不用其极。嗣以属部慎防周密，逆等无隙进攻，遂采取直接行动，于本月三日下午三时，督率武装大队，把守四门，围攻属部，并捆绑向与逆等反动行为相仇视之尤者，钧部农运专员兼属部农工部长朱青勋同志，复威胁属部开除朱青勋同志党籍，胁制吴县长立予枪决。当时属部以朱青勋同志无辜被害，何敢擅除党籍？吴县长亦因未奉上级命令，且朱青勋为党效劳，向为全县嘉许，故不敢施何种刑法。逆等睹此情况，当即准备直接带去枪决，其时吴县长深恐朱青勋同志被其所害，酿成巨大惨变，遂允其暂留县署。乃逆等犹复日夜派兵监守。并派士兵多名检查邮政电报，举城戒严，人心深为惶恐。似此武装肆行猖獗，若不恳请转咨政府，派兵收没逆等枪支，严锄逆等反动，长此军阀余孽扰乱后防，不惟民众组织受其摧残，即我革命政府亦将为之动摇。为此谨呈中国国民党湖南省党部执行委员会。"

省党部及时复电，责令县长吴昭治立即恢复朱青勋的人身自由和保护好朱青勋的生命安全，严厉镇压一切反革命分子。同时派出一个连的革命武装急赴汝城平乱，帮助汝城县党部接管了反动武装，镇压了叛乱分子，稳定了汝城革命秩序。省农协加派宋清贤以公开共产党员身份任驻汝农运特派员，以加强对汝城农运的领导力量。

12月中旬，中共汝城特别支部发动县城附近农民3000余人集中在县城小教场开会，大会决定收缴保商队的枪支，成立革命武装。县长吴昭治在大会上亲自给朱青勋披红挂彩，恢复其自由。全场一片欢呼："我们胜利了！"

反革命叛乱分子见大势已去，邓邦彦、朱扬荣、朱显哉、何驰标等逃往广东乐昌青洞胡风璋据点。中共汝城特别支部认真吸取这一事件的教训，立即撤销旧商会，逮捕反革命暴乱首恶何晋卿，查封了土豪劣绅的大本营——乩坛，撤销了邓邦彦的"挨户团"副主任职务，并派共产党员接管和强行改组了县内各路武装。范修之接管县保商队44人枪，欧阳焜接管县"挨户团"200余人枪，欧阳新接管县警察队并改编为县农协常备队。同时，撤销了由反动分子把持的财产保管处、田赋征收处等机关。

第二章

工农运动在汝城兴起

★

一、成立全县第一个乡农协

1926 年 8 月下旬,汝城县第一个乡农民协会——第一区第一乡农民协会在城郊厚坊三育学校成立,何世儒当选为农协委员长。接着,城郊益道等村也在县城东门外益道小学成立第一区第二乡农民协会,选举何亚奎为委员长并兼任农民自卫队长,欧阳焜为副委员长,欧阳杰为秘书,何显南为组织委员,郭治发为妇女委员。其后,刘登鹏组建了第三乡农民协会并任委员长;何国瑞、何光荣组建了第四乡农民协会,何国瑞任委员长;范卓在附城耕读村组建了第五乡农民协会并任委员长;周培溪在周家组建了第六乡农民协会并任委员长;吴国太在江头组建了第七乡农民协会并任委员长;朱庭芳在长湖组建了第八乡农民协会并任委员长;朱宾管在泰来组建了泰来乡农民协会。至 9 月底,全区共组建了 18 个乡农民协会。

10 月 1 日,第一区农民协会在县城欧阳公馆召开成立大会,何亚奎当选为委员长,何世儒为副委员长,朱庭芳为秘书,刘登鹏、何占禹为委员。

第一区农民协会的成立影响带动了全县区乡农民协会的迅猛发展。

二、成立濠头等区农民协会

1927年1月，第六区农民协会在濠头区成立，选举何举文、何冠才、何化南、曾致君、赖鉴冰、何选栋、张遐光、陈正善、张执中等为区农协委员，共产党员何举文任第六区农协委员长。其后，濠头区共成立了16个乡农民协会，有会员2067人，其中女会员715人。同时，各乡还组织了乡农民自卫队，有队员156人，快枪10支，单响枪2支，鸟铳61支，炮2门，以及大刀、梭镖等。

至1927年3月，全县共成立区农民协会10个、乡农民协会150个，县内区乡农协普遍成立，会员达3.5万多人。

第一区农民协会：设于城内欧阳公馆，辖城关、附城及土桥一部。委员长何亚奎，副委员长何世儒，委员刘登鹏、何占禹，秘书朱庭芳。后何亚奎调县农协工作，委员长由范卓接任。

第二区农民协会：设于土桥圩东乡局，辖土桥。委员长何宗瑚，后何宗瑚调县农协，何仰贤接任委员长。

第三区农民协会：设于南乡三乡局（下青董家），辖井坡、泉水、大坪。委员长曹仲谟，副委员长曹行礼，监察委员朱宾杰，妇女委员刘世桂。后曹仲谟离任，朱宾杰接任委员长。

第四区农民协会：设于西乡太平圩，辖马桥、外沙。委员长胡书田，委员朱少时（朱良才）。胡书田调县农协后，朱文亭接任委员长。

第五区农民协会：设于田庄圩，辖田庄、暖水、南洞。委员长何大修，秘书刘光明，组织委员钟碧楚，委员黄昌间。

第六区农民协会：设于濠头圩，辖濠头。委员长何举文，副委员长何冠才，委员何化南、曾致君、赖鉴冰、何选栋、张遐光、张执中。

第七区农民协会：设于热水圩，辖热水。委员长陈柏林。

第八区农民协会：设于延寿圩，辖延寿、小垣。委员长胡达明。

第九区农民协会：设于东岭圩，辖东岭。委员长何万春。

第十区农民协会：设于文明圩，辖文明、盈洞、岭秀。委员长张盛珊。

三、召开汝城县第一次农民代表大会

1927年1月16日至22日，汝城县第一次农民代表大会在县模范学校隆重召开，正式宣布成立汝城县农民协会，并报省农协转湖南省政府备案。出席大会代表300余人，列席代表20余人，会期7天。大会设大会主席团、代表资格审查委员会、提案审查委员会、秘书处和大会顾问处。大会召开前，代表资格审查委员会严格审查代表资格，清除了2名不合格代表，保证了代表的纯洁性。何举成担任大会顾问，宋清贤以省农协驻汝农运特派员的身份出席会议。中共汝城特别支部书记朱青勋以国民党湖南省党部农运特派员身份在大会上作工作报告。省党部农运部特派员骆昌义作农运报告。何举成传达了湖南省第一次工农代表大会精神和毛泽东关于"国民革命的中心问题是农民问题"的大会讲话。大会期间，与会代表按区进行分组讨论，区农协负责人综合讨论情况在大会上作重点发言。大会审查、通过了提案103件。其中，"农民有集会、结社、言论、出版、抗租之自由权""农民有武装自卫之权""实行减租减息""废除一切苛捐杂税""取缔奸商囤积货物、操纵市场""禁止卖烟开赌""实行婚姻自由、禁止父母包办买卖婚姻""禁止蓄婢纳妾""女子有财产继承权""发展农民教育"等为重点提案。大会选举产生了县农民协会执行委员8人、候补委员1人。委员长范大澂、副委员长胡书田、秘书兼财务部长何宗瑚、组织部长宋孝庠、宣传部长何举成、建设部长刘光明、青年妇女部长何亚奎、仲裁部长朱庭芳、候补委员朱惠芳。会后，派朱国荣赴武汉中央农民运动讲习所学习。

1958年，朱书诚在《老百姓的公正裁判》一文中回忆，大革命时期，汝城的工农革命运动搞得最热烈，豪绅地主对此刻骨仇恨，将一批汝城革命先驱污蔑为"三凶""四恶""五鬼"。

"三凶"：第一是朱青勋（国民党湖南省党部特派员，中共汝城特别支部书记），第二是何举成（汝城县党部常务委员），第三是范大澂（汝城县农协委员长）。

"四恶"：李湘民（李涛，县总工会委员长），欧阳焜（县"挨户团"主任），胡光昭（县党部秘书），何辅仁（党部财务部长）。

"五鬼"：何国栋（县党部组织部长），朱书诚（县党部宣传部长），朱庭芳（县农民协会仲裁委员，特别法庭庭长），朱春荣（县妇女联合会主任），范修之（县商民协会保商队长）。

地主豪绅认为这12个人平日对待他们特别"凶"，特别"恶"，对他们特别不利，所以污以"三凶""四恶""五鬼"绰号。

四、成立工会等群众组织

1926年9月，李涛回县指导工人运动。在中共汝城特别支部的组织和领导下，李涛为开展工人运动做了大量的工作，经常派员深入作坊，组织店员、泥木、理发、缝纫、五金等行业工人，宣传革命道理，揭露反动官绅阴谋，发动工人维护自身利益，提出"增加工资""实行八小时工作制""禁用童工""实行劳动保护"等口号，逐步把广大工人吸引到特别支部的周围。

工人发动起来后，反动官绅威风扫地，为首者逃离汝城。李涛随即成立汝城县总工会筹备处，改组基层行业工会和官绅筹组的县总工会。1926年下半年，先后按行业成立了以范森太为委员长的泥木工会，以何玉书为委员长的店员工会以及苦力（长途挑运）、理发、缝纫、五金等行业工会。当时由于第一次世界大战结束，汝城钨砂滞销，钨矿停采，采矿工人纷纷回家参加了农会，所以没有成立钨矿工人工会。

1927年2月，汝城县第一次工人代表大会在北街原县议会所在地召开，会期3天。出席会议代表105人，列席代表11人，朱青勋、李涛主持了会议，大会顾问、出席省工农代表大会代表何举成、欧阳焜分别传达了省工农代表大会精神和毛泽东的讲话。大会通过了"工人有集会、结社、言论、出版、罢工之自由""增加工人工资""改善徒工待遇""实行八小时工作制"等提案80件，成立了县总工会委员会，李涛任委员长，范致远任副委员长兼财务委员，叶愈蕃任秘书，欧阳新任组织委员和宣传委员，范森太、何玉书、范蕃衍任委员。

汝城县第一次工人代表大会的召开，标志着汝城工人阶级登上了汝城政治历史舞台，为汝城工人运动的开展奠定了良好的基础。此后，广大工人有了工作、休息的权利，可享受最低工资保障、劳动奖励和老弱残抚恤等待遇，劳资关系和师徒关系逐渐得到改善。

县总工会积极维护工人阶级的合法权益，支持工人阶级在政治上、经济上取得与其他阶层平等的地位。同时，成立工人纠察队，李涛兼任队长，日夜巡查，维持社会治安。马日事变后，反动派企图在县城破坏工农运动，工人纠察队严加防范，县城秩序安定，反动派阴谋未能得逞。

1926年11月20日，汝城县商民协会筹备处在县城南郊报恩寺成立。其后，相继成立了南杂、百货、粮食、旅馆等行业分会，全县各圩市也相继成立了商民协会分会。1927年2月，县第一次商民代表大会隆重召开，正式宣布成立县商民协会。选出执行委员7人，何湘尧任委员长兼财务委员，傅建周任组织委员，朱伟臣任宣传委员，欧阳泗任仲裁委员，范修之任委员兼保商队长，朱孝瑞、李子兰、宋建勋等任委员。

1927年1月，汝城县妇女联合会在县城新南楼成立，汝城县妇女第一次有了自己的组织。17岁的青年妇女朱春荣当选为第一届县妇联会主任，范藻春为组织委员，朱艳花为宣传委员。各区乡农民协会均设妇女主任（或妇女委员、妇女代表）职位。为更好地培养妇女骨干，县妇联会举办了妇女骨干训练班，从全县各乡抽调妇女30多人，在成教女校进行妇女骨干培训。

成立共青团汝城支部。1926年12月下旬，在中共汝城特别支部支持下，何日升在县城组建共青团汝城支部。其后，团支部积极开展反帝反封、唤起农工的宣传，广泛联系青年学生，发展团员队伍。先后在县立初级中学、成教女校、新民高小、启明高小等学校成立学生会，参会学生达600余人。至1927年夏，共青团汝城支部发展团员50多人。团支部根据中共汝城特别支部的指示，由学生会出面成立"对日经济绝交委员会"，打击奸商，清查、抵制日货，并组织学生宣传队赴乡圩场演出《农民苦》《童养媳》等革命剧目。"八月失败"后，汝城革命武装撤至湘赣边境崇义、上犹一带。受党组织安排，团支部负责人何日升等秘密暂留县城，探听情报。何日升、曹裕源、曹永松等多次探得敌人情报，越过敌人层层封锁，机警地避开了敌人搜查，到崇义、上犹向党组织汇报。在工农运动的浪潮中，汝城共青团组织经受了锻炼和考验，涌现了大批优秀分子，他们成为汝城党组织的得力助手。1927年2月，共青团汝城支部组织各校学生成立汝城县学生联合会，欧阳昌任主任委员兼总务部主任，雷乐云为组织部主任，何日升为文书股主任，范大雁为委员，积极发动各地学生投入反帝反封的革命斗争。

五、反苛捐杂税

1926年至1927年，县内税赋沉重，除正税外，还有印契、屠宰、烟酒、印花等多种杂税。地方政府更巧立名目，大肆增设验契、军用、团练、学款、财局等各种附加和摊派，比民国初期增加了五六倍。此外，地方政府寅吃卯粮，强行预征预借下一年甚至下几年的赋税，沉重的税赋逼得不少农民破产。对此，县农民代表大会通过了"废除一切苛捐杂税"的提案，取消了所有的附加和摊派，把农民从沉重的税赋苦难中解救了出来。

六、减租减息

大革命期间，汝城有耕地30余万亩，其中地主、富农占有23.3万亩（含庙田、祖产、校田），占有率 77.7%。这些耕地绝大部分被农民租种，农民按年纳租，租额一般是主六佃四，或主七佃三。县农民协会成立后，实行"二五减租"，即减总租额的 25%，每 10 斗减 2 斗半，只交 7 斗半。朱良才领导的外沙、西乡坳头农协规定地租减半，是"二五减租"的 2 倍，大大减轻了农民的地租负担，得到农民拥护。

每年青黄不接时节，汝城土豪劣绅往往把粮食囤积起来，哄抬物价。1927 年 4 月，县农民协会、县商民协会联合发出《为解决农民求借无门及各区乡组织调查粮食委员会的通告》，规定余粮户应根据余粮数额按比例出借给农民。各区乡农协迅速成立粮食调查委员会，按自然村对富户余粮进行调查，查清了富户隐瞒的余粮数额。同时，县商民协会还规定，严禁谷物出境，切实解决汝城农民的缺粮问题。中区土豪曹裕民利用高利贷盘剥农民稻谷达 600 多担，县农民协会提出"禁止高租重利"后，曹裕民便把稻谷分散存封，不粜，也不借给当地农民。县农民协会知道后，将他分散存封的谷仓贴上农协封条，吓得曹裕民赶紧到县农民协会认借了稻谷 300 担。津江奸商朱养士长期贱籴贵粜，囤积了不少粮食。1927 年夏荒，他不借不卖，囤积提价，县农民协会前往交涉时，他态度傲慢，还行凶殴打县农民协会负责人朱衣点。县农民协会马上组织群众查封了他的仓库，并将他押送至县监狱关押。其后，县内有余粮的富户大多乖乖地把余粮借给缺粮农民，解决了部分农民无粮度荒之苦。

七、大办教育和农民夜校

汝城偏僻贫困，教育极为落后，农家子弟普遍无钱读书，广大农民大多为文盲、半文盲。根据斗争的需要，中共汝城特别支部决定大力发展学校教育和农民业余教育，创办学校和农民夜校。提请县长吴昭治报省政府批准，改原朝阳高小为县立初级中学，并创办了东藏、岭头、堆上、古塘等近百所初级小学。要求各校扩大招生，大力动员农家子女入学。同时，在农村中大办农民夜校。规定凡二十户以上的村子都要开办农民夜校班，全县共办农民夜校 350 多所，上夜校农民达 2 万多人。县农协翻印了《农村补习教育用书》等成人读本供农民学习。各地共产党员大多担任了当地夜校教员。通过夜校学习，广大农民学到了文化知识，懂得了革命道理，提高了思想觉悟，同时，夜校还培养了大批农运骨干和党员积极分子。

八、禁止黄赌毒

禁赌博。赌博之风在汝城极盛一时，到处摊馆林立，赌徒云集，特别是土桥、集龙、延寿等圩场，常是灯火不断，赌声不绝。不少人赌博成瘾，赌债高筑，甚至卖儿鬻女，家破人亡。

土桥圩逢圩日，赌博摊台达30张以上，后台老板是当地恶霸、原县团防队长何驰标。他每圩坐收摊台"孝敬"费30多元。当听说农会要禁赌时，何驰标鼓眼拍胸地说："土桥圩的赌，县长都不敢来干涉，农会如果要来禁的话，打死他几个，看他到哪里去喊冤！"

根据农代会决议案，县农协大刀阔斧地进行禁赌斗争，严厉打击赌博行为。1926年农历十月初八逢圩日，土桥乡农民协会在圩场上召开禁赌大会，宣布禁赌规定，成立禁赌队，很多群众自觉参加禁赌队伍。会后，禁赌队浩浩荡荡走向各赌摊、赌馆，将所有摊台、赌具放火烧掉，把著名的赌棍何癞子、何贱古游圩示众。不可一世的后台老板何驰标逃之夭夭。此后，全县摊赌之风逐渐得到遏制，很多赌徒从此改邪归正，不再参与赌博。

禁鸦片。鸦片又称大烟，汝城民众对其深恶痛绝。受外国列强对中国输入鸦片的影响，很多人染上烟瘾，精神萎靡，家庭不睦，有的甚至倾家荡产，家破人亡。据统计：当时青壮年吸鸦片者十之一二，老年人比例更高。因之常引发偷盗抢劫、杀人放火等恶性事件。农代会通过"禁运烟片"提案后，全县迅速掀起禁烟运动，搜烟枪、焚烟具、封烟馆、籍烟民。儿童团发动童子军手拿童子棍，唱着"打倒列强，铲除军阀"的革命歌曲，走街串巷，查封烟馆，搜缴烟具；妇联会发动妇女劝阻家人吸食鸦片；农协会把超过戒烟期限抽大烟的人捉来清道扫地，以示惩戒。泰来乡烟鬼朱台好屡教不改，农会把他抓起来戴纸帽子游街；迳口村声名赫赫的廪生烟鬼何水珠，被挂上"烟鬼"牌子游村示众。以上措施，对吸鸦片者震动极大，他们从此不敢再吸鸦片，各地烟馆也纷纷倒闭，烟毒逐渐消除。

禁娼妓。在汝城钨砂旺销、鸦片贩运的全盛时期，各地烟土商云集汝城，妓馆娼寮激增，仅县城就有六七十家。官宦豪绅更以嫖娼宿妓为乐事，导致社会道德堕落，风气败坏。县第一次农代会通过"禁娼"提案后，县商民协会积极执行落实，制定禁娼措施，开展禁娼宣传，并对娼妓业者规定：凡自愿停业者保其出县境，凡申请改业者准其改业，凡屡教不改者驱逐出境。同时，商民协会还组织专门队伍到各处查禁。禁娼两个月后，全县妓馆娼寮关门停业，农会干部引导烟花女子改行从良，另谋他业。经过整治，人们精神面貌全面提升，社会风气焕然一新。

第三章

汝城"新湖南"的武装斗争

★

一、"新湖南"

1927 年四一二反革命政变后，全国笼罩在一片腥风血雨的白色恐怖之中，各革命组织和团体被取缔、破坏，大批共产党人惨遭杀害。马日事变使三湘大地工农革命运动遭到毁灭性的打击，革命由高潮转入低潮。在此严峻形势下，唯独地处湘粤赣三省交界的汝城这一小块土地上，仍然飘扬着红旗，政权仍牢牢掌握在共产党手中。

以朱青勋为书记的中共汝城特别支部及共产党员并没有被反动派的疯狂镇压和屠杀所吓倒，他们审时度势，迅速采取应急措施，带领共产党员和革命群众与反动派进行坚决斗争，用革命武装保卫革命成果。

1927 年 5 月，中共汝城特别支部与上级失去联系，形势异常危急，为防突变，他们独立自主地以国民党县党部的名义，秘密招集全县各革命团体开会，讨论研究部署应变措施，会议决定：1. 扩大革命武装，成立县公安委员会，范大澂、欧阳焜、叶愈蕃、朱书诚为常委，统一指挥全县农民武装，部署全县防务，严防反动派的进攻；2. 在大坪、集龙、延寿、文明、田庄等边界关口设立哨卡监视敌情；3. 集结县城农军400人枪，随时听候县公安委员会的调遣；4. 从各乡党员、农军骨干中选调30人组成党军，宋训玉为队长，直接受农军总部指挥。

在湘粤赣三省农民运动相继被镇压的严峻形势下，汝城工农运动如中流砥柱，红色政权仍牢牢掌握在共产党手中。因此，得到中共中央领导人周恩来等的赞誉，"在白色恐怖笼罩全省的情况下，汝城一隅工农运动却是生机勃勃，被誉称为'新湖南'和类似'十月革命'前夜的'彼得堡'"①。

6月中旬，广东惠州、潮州、梅县一带的农军300多人冲破反动派的血腥镇压，由吴振民、李运昌等率领，转战千里，到达汝城。

广东农军到达汝城后，特派阳兴光、方临川赴武汉向党中央汇报情况，中共中央军事部长周恩来了解了汝城工农运动和广东东江一带农军转战至汝城的情况。6月底，准备开赴武汉的广东农军在衡阳遇到赴武汉汇报返回的方临川，方临川传达了周恩来的口头指示。周恩来高度赞扬了汝城工农运动搞得好，汝城在四周白色恐怖下，仍然坚持革命斗争，是真正的"新湖南"，并指示：目前武汉国共准备分家了，形势十分险峻，你们的部队不要来武汉了，武汉很快就要起变化了，要求惠潮梅的农军立即返回汝城，就地暴动，占据县城，你们的部队与汝城农军合编为一个师，叫中国工农革命军第二师。于是广东农军迅速掉头重返汝城。

二、建立农民武装

1926年12月1日至28日，在中共湖南区委的直接领导下，湖南省第一次工农代表大会在长沙举行。何举成、欧阳焜代表汝城6万农民协会、工会等会会员，光荣出席了大会。何举成根据汝城的革命斗争实践，向大会提出建立农民自卫武装的议案，他说，农民成立了自己的农会，要实现"一切权力归农会"必须要有自己的武装；没有自己的武装，"一切权力归农会"仍然是一句空话。就拿汝城来说，县党部共有10个委员，其中共产党员就有8人，100余名代表中，共产党员也占了三分之一；全县区乡农会、工会、妇女会也纷纷建立起来了，有三分之一的群众参加，革命形势汹涌澎湃，令人振奋。但是，由于没有建立和掌握自己的武装，国民党右

---

① 《中国共产党湖南历史》第一卷，湖南人民出版社2017年版，第213页。

派就明目张胆地将省党部农运特派员、中共汝城特别支部书记朱青勋同志抓捕起来，投入监狱，严刑审讯，还扬言要"做掉（杀了）他"。我们吸取这一教训，在区乡成立农会之时，建立自卫队，这样，敌人就不敢肆无忌惮了。没有武装，革命者任人宰割；没有武装，共产党员人头落地；没有武装，人民当家做主终成泡影！他的发言博得与会代表热烈的掌声，受到大会高度重视，他被大会主席团指定为审查特殊议案的五位代表之一，与易礼容、毛泽东、徐特立、伍文生一起审查特殊议案。

12月17日，中共中央农民运动委员会书记毛泽东抵达长沙，莅临指导大会。当天下午，大会举行欢迎会。欢迎辞这样介绍毛泽东："毛先生泽东奔走革命，卓著勋绩。对于农民运动，尤为注意。去岁回湘养疴，曾于湘潭韶山一带，从事农民运动。湘省之有农运，除岳北农会外，实以此为最早。"

大会期间，代表们提出许多问题，由省农民协会委员长易礼容整理，请毛泽东一一作了解答。何举成还参加了大会的议案起草委员会。大会通过了包含何举成提出的建立农民自卫武装议案在内的40个决议案，肯定农民以暴力打击土豪劣绅是"革命斗争中所必取的手段"，指出当前的中心任务是"根本铲除土豪劣绅的封建政权，建立农民政权"。毛泽东在大会作《国民革命的中心问题是农民问题》的演讲时，肯定何举成等"此次决议各案大体还算切实"。

何举成、欧阳焜一回到汝城，就马不停蹄地宣传贯彻大会精神。

全县农民武装迅猛发展，各区均组建了60人以上的自卫大队，各乡组建了有20多人的纠察队，县成立巡查总队，由第一区农协委员长范卓兼任巡查总队总队长。汝城农民武装达5000余人。

接管和改编地主武装。1926年12月3日，何晋卿、邓邦彦、朱扬荣等发动武装叛乱，逮捕朱青勋后，中共汝城特别支部从中吸取了教训，提出要建立一支强有力的工农武装队伍，以保障革命运动的顺利进行。平息叛乱后，党组织迅速派出得力干部接管改编了县辖各封建地主武装。派共产党员、国民党县党部宣传委员欧阳焜接管县"挨户团"200余人枪，建立县农协自卫大队；派第一区党部常务委员欧阳新接管县警备队及各警察所武装，并将其改编为县农协常备队；派共产党员范修之接管县保商队44人枪，建立县保商自卫中队。各区乡农协也同时接管各地"挨户团"武装，将其改编为各区乡农民自卫队。同时大力收缴地主豪绅的私家枪支，勒令地主豪绅出钱交农协购买武器。热水自卫队原直属县政府管辖，在共产党员宋清贤、曹一士的教育下，自卫队队长谢发明及班长赖绍尧，秘密加入了中共地下组织。1927 年初，两人带领热水自卫队 60 余人枪加入县农民自卫大队。这样，全县接管和改造地主武装近千人，使之成为工农运动的重要力量。

三、举办农军干部训练班

1927 年 4 月 12 日，蒋介石在上海发动政变，掀起了反共浪潮。

汝城农民运动在中共汝城特别支部的领导下，及时把斗争的重点转移到武装保卫革命成果上，注重抓好枪杆子，开展武装斗争。

5 月，县农协成立农军总队部，并迅速发出通知，指示各乡农协均设自卫部，挑选思想进步的青年组建农民自卫队，县农协委员长范大澂兼任县农协自卫队总部总队长。马日事变后，中共汝城特别支部召开紧急会议，决定把全县农民武装集中在县城以应事变。朱青勋令县农协特派员曹一士等率队下乡收集枪支，他们先后在集龙、益将、热水等地收集枪支约 200 余支，扩建了两个农军分队。

为提高农军的政治和军事素质，县农协第十九次执委会议决定开办农军干部训练班。5 月 15 日，县农协发布"军字第一号"文件《关于举办农军干部训练班的通告》，颁布《汝城县农军干部训练班招生简章》。5 月 19 日，县农军干部训练班在县城东郊西垣何氏宗祠开学，训期一个月。训练班设总务、训练、事务三部，何举成任总务部主任（又称校长），范世才任军事教官兼大队长，何松林任中队长，赖绍尧任分队长。全县各乡选派一名农军骨干自带武器到县参加训练，共 200 余人，编为 3 个大队。训练的主要内容为政治、军事两项。6 月 15 日，经考试合格后，县农协向参训学员颁发毕业证书。毕业后，大多数学员被安排回乡担任区乡农民自卫队队长。为加强对农军的领导，中共汝城特别支部开办党校，从训练班中挑选了 30 余名素质较高的学员作为党建对象进行培训。朱青勋、何举成、李涛、范大澂等到培训班讲授党的纲领和章程。培训结束时，吸收了朱国镜、何举栋、何文元、何道帮等 20 多人加入中国共产党，并在西垣宗祠举行了入党宣誓仪式。

同年五六月间，湘、粤部分农军先后转移到汝城，为便于统一指挥，中共中央决定成立中共驻汝特别工作委员会，任卓宣为书记，何举成是委员之一。8 月，何举成受中共驻汝特别工委之命，率领汝城农军骨干训练班部分学员前往濠头地区进行后方军事建设，深入发动群众，筹粮筹款，扩大农军，工作很有成效。

四、举行反帝讨蒋大会

马日事变后，湖南省政府代主席张翼鹏通电全省各县："责令停止一切革命团体的活动，听候处理。"省政府军事厅发出"分路清乡清党"的电令，耒阳、宜章、资兴、郴县、桂东等县反动派大肆"清乡""清党"，四处捕杀农会干部和共产党员。汝城各地土豪劣绅也蠢蠢欲动，随时准备镇压农民运动。城区范惠民、东岭邓政、濠头欧明奴、大坪范包子、井坡邓邦彦、西乡朱凤鸣、北乡刘承耕等反动势力代表，乘机大肆散布外省外县屠杀工农的消息，制造恐慌，恐吓工农群众，破坏工农运动。胡凤璋率"挨户团"数百人到濠头"清乡""剿共"，把五六个村子的几百户农家烧杀一空。

中共汝城特别支部没有被反动势力所吓倒，迅速研究应急措施，采取紧急行动，带领全体共产党员和革命骨干与反动势力进行了坚决的斗争，用革命的武装保卫革命成果。5月17日，县农协宣传部长何举成签发"协字第40号"《通告》，定于26日在县城召开反帝讨蒋大会，成立县农军总部，统一指挥全县武装。

5月26日，声势浩大的"反帝讨蒋大会"在小教场召开，参会农军和民众上万人。大会愤怒声讨蒋介石、许克祥、张翼鹏等叛变革命、屠杀农工的滔天罪行；号召全体农协会员团结一致，齐心协力，坚决与反动派斗争到底。同时宣布成立汝城县农军总部，由县农协委员长范大潋兼任总队长，谢发明任总指挥。同日，全县各地农协也纷纷举行集会，发动民众起来与反动派斗争。

5月29日，中共汝城特别支部与上级失去联系，形势异常危急。为防事变，特别支部以国民党县党部的名义召开了全县各革命团体联席会议。会议决定扩大革命武装，成立县公安委员会，范大潋、欧阳焜、叶愈蕃、朱书诚任常务委员，统一指挥全县农民武装，部署全县防务，严防反革命势力的进攻，并于大坪、集龙、延寿、文明、田庄等边境要地设立哨所，监视敌情。同时，集结县城农军400余人枪，随时听候县公安委员会调遣，并从各乡党员、农军干部中选调30人组成党军，令宋训玉为队长，直受农军总部指挥。各区农军也相继扩充为自卫大队，由区农协委员长兼任大队长。各乡成立纠察队，乡农协委员长兼纠察队长。为加强警戒，县农协发出通告：各乡发现敌情，即鸣炮报警，规定东乡四响，南乡三响，西乡二响，北乡一响。各地一闻警炮，立即组织农军火速增援。

建立兵工厂。为了迅速武装农军，确保斗争胜利，县农协在西垣宗祠建立兵工厂，打造梭镖、大刀。各区农协也集中工匠，大造武器。城乡各处，农民自卫军早晚操练、巡逻，到处刀枪林立，群情激昂。

五、汝城工农运动引起党中央关注和肯定

在白色恐怖笼罩全国的特别时期，汝城党组织领导农民协会率先接管改编了县"挨户团"、警察队、保商队等封建地主武装，组建了由共产党领导的县农民自卫军、工人纠警队，举办农军干部训练班，大办兵工厂，大规模武装农军，农协掌握了枪杆子，大张旗鼓地开展武装斗争。这样，在全国革命运动处于低潮之际，以朱青勋为首的汝城党组织领导的工农革命运动却如火如荼、生机勃勃。

1927年5月，耒阳、宜章、资兴、郴县、桂东等县数百农军相继转移至汝城。

6月中旬，广东惠潮梅农工救党军300余人，在总指挥吴振民和杨石魂、林军杰、李运昌（李芳岐）等率领下，转战粤赣湘边，先后经过广东梅县、五华、江西寻乌、安远、信丰、南康、上犹、崇义，湖南桂东，最后到达汝城。汝城特别支部书记朱青勋派罗道喜等前往上犹县鹅形圩附近迎接，经桂东到达汝城田庄。

湘粤农军会集汝城后，汝城地区革命运动再掀高潮。全县有五六万人加入革命组织，占全县总人口三分之一以上；各区组建了60人以上的农军自卫大队，各乡建立了20多人的纠察队，县成立了巡查总队，全县农民武装5000余人，其中持枪1000余人，梭镖队2000余人。

"一时间，汝城汇集农军达5000人左右，受到中共中央的关注。""汝城是当时唯一未受到国民党叛变打击的一个县，农工运动仍然蓬蓬勃勃。"[1] 由此可见，汝城一时担当起湖南全省农民运动的光荣使命，于茫茫黑夜中仍然闪耀着革命的光芒。

六、设立中共中央驻汝特委、军委

1927年6月初，为统一领导会集汝城的湘粤农军，中共中央指示成立"C.P驻汝特别工作委员会"（又称"党的临时特委"），任卓宣为书记，陈东日、陈佑魁、吴振民、朱青勋等为委员，直接组织和指导汝城地区的工农运动。

7月9日，中央军事部派特派员陈东日（湖南宜章人）和省军委委员武文元抵汝城组建湘南军事委员会。任卓宣为书记，陈东日、陈佑魁、吴振民、朱青勋、何举成、李涛6人为委员。

7月下旬，中共湖南省委考虑湘南特委管区太宽，决定另外分区组织郴县、宜

---

① 1927年9月20日《中央通讯》第五期。

章、资兴、汝城四县特委，中心设汝城，书记夏明震，委员朱青勋、高静山、李一鼎。

1927 年 6 月 3 日，汝城县农民协会以"协字第 42 号"发出重要通告，转发中共中央驻汝特别工作委员会召集各级党部及各级农协所联席会议，提出讨论决议各案，共 7 条，最重要的是第一条，要求各地在最短时间内组织农民自卫军，以防反动及匪祸。密函质地为民国时期常见的土制香包纸，手工裁成长 29.1 厘米、宽 33 厘米的尺寸，毛笔书写，20 行，无标点。

从该密函内容分析，密函写于 1927 年 6 月初，在国民党发动四一二、五二一反革命武装政变之后，而在我党发动八一南昌起义和召开八七会议之前。内容是贯彻 6 月 3 日中共中央驻汝特别工作委员会召开的各党部、各级农协联席会议精神，要求区乡迅速组织农民自卫军，镇压反革命，以革命武装对付反革命武装。密函结尾有"执行委员会委员长张盛珊"的落款和"民国十六年六月"的日期，并有红色的"汝城县第十区农民协会执行委员会"印章。密函落款人张盛珊，系毛泽东湖南一师同届同学，汝城县第十区农协委员长。1934 年 11 月毛泽东长征时经过汝城文明司，曾与韩田张盛珊联系。1935 年冬，国民党汝城马桥乡乡长朱霭春勾结县保安团团长胡凤璋诱骗张盛珊赴县开会，将其秘密枪杀于岭秀山店江七里深坑凉亭。

该密函系 2008 年 11 月 2 日在汝城热水召开郴州市湘南起义旧址群保护利用研讨会时，由汝城收藏家罗志勇捐献。据罗志勇回忆，该密函是他 20 世纪末从土桥人何华山手上买的。何华山当时已 90 多岁了，从民国时起，就以收购文物为生。何华山告诉他，该密函系从岭秀瑶族乡东山村购得。

汝城农协会密函

案事：县农协会通告 协字第四十二号

内开为通告事案唯：汝城特别工作委员会函

开径启者：敝会于本月三日召集各级党部及（各）级农协联席会议，提出讨论决议各案，逐条抄录如次：

甲 各区乡农协须于短期间组织农民自卫军，以防反动及匪祸案。决议：除前县农协发过通告、各区乡已遵命组织者，在可能范围内尽力扩充外，其尚未组织之区乡，应火速成立，以资捍卫。

乙 各区乡设联络步哨以资预防案。决议：各区乡农协应宜联络周密，互相声气为原则。遇有不测，一面遣人报告公安委员会，一面鸣警炮为号（但其鸣炮声数，另由公安委员会斟酌定夺)。

丙 戒严案。决议：各区乡切实检查来往行人行李外，严禁燃炮等。

丁 各区乡农卫军费案。决议：由各区乡执委员联席会决定之。

戊 对于褒奖夺得敌人枪枝案。决议：审查所得枪枝价格，以三分之一为奖金；若因万不得已失枪枝者，由县有财产负责赔偿。

己 对于抚恤案，凡鏖战时伤亡者，按照挨户团局新颁抚恤案条例施行之（其恤金由县有财产开给）。

庚 对于奖拿获反动派案。决议：拿获朱忠懋、何驰标、范世宪者，奖小洋五佰元；得其首级者，奖小洋贰佰元。（其奖金由县有财产开给）

综上各案，合函录转通告。事关地方安定，仰即遵照为要。此致

第七乡农协会

该乡自卫军名册，限五日内送来本区，又及

执行委员会委员长 张盛珊

民国十六年六月

（章）汝城县第十区农民协会执行委员会

背面：第七乡农协会收，东山保和堂

七、驰援仁化

驰援仁化。1927 年 5 月 25 日，广东仁化农军向汝城农军告急：地主豪绅谢梅生，乘第五区（董塘）农民自卫军主力撤出仁化北上武汉之机，纠集 300 多名反动武装，向县农民协会组织了疯狂的进攻。从连塘坝、盘子岭一直打到安岗，对沿途村庄逐个进行"围剿"，放火焚烧房子，肆意抓人杀人。汝城农军总部闻讯，迅速派出谢发明为指挥的 80 余人枪前往支援，他们日夜兼程南下，前往渐溪山，先后与第五区农军领导人黄梅林、蔡卓文、廖汉忠等 100 余人仁化南返农军指挥梁展如、大队长叶凤章等率领的农军大队会合。三支农军队伍互相配合，于 6 月 23 日晨在仁化县城近郊莲塘下，即与驻在寨岭头的敌团警队接触，经过半个多小时的激战，敌团警队不支而退，农军长驱直入。这时，第一区（附城）农会委员姚子昭里应外合，打开县城北门。农军一举攻下仁化县城，营救出被关押的农会干部及群众 460 多人，缴获一大批枪支弹药。其后，仁化农军一部撤至该县与汝城交界的城口渐溪山和汝城大坪的城溪一带，开展游击活动；一部撤往汝城县城。当天深夜，仁化城

口谭甫仁、邱志光等人，在汝城加入广东北上的农军队伍。仁化农军到汝城后，会同曲江、乐昌农军组成"南返农民自卫军大队"，共有 200 余人，并成立总指挥部，梁展如任总指挥长、叶凤章为大队长，在汝城开展游击活动，并于 7 月底加入工农革命军第二师。

八、"新湖南"提供了"汝城经验"

白色恐怖之中的"新湖南"，为中国革命积累了宝贵的"汝城经验"。

第一，用革命武装保卫革命成果。建立工农自己的武装，最早尝试毛泽东提出的"枪杆子里面出政权"的科学论断，也是中国革命进行的第一次工农武装割据的有益尝试，是湘南起义的前奏曲，对湘南起义的成功举行起到了基础作用。

第二，避敌锋芒，发展革命运动。汝城地处三省交界，独特的地理环境和政治环境（跟当时井冈山环境类似）是造就汝城工农革命运动在四周一片白色恐怖中也能蓬勃发展的重要原因之一。

第三，中共汝城特支在国共合作中占据主导地位。共产党的坚强领导，是红旗不倒的重要原因。

第四，发动和依靠群众。汝城有五六万革命群众作后盾，广大群众支持党组织领导他们投入自我解放的革命运动。共产党人同人民群众建立了血浓于水的关系，深得民心，工作卓有成效。这也是汝城革命运动经久不衰的重要原因。

第五，凝聚革命力量。汝城"新湖南"，吸引了广东惠潮梅，郴县、宜章、资兴、永兴、桂东等地农运干部战士，革命武装增至五六千人枪，革命烈火"极一时之盛"，为党中央所瞩目。

汝城工农运动不仅受到中央领导赞誉，而且引起中央高层关注，触发了他们对中国革命发展道路的深度思考，以及对汝城工农运动的支持。中共中央农委书记毛泽东受中央委托拟定了以汝城县为中心发动湘南秋收起义的《湘南运动大纲》，并经中央批准转发各地。

汝城"新湖南"还为朱德、陈毅南昌起义余部在汝城立足，同国民革命军十六军范石生谈判合作，建立反蒋统一战线，保存革命火种，召开湘南、粤北党组织负责人会议（即汝城会议），策划湘南起义奠定了良好基础。

第四章

工农革命军第二师
在汝城的革命斗争

★

《湖南人民革命史》① 记载:"1927 年 6 月间,郴县、宜章、桂东、永兴、资兴等县农民自卫军数百人和广东东江地区农军约 300 人,先后撤至汝城,会合汝城农军,共约 4000 人,在汝城一带继续开展农民运动。""至 6 月上旬,全省 16 个县级党组织遭破坏,仅长沙及附近各县被杀害者有 1 万余人。……马日事变后,整个长沙沉浸在反革命的血腥恐怖之中。……6 月 14 日,省政府军事厅又发出清乡电令:'湘省暴徒啸聚各县,亟应肃清,以根本解决。'全省 75 县有 42 县派去了军队,限令 10 日内一律肃清。"

"清乡电令"中的"湘省暴徒"就是中国工农革命军第二师。

一、湘南粤北农军转战汝城

1927 年五六月,在白色恐怖下,耒阳、永兴、宜章、资兴、郴县、桂东等县

---

① 王中杰主编:《湖南人民革命史·新民主主义革命时期》,湖南出版社 1991 年版,第 229 页。

800多农军干部相继转移至汝城。6月6日，资兴各革命组织负责人如县农协委员长段廷壁、副委员长戴廖斌，县总工会负责人袁三典、袁三启，共产党员曹里怀、李奇中、黄义藻、黄义行、黎晋文等撤离资兴到龙溪、东坪、滁口、黄草一带隐蔽，下旬，与汝城农军会合。6月中旬，宜章农军50多人在高静山、萧新槐、杨子达、颜秉仁等率领下，转移至汝城；桂东农军秘密召开会议，决定在郭佑林、刘雄等率领下，分散隐蔽，保存实力，串联农运骨干在陈奇、黄奇志、刘雄率领下由沙田投奔汝城，与汝城农军组建汝桂边赤卫队，刘雄任队长，赖鉴冰任指导员；耒阳、永兴也有几十名农军陆续奔赴汝城；仁化农军在汝城农军支援下一举攻占仁化县城，后部分农军也撤至汝城。

二、惠潮梅农工救党军转战汝城

1927年4月23日，为反抗国民党蒋介石反革命集团的白色恐怖，粤东农军发动普宁暴动，并于5月6日，在陆半新田组建了惠潮梅农工救党军（简称惠潮梅农军）。

5月中旬，普宁暴动失败，农工救党军同上级党组织失去联系，先后派方临川、阳兴光、杨石魂等三批交通员赴武汉向中共中央请示斗争方针。与此同时，农工救党军一路冲破反动武装的层层"围剿"，历时一个多月，转战千里来到汝城。

在汝城休整半个月后，农工救党军决定整体开赴武汉。农工救党军使用国民革命军第四军补充团番号，一度攻占永兴县城，打开监狱，救出一批革命者和无辜群众。行进到衡阳时，他们遇到先期派往武汉的方临川和武文元。

方临川、武文元激动地向吴振民、李运昌（李芳岐）传达了周恩来的口头指示："当前，国内形势已发生了变化，我们党的政策和策略都必须跟着改变。蒋、汪已经勾结在一起，汪兆铭（精卫）公开限制工农武装发展，其反革命面目已经完全暴露，国共两党的彻底分裂已成定局。"

"粤、赣、湘、鄂四省的工农运动基础好，我党应首先在这四省举行起义，建立工农政权。吴振民和李芳岐同志，不要把队伍带到武汉，立即把队伍带回湘南，准备湘南起义。"

上述周恩来的指示，是方临川和武文元根据自己的记录传达的。两位交通员还带回了中共中央军事部书记周恩来签署的紧急命令，周恩来命令他们尽快组建工农革命军第二师，中央派陈东日负责组建工农革命军第二师的领导工作。随同方临川、武文元由武汉来到衡阳的陈东日和农工救党军的指战员见面后，决定迅速把队伍带回汝城。

三、组建中国工农革命军第二师

7月6日，中共驻汝特别工作委员会、汝城特别支部、汝城农军总部在县城小教场召开大会，热烈欢迎惠潮梅农军的到来，肯定了湘粤农军会师汝城、联合反蒋（介石）的重大意义。

8月初，集结在汝城的5000农军整编组建为中国工农革命军第二师（简称二师），陈东日任师长、吴振民任副师长、武文元任参谋长，下辖3个团，惠潮梅农军为一个团，团长吴振民，副团长于鲲，党代表李运昌；汝城农军为一个团，团长何举成，党代表朱青勋；郴县、宜章等地农军为一个团，团长高静山（党代表失考）。农工救党军无论从领导力量还是装备上来说，都是二师的骨干。

四、开展系列斗争

击溃桂东、汝城"挨户团"。 1927年7月中旬，桂东县"挨户团"副主任何鉴率部从沙田向汝城田庄边境骚扰。二师一成立，师长陈东日即兵分三路：一路由汝城农军一部坚守县城；一路由东江农军向北出击，击溃前往汝城骚扰的桂东县"挨户团"何鉴部，将其驱逐到大塘、寨前一带，缴获钢炮1门，枪数十支。经此战斗，桂东地方反动武装不敢再犯汝城边境；一路由何举成带领部分农军回到濠头，在樟溪苦竹坳建立二师后方营地，筹款购置枪弹，以防不测，一旦县城失守，则将二师所有机关、部队撤往后方营地，保存实力，为二师创建根据地。

大革命高潮时，汝城宣抚团团长何其朗（何介青）及其部属范惠民等自知罪恶累累，为汝城民众所不容，先后逃到广东仁化、乐昌一带，与当地土匪相勾结，蓄积力量，伺机反扑。马日事变后，何其朗采取两面派手法，妄图趁机夺取汝城政权。他一面伪装同情革命，几次写信给国民党汝城县党部称："政局转变，反革命势力势必进攻汝城，吾愿率所部回县与党合作，共同捍卫地方，保护汝城民众的生命财产与革命力量。"一面又密派部属潜回县城，收买保商队队副朱宾华。1927年7月1日，何其朗纠集周文山、朱炳坤等土匪数十人，深夜偷袭大坪农民自卫军哨所，打死农军班长朱炳洪及战士数名，劫走步枪11支。二师总部闻讯，急派谢发明率部援救，将何其朗击败，何其朗溃退广东仁化。事后，县农军总部在县城召开追悼大会，沉痛悼念革命烈士，并枪决了叛徒朱宾华。

着手插标分田。部队配合汝城县党组织，在短时间内，基本控制了县内的区乡政权组织，发动全县工农群众开展土地革命，群众革命热情高涨，濠头等地已着手插标分田，开始了工农运动与土地革命相结合的尝试。

8月上旬，汝城南乡等一些区、乡农民协会，配合支持二师，着手丈量土地，插标分田，并到县城印制了土地证、申请表，进行土地革命尝试。

五、八一五事变

1927年8月上旬，国民党令范石生率其部第十六军数千之众压向汝城边境。县内反动派暗中大造谣言，制造恐怖气氛恐吓群众。少数意志薄弱的党员、农协干部动摇逃跑，形势极为紧张。

其间，被打倒的汝城大土豪邓邦彦、何朝钦等暗中策划，屡次电函请求国民党湖南省政府出兵镇压汝城的农民运动。何其朗趁机勾结国民党第十六军军长范石生进攻汝城。8月14日夜，范石生调集3个团的兵力分三路偷袭汝城。左翼王甲本团由泰来圩、城头寨、廖家、新塘进发，抢占城西虎头寨，进攻西关口；右翼谭天礼团由附城苏仙岭过永安中心洞至九塘江，包围县城北门；中路范石生率主力李学义团由泰来圩经担盐坳至叶家岭，堵截城南上黄门一带。何其朗率部由东乡经教场坪、西垣向县城东门进袭。

中共湘南特别军事委员会派人侦知敌军即将入侵汝城，加紧部署战斗，调集部队，筹集军需，加强防范，并勒令各豪绅富户派款购买枪支弹药；同时派何举成率部分农军前往距县城60余里的濠头布置后防，准备一旦县城失守，便将县城所有机关、部队撤至濠头坚持斗争。

外沙农协会员朱遂生发现敌军行踪，急报乡农协委员朱良才，朱良才、朱道行、朱文亭等连夜到县城报告县公安委员会。当晚，湘南军事委员会正在召开紧急军事扩大会议，研究应变措施，师长陈东日主持会议。任卓宣、吴振民、武文元、朱青勋、范大澂、何翙奎、欧阳焜、朱书诚、钟碧楚、范修之、宋训玉、何亚奎、刘光明、高静山、黄文灿、李一鼎、于鲲等人参加会议。

会上出现两种意见：汝城县农民协会委员长范大澂等认为，强敌压境，农军应撤离县城，到城北厚坊垅山上及厚坊岩驻防，这里居高临下，山洞隐蔽，易守易退；惠潮梅农军吴振民等认为范石生第十六军不可能来，何其朗的土匪武装战斗力不强，不足为虑，仅惠潮梅农军足以对付。会议开到 15 日凌晨 2 时左右，突然枪声四起，匆匆散会，大家各自奔赴岗位指挥战斗。

战斗打响后副师长吴振民率惠潮梅农军从驻地朝阳学校出发，在城北九塘江一带阻击数倍之敌，掩护汝城、郴宜农军及机关人员从北门往厚坊垅方向撤退，双方发生激战，农军毙敌数十名，因弹药缺乏，寡不敌众，只得边打边撤。当时，大雾弥漫，惠潮梅农军迷失了方向，拂晓时于县城西南的叶家、桂枝岭一带被敌包围。吴振民受重伤，中队长林军杰等大部分指战员在激战中英勇牺牲，剩下 30 多名农军由于鲲率领突围退向汝城南乡。汝城、郴宜两地农军在惠潮梅农军的掩护下向厚坊垅、暖水方向迅速撤退，朱青勋和输送队长何举文带领范腾福、范炳登等人挑运军需重要物资 20 多担转移，行至县城北郊九塘桥时，朱青勋念及广东农军人地生疏恐遭不测，独自折向广东农军阵地——横巷吉冲。当他赶到那里时，广东农军已不知去向，他遂返身撤向厚坊垅，行至厚坊钟家村时，被何晋卿的族人何腾古等人发现，何腾古等手持镰刮、锄头，嘴里狂叫"打党部头，为晋卿叔报仇！"拼命围追了上来，首先打掉了朱青勋手中的驳壳枪，然后一阵乱打。朱青勋连日奔波，精疲力尽，已无还手之力，被凶狠的走狗们打倒在地并被推入九塘江壮烈牺牲。

八一五失败后，二师师长陈东日收集余部五六百人迅速转移到汝城东面的濠头，与何举成事先建立的后方队伍会合。不少人在撤出战斗后已散走回乡，部队减员严重。二师撤出县城后，县城又陷入军阀、土匪、土豪劣绅的魔掌之中。大批共产党员、农协干部，甚至连左派国民党员及县长吴昭治均被杀害，县城到处腥风血雨。何其朗爪牙范惠民、邓飞等带领匪兵到处搜捕县党部成员、农协骨干和革命群众。农协骨干朱良才、朱道行、朱文亭、范俊鸿，县工会干部郭嘉，农军战士曹建标、朱书生等数十人被捕。各乡土豪劣绅也趁机反扑，将区乡农协骨干郭拔秀、朱由芳、邓邦祖、范名遥、李积善、欧梅诗、欧照古、卢正兴等数十人抓捕送入县监狱。范惠民狂妄叫嚣每晚要抽出 3 人枪毙，但被十六军军长范石生制止了。

汝城大土豪邓邦彦趁势重掌了县"挨户团"武装，自封县长，夺取了汝城县政权。其后，邓邦彦纠集县内土豪劣绅何方涛、何式、朱镇洋、何森修、何沛霖、陈明虞、何德基、朱怀清、郭嵩等组成"清党委员会"，开展全县性"清党""清乡"，并指派欧阳凤为典狱长，严加看守被抓的共产党员和农协干部。

9 月 20 日，范石生退出汝城移驻韶关，何其朗招集旧部范惠民、朱炳坤、朱少达等组成宣抚团，自号宣抚团团长。潜伏在粤北青洞的土匪中将游击司令胡凤璋也窜回汝城，与何其朗沆瀣一气，宣称："何、胡两司令联合起来，共同铲共。"

地方政府与土豪劣绅勾结在一起，大肆对共产党人和革命群众进行镇压迫害。共产党员、左派国民党员、农民协会骨干、革命群众被张榜通缉。省农协驻汝特派员、中共特别支部委员宋清贤，县农协副委员长胡书田，县农协组织委员宋孝庠，县农协仲裁部长朱庭芳，县妇联会主任朱春荣，国民党第一区党部常务委员欧阳杰，第六区农协委员长何举文，第一区农协委员何登鹏，武汉农民运动讲习所学员朱国荣，第一乡立高小校长何赞禹，以及农协干部、会员卢正兴、何保之、张佑喜、张石林、周楚章、何会良、何大用、何毛洪、陈柏林、朱性征、刘昆元等 200 余人被杀害。特别是对农协干部朱庭芳、朱春荣、朱国荣等的迫害更为残忍。朱庭芳受尽酷刑，手脚骨被打断，被人用箩筐抬往刑场枪杀；朱春荣受尽酷刑和侮辱后，被用钢丝横穿两乳游街后枪杀，并曝尸城外；朱国荣被砍头祭坟。

何其朗、胡凤璋借"清党""清乡"，大肆烧杀抢掠，搜刮民财。何其朗的爪牙朱炳坤、朱少达等公开叫嚣，要把共产党斩尽杀绝。他们纠合土桥、香垣、永丰一带流氓、地痞千余人到濠头、土桥、永丰、暖水等地大肆"清乡""清党"。濠头下河、上河、藻塘下、坪山、漳溪等村几百户人家惨遭浩劫，财产被抢走，家禽家畜被宰光，带不走的东西被放火焚烧，何举成、何冠才等几十个农协干部、会员的房子全被烧为灰烬。仅下河村，就被宰杀耕牛 9 头、猪 20 多头，鸡、鸭无数，土匪大吃大喝数天。土桥横迳村工会委员范森太不满周岁的孩子，也被刽子手朱少达强行夺去活活摔死；龙潭村县农协特派员曹一士家被匪徒们洗劫三次，倾家荡产。外沙高村国民党县党部青年妇女部部长、共产党员宋训玉家所有财产被抢光，并被罚款 250 元大洋，其母也被抓去坐牢，其妻流离失所不能回家。暖水叶家垅农协委员长何大修的父母兄弟，被匪徒们三番五次毒打得死去活来。

胡凤璋还亲自带领匪徒到老家石泉村进行血腥"清乡"，杀害了该村 8 名农协会员，抢光了农协负责人胡书田、胡美章、胡伟章等家的财物，勒索了农协会员胡光昭家大洋 150 元，胡光龙家大洋 120 元，胡登仁家大洋 80 元。后又到延寿勒索李涛、宋裕和、李德瑞三家大洋 450 元，并把该地 73 岁的老人李寿千绑至上古寨枪杀。

各乡土豪劣绅趁机向农协会员进行反攻倒算。外沙土豪朱凤鸣将农协会员朱振东截捕杀害；恶棍朱介儒将农协委员朱文亭殴打致死；劣绅朱义聘指使爪牙抢掠农协干部朱良才、朱道行、朱文亭、朱重华等家财物，捆绑吊打他们的家人，并勒索大洋 600 元。土桥迳口土豪何光裕等将农协干部家属何子云、何清泉等捆绑拷打，强令一个月内日夜不准闭户，任其为所欲为；将农协会员何振生的妻子抓去吊打，逼交大洋 50 元；将农协委员何宗瑚、会员何项生等六七家的数十头生猪全部杀掉，并勒索大洋 1500 元，交不出钱的当即拍卖田产房屋。濠头大恶霸何增智勾结土匪何其朗，屠杀农协骨干和革命群众何桓德、潘从才、欧水德、陈正光、叶阳春、张守福等 20 余人，并带领匪徒抢抄曾参加过农民运动和有共产党嫌疑的群众 100 余人。集龙大恶霸庾持富杀害农协会员谢庭春、何桥生、何业发、蔡中古、谢标凤等数人，并把谢庭春的母亲、妹夫也一同杀害。

六、二师失败的深刻教训

从四一二反革命政变到八一五失败，中共驻汝特别工作委员会、湘南特别军事委员会和汝城党组织领导的汝城地区的工农革命运动，顽强坚持了 126 天。然而，由于反动势力的残酷镇压和党组织建设的不够成熟，轰轰烈烈的工农革命运动惨遭失败，被迫转入低潮，留下了极为深刻的教训。

1. 二师主要领导人缺乏协调全局、统一指挥作战的经验，革命军内部没有形成高度集中的领导核心。

2. 各地农军没有密切配合、协同作战。汝城、郴宜、惠潮梅三支农军虽已编属二师的三个团，但却不能密切配合，协调行动，以致顾此失彼，战斗失利。

3. 对敌情估计不足，思想麻痹，应战准备不充分；幼稚地认为范石生的第十六军不会来进攻，特别是区乡农民自卫军的联络工作未能充分发挥作用，敌人三个团数千人通过农军所辖区乡几十里，竟无人鸣炮报警，丧失了战机。

4. 当时中共驻汝城及汝城当地组织尚处于幼年时期，缺乏武装斗争经验和建立革命根据地的长远意识——要取得革命的最终胜利，就必须持久地坚持武装斗争，建立巩固的革命根据地。

汝城地区的工农革命运动虽然遭受失败，但在白色恐怖笼罩之际仍能顽强坚持斗争 126 天，实现了一切权力归农会，探索了插标分田，形成了工农政权的雏形，得到了中共中央的关注和肯定，并成立了中共驻汝特别工作委员会，建立了中国共产党领导的武装力量，对汝城及周边地区后来的革命斗争起到了巨大的作用，产生了深远的影响。

第五章

桂汝秋收起义

★

《土地革命战争时期各地武装起义·湖南地区》一书写道：工农革命军第二师发动的"桂汝秋收起义，连克两座县城，并建立了汝城县苏维埃政权，实现了中共湖南省委的起义计划；对湘南地区的武装斗争产生了重要影响"[①]。

一、《中共湖南省委关于湘南运动的大纲》的起草

汝城轰轰烈烈的工农革命运动引起了中共中央的高度关注，中共中央多次发出重要指示，及时有力地指导了汝城地区农民运动的开展。1927 年 7 月初，中共中央农民运动委员会书记毛泽东根据陈东日、阳兴光、方临川等关于汝城工农斗争情况的汇报，及其他有关汝城农运的信息，看到了汝城在当时湖南乃至全国革命运动中所处的重要地位，因此，毛泽东遵照中共中央指示，于 7 月 23 日起草了以汝城为中心开展武装斗争的《中共湖南省委关于湘南运动的大纲》（以下简称《大纲》），8

[①] 中国人民解放军历史资料丛书编审委员会编：《土地革命战争时期各地武装起义·湖南地区》，解放军出版社 1997 年版，第 567 页。

月1日中共中央临时常委会讨论通过了《大纲》。《大纲》原文如下：

（一）湘南特别运动以汝城县为中心，由此中心而占领桂东、宜章、郴州等四五县，成一政治形势，组织一政府模样的革命指挥机关，实行土地革命，与长沙之唐政府对抗，与湘西之反唐部队取联络。此湘南政府之作用有三：

（1）使唐在湖南本未稳定之统治，更趋于不稳定，激起唐部下之迅速分化。

（2）为全省农民暴动的先锋队。

（3）造成革命力量之中心，以达推翻唐政府之目的。

（二）军事方面：

（1）请中央命令彭湃同志勿将现在汝城之粤农军他调。

（2）浏（阳）、平（江）军千人立即由郭亮率领赴汝城。

（3）江西革命军中调一团人赴汝城。

三部分共兵力约一师，以革命军一团作中坚，至少有占领五县以上的把握。

（三）湘南须受江西革命领导机关的指挥，革命的粤政府成立，则受粤政府指挥。并供给其需要，中央应命令江西方面执行此计划。

（四）党的湘南特别委员会，受湖南省委的指挥，在交通阻隔时候得独立行使职权。

民国十六年八月

这个大纲是毛泽东深入调查研究的重要成果。

1926年12月，毛泽东在长沙出席湖南全省第一次工农代表大会。汝城代表何举成在大会上作的《关于建立工农革命武装的建议》，被大会通过，列为40个议案之一，何举成被推选为大会特别议案审查委员会五位成员之一。毛泽东赞赏何举成的建议，与他们一起审查议案。

1927年1月4日至2月5日，毛泽东赴湖南湘潭、湘乡、衡山、醴陵、长沙五县考察农民运动。湘南特委组织部长张琼（汝城人，原名朱舜华）在衡阳北山庙溪一带领导农民开展武装斗争，向毛泽东介绍了汝城农民运动的情况。四一二反革命政变后，中国革命形势极其危险，毛泽东认真思考其命运。6月24日，中共中央决定由毛泽东任中共湖南省委书记。毛泽东迅速赶赴白色恐怖笼罩下的湖南，在衡阳召集会议，再三强调：马日事变是上海事件的继续，随之而来的将有无数个马日事变在全国发生。因此，各县工农武装一律迅速集中，不要分散，要用武力来对付反动军队，以枪杆子对付枪杆子，不要再徘徊观望。

　　7月初，毛泽东被召回武汉。毛泽东召集被迫赴汉的湖南同志开会，要求他们回到家乡，拿起武器，山区的上山，滨湖的上船，坚决与敌人作斗争，武装保卫革命。这些同志对地处湘粤赣边的汝城县的革命形势了如指掌，向毛泽东如实汇报了湘南特别是汝城的农民运动情况。7月4日，毛泽东出席中共中央政治局常委第34次扩大会议，提出了农民武装上山，等待时机，徐图发展的战略。他针对陈独秀强调把农协会员送到国民党军队的主张，指出"不保存武力则将来一到事变我们即无办法"，农民自卫军可以上山，"投入军队中去。上山可造成军事势力的基础"。

　　7月15日，汪精卫集团实行"分共"，叛变革命；在革命转折的历史关头，毛泽东在武汉着手起草《大纲》，多次催促在长沙的湖南省委成员提供"所需详细军事报告"。

　　7月20日，中共中央和中央农民部联合发出《中央通告农字第9号——目前农民运动总策略》，认同了毛泽东"上山"的思想。通告说："现时农民运动中最严重而紧迫的课题，就是组织革命武装。要用种种方法夺取地主阶级和一切反革命派的武装，武装农民。""每一省农民运动要把我们的人力财力集中在政治军事或交通占重要的区域，以树立全省运动的中心基础，宁可为求这些区域的深入而暂缓扩大，万不可只求扩大而忘记了中心基础工作。"7月23日，毛泽东起草了《大纲》。

　　《大纲》要求"湘南特别运动以汝城县为中心"，保存和扩大军事力量。此时，毛泽东把重点放在汝城，因为：其一毛泽东已有"上山"思想，在中共中央临时常委会上提出了"上山""保存武力""造成革命力量之中心"。其二汝城地理位置特殊、重要，地处偏僻山区农村，处湘粤赣三省之交，地势险要，进可上衡阳下广东，攻占城市；退可在山区保存革命力量，是在1927年大革命和各地革命运动失败后，保存革命力量和扩大革命力量的理想区域。其三革命基础好。党在汝城已有自己领导下的革命武装，汝城、桂东、永兴、郴县、宜章、资兴等县以及广东东江地区（惠潮梅）农军共约5000人。汝城加入农会、工会的群众达6万人之多，并且实行了"一切权力归农会"、工农专政，已成武装割据之势。

　　《大纲》强调实行军事割据，并通过割据扩大政治影响，逐步瓦解唐生智的反动政权；要求实行土地革命，建立工农政权，充分体现了毛泽东在湘南广大农村开展武装斗争、实行土地革命、建立革命政权的思想，是"上山"思想的新发展。

　　同年8月1日，中共临时中央政治局批准了《大纲》，并寄给中共湖南省委。

8月3日，中共中央发出纳入了《大纲》主要思想的《关于湘鄂粤赣四省农民秋收暴动大纲》，明确指示："准备在不久的时期内，在湘南计划一湘南政府，建立革命政权及一切革命团体，在广东革命委员会指挥之下。现即须组织湘南特别委员会，由毛泽东、郭亮、夏曦、任卓宣组成，毛泽东任书记。"

8月7日，中共中央在武汉召开紧急会议，总结了大革命失败的经验教训，确定了土地革命和武装反抗国民党反动派的总方针，并把发动农民举行秋收起义作为党的最主要任务。

8月8日，《中央致前委信》训令湘、粤、赣、鄂四省立即发动秋收起义，以响应南昌起义。"同时决定由前敌分兵一团或二团交由郭亮处，希率领到湘南占据郴宜汝一带，组织湘南革命政府。受前敌革命委员会指挥，并供给相当的饷弹。"

为什么最终没有实现《大纲》提出的暴动计划？

其一，由于形势变化，毛泽东、郭亮未到汝城，南昌起义军南下未入赣南，而聚集汝城的各地农军又遭国民党第十六军及地方武装的突然袭击，农军战斗失利，致使以汝城为中心开展湖南武装起义的计划未能实现。

其二，8月19日，中共湖南省委向中央报告秋收暴动计划时称："湖南秋收暴动，决定以长沙暴动为起点，湘南、湘西等地亦同时发动，坚决地夺取整个的湖南，实行土地革命，建立工农兵苏维埃的政权。""另外组织一个湘南指导委员会指挥湘南暴动，目的在夺取湘南，至万不可能时，坚决夺取桂东、汝城、资兴三县，建立工农兵的政权。"

8月中旬，毛泽东回湖南传达中央关于湖南秋收暴动精神时，情况已发生了新的变化，一方面，湖南省委为了与鄂南暴动协同动作，决定扩大暴动范围，"以长沙暴动为起点"，"夺取整个的湖南"；另一方面，湖南军阀唐生智和许克祥内讧，湘南与长沙隔绝，湖南省便把《大纲》的秋收起义计划改在湘赣边界一带发动，省委另行组织了一个"湘南指导委员会"指挥湘南暴动。因此，毛泽东没有赴任湘南特委书记，留在省城研究以夺取长沙为中心的湖南全省秋收起义了。9月9日，毛泽东等领导发动了湘赣边秋收起义。

其三，在八七会议前后毛泽东与中央存在分歧。中共中央党校教授盖军认为，八七会议前，毛泽东有了以汝城为中心，万一失败就上山的思想。八七会议用什么方式实行武装反抗、走什么样的道路，中央在认识上是不同的或者是不明确的。毛泽东在八七会议前起草的《大纲》，是毛泽东在7月4日首次提出上山思想的进一步发展和具体化。这个《大纲》是经中央批准的，但当时中央的计划与此不同。第一，中央原来指示先是以湘南为中心，湖南省委回信反映"唐生智部队南下，湘南同长沙事实上已被隔绝"后中共中央要求湖南举行"全省暴动"，把全省划为三大区同时举行：以长沙为中心发动湘中暴动，以衡阳为中心发动湘南暴动，以常德为中心发动湘西暴动，然后夺取全省政权。中央的这个计划反映了"城市中心"的思想。而毛泽东是以靠近山区的汝城县为中心，进而占领几个县，实行土地革命，形成中心区域，逐步实现夺取全省政权，并准备上山。第二，当时中央的指导思想是把全省起义作为帮助湘鄂赣粤四省暴动的军事力量。毛泽东强调的是湖南的秋收起义和军事力量，"单靠农民的力量是不行的"。虽然，这时毛泽东还没有上井冈山的想法，但他有了以汝城为中心，万一失败就上山的想法，这同他领导秋收起义失利后很快率队伍向罗霄山脉进军不无关系。①

二、筹备桂汝秋收起义

大革命失败后，二师余部从汝城县城撤至濠头，自行改编为国民革命军第四军补充团，继续坚持武装斗争。后退至江西崇义上堡休整，奉中共湖南省委指示重新改编为工农革命军第二师第一团（简称二师一团），就地准备举行起义。1927年9月24日至29日，二师一团智取桂东，占领汝城，打响了湘南秋收起义的第一枪，并成立了汝城县苏维埃政府，实现了中共湖南省委的起义计划，对湘南地区的武装斗争产生了重要的影响。

大革命失败后，中共湘南特委极为关注汝城的党组织建设。1927年9月，湘南特委决定秘密建立中共汝城县委员会，指派何日升任书记，胡伟章任组织部长，范旦宇任宣传部长。县委成立后，着手恢复党的基层组织和农民协会。县委在北乡的外沙、石泉、杨家洞、梓洞及南乡、县城一带秘密开展活动，联络同志，壮大党员队伍，发展了胡美章、曹永松、朱良才、朱赤、朱性清等人入党。

1927年8月下旬，陈东日、李涛等指挥二师余部500余人突出重围，转移到汝城濠头后方营进行整训，陈东日在濠头苦竹坳邓祖仁家祠召开了紧急军事会议。为避开敌人的视线，自发将余部改编为国民革命军第四军补充团（"国民革命军第四军"军长张发奎，教导团团长叶剑英，该团共产党员、国民党左派较多，汝城土桥

---

① 张素华、边彦军、吴晓梅：《说不尽的毛泽东》，辽宁人民出版社1993年版，第322页。

人范大光也在该团。八一五事件后，二师曾派人去江西联系第四军，未联系上，故用此番号），公推何举成任团长，于鲲为副团长，任卓宣为党代表，何翊奎为军需长，谢发明为副官长，张遐光为秘书，赖忠贤、朱之刚为书记员，钟碧楚、李涛、朱庭芳、刘光明、曾嘏、范卓、何举德、欧阳焜、赖鉴冰、张攸发等为副官。全团编为三个营和一个特务连。第一营营长李运昌、范修之（后），党代表李涛；第二营营长何翊奎、范世才（后）；第三营营长黄文灿。他们汲取失败的教训，在团部设立了专管情报与联络的特务连，连长何松林、宋裕和（后），由李涛领导。会议研究了部队的进军路线，并派出蒋席珍等人前往崇义、汝城、资兴等县侦察敌情，制定了桂东、资兴、汝城秋收起义计划。

队伍经过改编，更加精干有力，重新振奋了士气，随即进入桂东、酃县及江西上犹、崇义等地活动。

8月底，何举成率部开赴江西崇义县的上堡。这里是汝城与崇义的交界地区，崇山峻岭，森林茂密，交通不便，但群众基础较好。任卓宣、何举成等人商讨后，决定在这个地区开展游击活动。接着对部队再次整编。他们将部队以营为单位分驻各地，组织发动群众，建立农民协会，斗争土豪劣绅，减租分粮，取消债务。经过一段时间的工作，农民提高了觉悟，积极拥护农军，热情支持革命。

不久，部队开到江西上犹县营前圩，进行游击和整训，在这里召开了全团指战员大会。会上，何举成以高度的革命乐观主义精神，深入浅出地讲解了革命的道理和前途。他的坚定信念和必胜信心，鼓舞和感染着全体指战员。此后，军心稳定，士气较高，加之军纪严明，部队深受群众的欢迎。一些在汝城八一五战斗中失散的战士又陆续回归了部队，许多农民也纷纷要求加入革命队伍。

9月23日，一位姓向的交通员气喘吁吁来到补充团驻地——上犹营前，将一封密信交给何举成。何举成终于接到了中共湖南省委的指示："毛泽东已率工农革命军第一师向湘东进攻。令你部改编为湖南工农革命军第二师第一团，就地举行起义，然后向资兴、衡阳方向前进。"省委宣布何举成为团长。何举成当即召开连以上干部会议，传达省委指示，将部队改编为湖南工农革命军第二师第一团。同时，建立了中共二师一团委员会，书记任卓宣，委员何举成、李涛。

部队进入上犹营前，陈东日曾派高静山、李一鼎、郭怀振等人回到宜章、郴州等县，以加强与周边县中共组织的联系，把武装斗争扩大到这些地区去。到桂东寨前后，中共临时特委为了取得上级组织的指示，又决定派陈东日去找湘南特委联系。

陈东日在临行时告诫大家："干革命，搞武装，纵不伤心也破衣，同志们要有多吃苦的准备，一定要坚持到底。"

陈东日找到中共湘南特委时，特委正在湘南一带准备新的暴动，急需军事干部。因此，即改派陈东日回宜章县开辟工作。

三、智取桂东举义旗

1927年9月24日，二师一团500余人从上犹营前出发，打着国民革命军第四军补充团的旗号，威武雄壮地向桂东县城开拔。

25日一早，县长谢宪章接到电话称："最近，汝城一带共产党活动频繁，农军来势汹汹，不可一世，现特派国民革命军第四军补充团到桂东加强警戒和防范。"汝城农军起义之事，谢宪章多少知道一些，便命政府官吏和豪绅做好准备，迎接"国民革命军"进城，并为部队接风洗尘。25日上午，谢宪章率官吏们纷纷出城恭迎。26日晚8时，县衙楼上楼下，灯火辉煌，歌舞升平，几十桌丰盛的晚宴，佳肴美味散发出诱人的香味。官吏和豪绅聚集一起，得意忘形地等待长官们入席。当谢宪章请何举成坐下那刻，何举成目光扫遍宴会厅，走上主席台，举起酒杯，朝地下猛地一甩，瞬间灯光熄灭，两名战士将谢宪章死死扼住。事先做好准备的工农革命军指战员立即将枪口对准了所有敌人。接着，何举成厉声宣布："我们是共产党领导的工农革命军，你们这些恶贯满盈之徒，应该受到人民的正义审判！"旗手立即更换了"湖南工农革命军第二师第一团"鲜红的军旗。

二师一团巧借国民革命军第四军补充团旗号，武装占领县城，当场逮捕了县长谢宪章、典狱长谢××（谢宪章胞弟）、团防局长胡少彬、县政府科长等20多名反动官吏和土豪劣绅，救出了被捕的郭振声（后任桂东县委书记）、邓声挪、邓维新、邓少豪、扶宝林等被关押的共产党人、农运骨干和革命群众。

同时，迅速接管了电信等要害部门，没收了电话机、发报机、密码本，将3名电话、电报、线路员带到桂东沙田。

按湖南省委计划，下一个目标是攻打资兴。何举成、李涛事先已派蒋席珍前往侦查，可两天都没有消息。电话员按照李涛的吩咐，架好电话线路，接通了资兴县邮局，叫县衙门的人接电话，告知"国民革命军"将前往资兴。县衙门的人告诉"长官"：县长、保安团都在，欢迎驾到。但得悉交通员蒋席珍在去资兴的路上被敌人杀害后，为免遭意外，部队改变行军路线，绕道向汝城方向前进。何举成召集团部领导人会议，经请示省委同意改变计划，决定先攻打汝城。

起义队伍在向汝城开拔途中，经过桂东寨前时，逮捕了大土豪邓满娴，并分了邓家粮食衣物，封了邓家房屋。

行至沙田，召开公审大会，在牛堆里处决了4名制造白色恐怖的反动科长。

四、占领汝城建政权

1927年9月28日，二师一团从桂东沙田出发，于当天下午回到汝城县濠头圩，受到濠头人民群众的热烈欢迎。

在濠头圩短暂休整时，何举成会见了前来看望他的亲友。他嘱咐兄弟何举德、何举恩要跟着共产党走，为革命奋斗到底。这时，他的妻子欧玉娇抱着几个月大的孩子何选璋，含着泪水来到他的面前。他从妻子怀里接过孩子，深情地说："玉娇！你吃苦了。但我们今天的苦，是为了千千万万孩子明天的甜，我们应该感到自豪。现在革命军还没成功，我们还要拿起武器，继续与敌人战斗。你在家里要注意身体，把孩子抚养成人，孩子长大了还要继续走革命的路……"

部队离开濠头时，团里决定留下两个班的战士，由赖鉴冰带领在濠头组成一个武装中队，共60多人。这个中队后来与桂东县刘雄领导的革命武装汇集一起，成立了汝桂边区赤卫队，转战在汝城、桂东地区。

9月29日凌晨，部队经田庄、暖水分三路向汝城县城发起进攻。

为确保万无一失，进城前，何举成事先做了严密部署：一营主攻县政府，占领县府办公楼；二营攻团防局，解除"挨户团"武装；三营攻监狱。第一营及团部特务连经白芒、泉水垅、厚坊垅等地至县城，占领县城制高点——虎头寨，准备攻击县城西南面；第二营由新铺前出迳口至土桥，围攻盘踞土桥的何其朗宣抚团；第三营由银岭头经东场包围县城东北门。三路队伍同时进攻，一举攻克县城，活捉了国民党县清党委员何沛霖，县长邓邦彦及各机关职员皆仓皇逃走。部队占领县署后，分兵布防，城乡内外一片欢腾，群众高呼革命口号。

随后，部队以湖南工农革命军第二师第一团团长何举成的名义，在县城贴出布告，宣布成立汝城县苏维埃政府，号召汝城民众团结一致，共同奋斗，为实现革命最终目标而努力。

湖南工农革命军第二师第一团布告内容如下：

为告布事：照得国民革命原为大多数之工人农民谋利益，乃自北伐胜利以后，蒋介石背叛于前，冯玉祥、唐生智背叛于后，整个的国民党和国民政府为土豪劣绅所占据，解散工会农会，屠杀工人农人，造成一新军阀统治的白色恐怖。我工人农人为讨伐叛逆，完成革命计，特在各省组织工农革命军，实行工农革命，打倒新旧军阀、贪官污吏、土豪劣绅，没收其财产，废除苛捐杂税及田租，工人占据工厂，农人占据土地，实行耕者有其田，以解决土地问题。各省各县具由工会农会及兵士选举代表，组织工农兵政府，而后组织全国工农兵政府，以办到根本解放工人农人及由贫（民）变成之兵士，而联合世界上之工农兵，共同奋斗，消灭帝国主义，完成世界革命。凡我湖南工人农人，火速闻风兴起，在湖南革命委员会指挥之下，一致行动。切切此布。

团长 何举成
中华民国十六年九月二十九

布告揭露了蒋介石、冯玉祥、唐生智等背叛革命的罪行，号召工人农民团结起来，"组织工农革命军，实行工农革命，打倒新旧军阀、贪官污吏、土豪劣绅，没收其财产，废除苛捐杂税及田租……实行耕者有其田"，提出"由工会农会及兵士选举代表，组织工农兵政府，而后组织全国工农兵政府"和"联合世界上之工农兵，共同奋斗，消灭帝国主义，完成世界革命"的政治主张，初步形成了工农兵政权的雏形，充分体现了中共中央关于"工农兵代表苏维埃，是一种革命的政权形式……在革命斗争新的高潮中应成立苏维埃"的时代精神①。

国民党湖南省政府对此极为恐慌和仇视，于1927年11月1日，以省政府主席唐生智、代主席周斓的名义向全省各县及赣粤边界发布《通缉共产党徒何举成等由》的"湖南省政府训令"（民字第2614号），责令"举全省之力通缉追捕共产党徒何举成"。

五、保存火种受改编

撤出县城，保存实力。 9月29日，二师一团进驻汝城县衙后，何举成率团部人员驻城西濂溪书院，特务连驻守虎头寨，李运昌、范修之、范大澂等率一营开往土桥香垣村一带继续围歼何其朗余部。

9月30日，何其朗率宣抚团队长朱少达、保商队队长朱名山等汝城反动武装，

---

① 中央档案馆编：《中共中央文件选集》第3册，中共中央党校出版社1989年版，第370页。

分别向虎头寨和南门反扑。

由于一营大部分战士是新参军的农民，加上连续行军作战，十分疲劳，面对强敌反扑，进退失据队伍被敌打散。此时，特务连连长何松林也叛变投敌。为避免不测，二师一团便主动放弃县城。何举成率团部和三营从城北撤出，李涛率二营从城西撤出。撤离县城时，因军情紧急，在战士和群众的要求下，何举成下令于虎头寨脚处决了在押的桂东县县长谢宪章、汝城清党委员何沛霖。

两路队伍分别经汝城马桥蕉坪、岭秀回龙仙、资兴黄草等地撤往资兴与汝城交界的瑶岭——岭秀两水口会合。

转战瑶岭，寻找朱德部。两水口是汝城耒水与山店江的交汇处。这里群山起伏，森林密布，人烟稀少，一条汹涌澎拜的耒水（浙水）河形成天然屏障。这里是隐蔽队伍，打游击战的好地方。

500余人的二师一团分途撤出汝城县城后，各营、连按预定路线前进，一路征战，到达瑶岭、两水口大山区会合时，只剩下200多人。

何举成、李涛等带领二师余部在人烟稀少的汝城县岭秀与资兴黄草之间的瑶岭大山里整训。不久，许克祥、毛炳文、胡凤璋等部四处寻找二师余部行踪，对革命军进行"围剿"，企图彻底消灭。时临晚秋，干部、战士依然穿着单薄的衣裤，缺医少药，供给困难，处境危艰。在这严重危机时刻，何举成临危不惧，沉着坚定，一次次向战士们宣讲：革命就是要经得起艰难困苦的考验。他一面指挥部队占领汝城县文明上庄的盐卡，收缴过往盐税，解决部队的供给问题，带领部队在困境中顽强地战斗着；一面派出叶愈蕃、何跃生、何举栋、何水清4人到江西寻找朱德领导的南昌起义军余部。

1927年10月1日，叶愈蕃、何跃生等4人从岭秀两水口出发，当日到濠头，与二师一团濠头留守处的赖鉴冰会合了，然后经江西崇义丰州，到过埠。10月13日，在崇义县附近左溪终于找到了朱德部。朱德见到何举成的部下，异常高兴："南昌起义时，恩来同志谈了工农革命军第二师组建和发动湘南秋收起义的事，你们的到来真是雪里送炭。"接着询问了二师一团的情况。他们向朱德汇报了二师一团的困境。朱德非常欢迎，说今后他们一起干。随后，赖鉴冰率留守中队20余人赴崇义上堡，也与朱德部取得了联系，并随朱德部参加了"上堡整训"，迅速提高了政治、军事素质。

接受十六军特务营番号，得到休整和补充。11月20日—21日，朱德与范石生在汝城达成合作协议。这时，国民党第十六军中的秘密共产党员韦昌义（又名韦伯萃）来到二师一团驻地——汝城岭秀两水口，向何举成、李涛等介绍了朱德同范石生建立反蒋统一战线的情况：朱德部队在保留部队建制、政治独立、组织自主、行动自由的原则下，接受了国民党第十六军四十七师一四〇团的番号，取得了武器装备和军需给养等补充。他建议二师一团亦照此办理。根据这一情况，二师一团召开团党委扩大会议，进行了认真的分析和研究。为了保存革命力量，补充武器装备和粮草，以利将来发展，何举成带领部队开到广东乐昌县坪石镇，按朱德和范石生建立合作关系的条件，接受了十六军特务营的番号，何举成任营长，黄文灿为副营长。

对此，赖鉴冰、何举恩在 1959 年回忆："1927 年 9 月 29 日，二师一团反攻汝城县城，活捉伪清党委员何沛霖、土豪欧燕汝等人，缴获双筒步枪 1 支、短枪 2 支，激战一天。正值出导安民布告（即湖南工农革命军二师一团布告），因特务连连长何松林、范国斌等叛变，拖枪潜逃。何举成、李涛、范卓、何翙奎等计议，带领部队往田庄、资兴撤退。本想把队伍开往醴陵与毛主席会合，响应秋收起义，唯因反动军队实行七县联防，严密封锁，不得已把部队转移到广东乐昌坪石，在共产党员韦昌义的介绍下，按照朱德部与范石生合作的三个条件，接受了十六军特务营番号。"

在此期间，由伍中豪、毛泽覃带领的工农革命军一师一团三营，因与毛泽东部主力失去联系，也通过朱德的关系，以国民党第十六军四十七师一四一团的番号为掩护，得到大量武器和军需补充，驻扎在桂东县城。毛泽覃任十六军副官。

与朱德相见。11 月下旬，何举成率领特务营随十六军进入湘南永兴县，由永兴返粤北、途经汝城时，在汝城城南储能学校参加了范石生召开的尉级以上军官会议。经范石生介绍，何举成与朱德相见了。朱德赞扬何举成率领二师一团在困境中顽强斗争，坚定革命信念，坚决执行《湘南运动大纲》，成功地发动了桂汝秋收起义，占领桂东、汝城两座县城，成立了汝城县苏维埃政府，较好地实现了湖南省委的决定，对湘南地区的武装暴动产生了重大影响。何举成深受鼓舞。此后，何举成经常与朱德来往，朱德对革命的精辟见解和坚定信念，使何举成受益匪浅。

通过朱范合作，国民党第十六军有了三支革命队伍。为加强对这三支革命队伍的组织领导，朱德秘密组建了中共十六军军委会，陈毅任书记。特务营重新建立了党支部，李涛任书记，何举成为委员。为了加强三支革命队伍的联系，朱德派滕代顺、蒋国杰到特务营担任副连长和排长。何举成则派欧阳焜、朱忠良来往于两支部队之间。何举成利用特务营防守十六军军械枪弹仓库之便，经常暗中派人向毛泽东、朱德、阮啸仙领导的部队、农军运送枪支弹药。仁化暴动、宜章年关暴动，点燃了湘南起义的烈火。

第六章

朱德与范石生在汝城建立
反蒋统一战线

★

南昌起义失败后，朱德、陈毅、王尔琢率起义军余部进入赣粤边境的饶平。1927 年 10 月 5 日，举行饶平茂芝会议，决定"隐蔽北上，穿山西进，直奔湘南"。

朱德率起义军余部 2000 余人，开展了著名的"赣南三整"。11 月上旬，他们克服了种种难以想象的困难，来到湘、粤、赣三省交界的山区江西崇义县西南的上堡，这时部队只剩下 800 人左右了。在这里，朱德又一次整顿了部队，"使部队精神面貌焕然一新。但是，部队的给养问题仍然没有得到解决。这时隆冬季节即将来临，大家穿的还是八一起义时那身单衣短裤，粮食、薪饷更是没有着落，尤其严重的是枪支弹药和被服无法得到补充。朱德、陈毅、王尔琢等曾多次在一起商议这些问题，但都没有找到办法。那些天，朱德吃不下，睡不着，坐不住，成天为这些关系到部队生存、壮大的问题焦急忧虑"①。

为了保护这支极其珍贵的革命队伍，朱德、陈毅率部到汝城与国民革命军第十

---

① 赵镕：《跟随朱德同志从南昌到井冈山》，《近代史研究》1980 年第 1 期。

六军军长范石生谈判，并获得成功，建立了反蒋统一战线。

一、寻求与范石生合作

朱德与范石生结交甚深。两人于 1909 年同时考入云南陆军讲武堂，因成绩优异，同被选入特别班。辛亥革命前，两人均为孙中山组织的同盟会会员，一起参加推翻清王朝的辛亥革命。其后同在协统蔡锷将军指挥的第三十七协（旅）第七十四标（团）共事，参加了闻名全国的昆明"重九起义"。1915 年，两人又同时参加蔡锷领导的护国讨袁起义，朱德任第一军第三支队队长，范石生在顾品珍部任营长，后被提升为师参谋长，两人在泸州战斗结束时共同合影。朱德素以指挥有方、爱兵如子、为人厚道著称；范石生则以英勇善战、刚正不阿、谈吐诙谐闻名，曾被孙中山表彰为"功在国家"。经多年护国战争的共同战斗，两人感情笃深，结成了知己。

朱德回忆说："1926 年我从国外回国后，通过周恩来通知王德三转告范石生秘密到上海同我见面。我们相见后长谈了一次。范希望我到他的部队当军长，自己退后，我婉拒了。范又要求我任其参谋长，我说：'周恩来、胡汉民、蒋介石已商量决定，派我去四川万县杨森部任国民党中央和国民政府代表，去劝说杨森部与吴佩孚决裂，支持国民革命军北伐进攻湘鄂，任务艰巨。周恩来、王德三已派一批人进入你军，不管他们是共产党或国民党左派青年，希善待之。'我还对他说：'我不在你部胜似在你部。杨森甚狡黠，争取他十分困难，但他据有川东及鄂西 20 余县，拥兵五六万，战略地位十分重要，我不可不去。'对于我的婉拒，范石生表示理解，他对我说：'请玉阶兄相信，我范石生守信义，爱部属爱百姓，坚决支持孙大元帅联俄、联共、扶助农工三大政策，如果蒋介石背叛革命，我也一定同你合作。如违此誓言，天人共诛我，君亦可诛我。'"[1]

南昌起义前夕，朱德做了一番争取滇军中老同学和老同事的工作，他曾经分别给驻在韶关的国民革命军第十六军军长范石生、驻九江的国民革命军第九军军长金汉鼎、驻吉安的国民革命军第十九师师长杨池生、驻临川的国民革命军第二十七师师长杨如轩写信。信中讲述革命道理，劝说他们站到工农革命一边，为实现孙中山的革命理想继续奋斗。

范石生收到朱德来信后，曾表示过争取一致行动。范石生经过慎重考虑，给南

---

① 侯方岳：《周恩来、朱德关于范石生将军的谈话追忆》，《党的文献》2004 年第 3 期，第 81 页。

下起义军写了一封信，说他准备在广东接应起义军，共同开展反帝、反封建的革命事业。起义军于 1926 年 9 月 5 日在福建长汀时收到了范石生的这封回信。①

南昌起义后，起义军挥师南下，准备由赣入粤与张太雷、叶剑英等会师发动广州起义。起义部队南下时，周恩来给朱德写了致范石生的组织介绍信。朱德在《从南昌起义到上井冈山》一文中写道："南昌起义军部队南下时，恩来同志就给我们写了组织介绍信，以备可能同范石生发生联系时用。"②

11 月初，朱德在上堡期间，确认国民革命军第十六军军长范石生驻守在韶关、汝城一带，便与陈毅、王尔琢二人商议后决定写一封信去试探一下。范石生接信后一周左右，大概是 11 月中旬，马上派他部队的共产党员韦昌义到上堡和嘉甲黄土坳与朱德联系。范石生赞赏朱德的大智大勇，基于"寄人篱下"的处境，表示"正欲与兄共商良策，以谋自强自立"，并约朱德到汝城与十六军四十七师师长曾曰唯会面。

范石生是滇军系，不属蒋介石嫡系，加之与蒋素有积怨，蒋对范极力排挤，妄图吞并之，曾多次逼他就范而未果。范石生也历来看不起蒋介石，范石生任驻粤滇军第二军军长时，蒋还是粤军许崇智的参谋长。此外，西南的桂系军阀黄绍竑和湖南军阀何键也都排挤范石生，企图夺走范仅有的一点地盘。

1927 年 7 月，国民革命军第十六军军长范石生率部由广西平马奉调广东韶关和湖南汝城、资兴一带驻防。第十六军下辖三个师。其中，第四十六师师长张浩率部驻仁化城口，第四十七师师长曾曰唯率部驻汝城，第四十八师师长赵超率部驻广东韶关。

范石生寄人篱下，孤立无援，急于寻找盟友，扩大实力，以取得与蒋抗衡的资本。所以，南昌起义之前，范石生的十六军就一直同中共秘密保持联系，曾有同中共联合进驻广东之意。十六军中虽有共产党组织活动，但范视而不见，充耳不闻。

南昌起义军潮汕失利后，军心涣散，战斗力减弱。1927 年 10 月下旬，朱德率部辗转至江西安远县天心圩后，进行整队，重点进行思想方面的整顿。朱德在军人大会上说："同志们，愿意革命的跟我走；不愿意革命的可以回家，不勉强。""只要能保存实力，革命就有办法，你们应该相信这一点！"陈毅也激励战士说："革命战士要经得起失败的考验，做失败时的英雄。"朱德认真分析了当时的形势，军阀

---

① 刘学民：《朱德与范石生的统一战线》，《党史研究》1980 年第 3 期。
② 中共中央文献编辑委员会编：《朱德选集》，人民出版社 1983 年版，第 395 页。

混战一定会爆发，起义军只要跟农民运动结合起来，打游击，找个地方站住脚，然后就能发展。

天心圩整顿后，朱德率领的部队军心稳定了。其时，粤、桂军阀混战爆发，湘、粤、赣三省大小军阀都卷入了这场战争，国民党军再也顾不上尾追南昌起义部队了，起义军赢得了喘息的机会。11月上旬，部队在大庾、信丰进行整纪整编，在湘赣边距汝城不远的崇义上堡进行整训。此次主要是整顿部队纪律，进行军事训练，学习打游击战的知识与技术。

通过茂芝会议及天心圩整队、大庾整纪、信丰整编、上堡整训，"部队走向统一团结了，纪律性加强了，战斗力也提高了"。但上堡地处山区，人少地荒，给养问题一直得不到解决。

十六军地下党员韦昌义来到上堡后，就朱德就与范石生合作之事起义军领导层进行了认真讨论商议。一部分同志认为，与范合作切实可行，既可解决部队当前的燃眉之急，又可相机争取范向左转；另一部分同志则提出尖锐的反对意见，认为与范合作就是与敌携手，是右倾投降主义，范部被蒋收编日久，其部下官兵受蒋影响甚深，与范合作后果不堪设想，会使起义军官兵掉入染缸，受其影响。

针对这些意见，朱德辩证地分析了合作的利弊，他教育指战员们说："搞合作，要看对革命有利无利，利多还是弊多，利用合作关系，壮大自己力量，即使不能使范变成我们的长久朋友，起码能使他暂时中立，这对革命会大有好处。所以，与范合作不是右倾投降。""只要我们坚持组织上独立、政治上自主、军事上自由这三大原则，这个问题也是可以解决的。"

朱德的正确主张，得到了大多数同志们的理解和支持。于是，朱德给范石生写了封回信，表示愿意与范石生就合作之事正式谈判。但信中提出三项合作要求：1.本部编为一个团，不得拆散；2.本部政治工作保持独立；3.本团械弹被服从速补给，先拨一个月经费。并声明："我们是共产党的队伍，党什么时候调我们走，我们就什么时候走。""他给我们的物资补充，完全由我们自己支配；我们的内部组织和训练工作，完全按照我们的决定办，他不得干涉。"①

朱德给范石生的信发出去后约半个月，范派人送来了复信：

春城一别，匆匆数载。兄怀救国救民大志，远渡重洋，寻求兴邦救国之道。而

---

① 见中共中央文献研究室编：《朱德传》（修订本），中央文献出版社2006年版，第113—118页。

南昌一举，世人瞩目，弟感佩良深。今虽暂处逆境之中，然中原逐鹿，各方崛起，鹿死谁手，仍未可知。来信所论诸点，愚意可行，弟当勉力为助。兄若再起东山，则来日前途不可量矣！弟今寄人篱下，终非久计，正欲与兄共商良策，以谋自立自强。希即枉驾汝城，到日唯（第十六军四十七师师长曾日唯——注）处一晤。专此恭候。

二、合作路上的惊险遭遇

1927年11月中旬，朱德接范石生的信后，与陈毅、王尔琢等商议，为了部队的生存和发展，起义军党组织决定与范石生合作。但是，去湖南汝城谈判的路上，凶多吉少，同志们非常担心朱德的安全。为了挽救起义军，使南昌起义革命火种不致熄灭，朱德不顾陈毅、王尔琢等人的劝阻决定亲自前往。11月18日，也就是广州"张黄事变"①的第二天，朱德带领作战参谋王海青、黄义书以及由李奇中、蒙九龄带领的教导队50多名士兵前往。和朱德有"姐弟"之谊的刘桂凤也以到湖南娘家探亲为借口执意要与朱德前往。几十个人由向导何耀生、叶愈藩引路，经汝城濠头去汝城约四十七师师长曾日唯谈判。途经濠头圩时，发生了惊险的一幕。

11月18日，朱德从上堡出发去汝城。上堡距汝城80余里，中间隔着险峻的猴古坳、猴子额山，山上盘踞着一股土匪，匪首是汝城宣抚团长何其朗的内弟朱宜奴。部队经过此山时，朱宜奴带着这股土匪尾随跟踪。起义军到达濠头圩时，天色已晚，只得在濠头老局宿营。宿营前朱德进行了部署，指定了发生紧急情况时的集合地点。朱德和警卫住老局附近的谢铁匠铺。半夜时分，枪声大作。200多个土匪将整个濠头圩紧紧包围了起来，并高声嚷叫："快抓住朱德，别让他跑了！""抓住朱德有赏！"

战士们被枪声惊醒，马上提枪投入战斗，趁着夜色冲出了土匪的包围圈，向指定的紧急集合地点奔去。

朱德闻声惊起，往窗外一看，土匪已向谢铁匠铺围了上来。硬冲出去已经来不及了。他灵机一动，转向厨房，拿起一条围帕系在腰上，刚刚系好帕带，门被砸开了，匪连长朱宜奴带着一伙匪兵冲了进来。一匪兵扑上去紧紧抱着朱德，朱宜奴挥舞着手枪气势汹汹地问："你是什么人？"朱德机警地回答说："我是伙夫头。"

① 指在1927年11月17日凌晨，国民政府和中国国民党内部派系之一的张发奎、黄琪翔等人在广州发动政变，改组国民党广东省党部、广东省政府的事件。

朱宜奴见朱德身着破军装，脚穿烂草鞋，黑黑的脸上胡子拉茬，俨然一个伙夫模样，便信以为真，厉声问道："朱德在哪？"朱德指了指后面的房子说："他在那边。"

立功心切的土匪和朱宜奴一听，将朱德丢在一边，向朱德所指的方向扑去。朱德趁机打开窗户跳将出去。

先行突围出去的王参谋见朱德还未出来，恐生意外，马上集合队伍准备前往营救。刚好朱德赶来了，战士们心头才一块石头落了地。朱德立即清点人数，发现少了4名战士，立即率队返回去接应。途中遇到三名战士，得知一名叫黄志忠的战士突围时中弹牺牲了。

战士们愤怒不已，纷纷要求严惩土匪，为民除害，替黄志忠报仇。朱德随即部署战斗，令王清海参谋带领一部分战士埋伏在土匪回山必经之路两侧，准备伏击土匪，自己则带领一部分战士绕到土匪后面的小山包上进行袭击。当朱德率领战士摸上小山包时，见土匪正围着黄志忠的遗体狂笑，说这个大个子肯定是朱德。

"打！"朱德一声令下，子弹像雨点般射去。顿时，土匪惊慌失措，像无头的苍蝇一样到处乱窜。战士们猛冲上去，土匪沿来路没命地逃跑。逃了不远，又遭王参谋他们伏击。此役，毙匪连长朱宜奴及匪兵10余名，俘匪兵10人。天亮后，朱德率队伍向汝城进发。

何其朗为什么会知道朱德夜宿濠头呢？原来，在赣南一带，蒋介石悬赏通缉朱德的告示随处可见。当朱德从上堡出发经过濠头牛仔塘时，国民党乡长何曾智（外号何大炮）发现他，并密报何其朗（外号荒孤疤，即臭虫）。何其朗便立即派其内弟朱宜奴（又叫朱龙奴）带领部下前往抓捕。

朱德率队从濠头圩背后的松桐山下垅坑，沿河边下到上水垱村子。这个村里有个人叫游进清，朱德走进他家里，见他正在家里抽烟，便攀谈起来。

朱德说："老表，我们是从濠头圩来的，已经肚饥了。"游进清说："好，我去叫煮饭。"

朱德又问："你叫什么名字？""我叫游进清。""我们如何能脱险，你有办法吗？"

游进清说："只有把衣服换了。"

吃过早饭，游进清去几户人家家里找了些衣服给战士们换上。朱德又问："去江西文英、古亭该往哪里走？（朱德声东击西，转移敌人视线）"

游进清说："从社溪、高源、集龙、热水过文英。"

临走时，朱德说："老乡，我叫朱德，以后如果革命成功，将要好好报答你老人家。"说着，朱德送给游进清一件雨衣、一个电筒、一把圆锹（这把圆锹，到1958年修水利时，游进清的儿子还拿出来用过）、一张明信片等物。同时，把吃饭的钱塞给游进清。游进清不接受，说："农村粗茶淡饭，不值得给钱，如果有什么好处，以后再说。"游进清不愿收饭钱，还带了一段路。

朱德一行到了社溪，得到社溪店主叶得利的热情接待和帮助。然后来到永丰。大家又累又饿，疲惫不堪，便找到路边的"永丰店"歇歇。这店是酿酒卖豆腐的，老板叫叶汉明。叶汉明见几位穿便服着草鞋的，来到店里，说外地话。叶汉明对他们第一印象是打了败仗的。他非常热情地接待了朱德一行，给他们沏茶煮饭。闲聊时，老板发现朱德走路一瘸一拐的。勤务兵告诉老乡，他们"老板"连续几天赶路，双脚被草鞋磨出血泡了。

勤务兵对叶汉明说："老板，真不好意思，我们在路上被人抢了，吃了你家饭菜，却没有钱给您，只能写个欠条给您，真对不起。"

叶汉明不认识字，收下字条笑眯眯地说："好的，你们出门在外，也不容易。这年头，兵荒马乱的，钱财抢了，没丢性命就好。听说昨晚濠头圩发生枪战，有个从江西来的朱司令差点被'何大炮'（伪乡长何曾智）和'荒孤疤'（宣抚团长何其朗）害了。"朱德听叶汉明这样一说，便实话告诉他："我们就是从江西过来的，您对我们的照顾，我们一定会记住的。现在还有紧急任务得赶去汝城。""您是？""我是朱德。""朱司令好，我叫叶汉明，又叫老雪。有什么需要帮忙的，就不用客气。"

勤务兵对叶汉明说："叶老板，我们朱司令的脚伤得厉害，要按时赶到县城，能不能给我们想办法找两位轿夫？"

从"永丰店"到县城，还有26里崎岖山路，这些山路大部分是陡坡，特别是黄沙岭、将军岭更是难走。

叶汉明说："这事好说。"他从永丰西塘塘下找来2位轿夫，大方地给了轿夫每人5块银元，亲自送朱德去县城。走到了黄沙岭半山腰时，一位在濠头圩战斗中负伤的战士突然晕倒。朱德见状便叫他上轿来，自己走路。这战士说什么也不愿坐，说司令还有紧急任务。

朱德这样关心部下，令叶汉明感动不已，他长这么大，还没有见过这么关心下属的大官。他趁大家歇息时，悄悄到附近的青草村又雇请来两人抬一辆轿子，让受伤战士坐。叶汉明跟随朱德一直到了县城津江。离别时，为了感谢叶汉明的帮助，朱德叫部下取出一把刺刀和一把报废的枪柄送给叶汉明作纪念。

朱德这段惊险的遭遇，被大家广为知晓。为了牢记汝城老区百姓支援起义军的恩德，朱德之孙、中国人民解放军空军指挥学院原副院长朱和平少将，朱德外孙、中国人民解放军装备学院原副院长刘建少将，分别为汝城老区题写了"南昌起义军濠头保卫战纪念碑""朱德濠头脱险，百姓施救有恩"。

三、共商合作良策

1927年11月19日下午，朱德部到达汝城县城东永安村。国民革命军第十六军第四十七师师长曾曰唯率百余人迎接，并在此地的教场坪举行了隆重的欢迎仪式。中共汝城县委书记何日升也以国民党县党部名义和曾曰唯一道到永安迎接朱德。

进城后，朱德把部队安排在县城西门西街和津江朱氏宗祠宿营，然后马不停蹄地到国民革命军第十六军四十七师师部——城南储能学校与师长曾曰唯商谈。

曾曰唯是朱德在云南讲武堂时的学生，师生久别重逢，格外亲切，回忆起以往的峥嵘岁月，更是感慨万千。曾曰唯滔滔不绝，兴高采烈；当朱德将话题转到合作之事时，曾却一反常态，吞吞吐吐。气氛顿时尴尬起来。朱德便转了话题，询问十六军被蒋介石收编后的情况。朱德试探地问："你们部队自从改编以来一切还如愿吧？"

曾曰唯长叹一口气说："休提了。蒋介石对我们十分苛刻，好像我们是后娘养的，不许我们增兵添员扩大编制，而他的嫡系部队却是满员满额的，并且还有很多预备队可以随时补充。北伐出师以来，蒋介石经常欠发我们的薪饷，而他的嫡系部队却不仅按月领饷，而且还有寅吃卯粮的。"

朱德故作惊讶地说："你们被收编后，虽无赫赫战功，也是艰辛劳苦，蒋介石难道这样对待自己的部队吗？"

曾曰唯愤恨地说："这还不算，桂系、湘系的龟孙子们也趁火打劫，拼命排挤我们，想霸占我们的地盘。如今，真是好汉受困，壮志难酬啊！"

朱德顺势劝曾曰唯说："蒋介石不仁不义，你们倒对他耿耿忠心。你好好想一想，如果孤立无援，四面被挤，你们岂不也会遭到灭顶之灾？"并鼓励曾曰唯挺起腰杆，争取主动，多交些朋友。"曰唯，干什么事都得担风险。范军长信上说'中原逐鹿，各方崛起，鹿死谁手，仍未可知'，与其四面受敌，孤立无援，不如多交一些朋友，从逆境中奋起。"

曾曰唯是范石生最信任的一位师长，如果他不同意合作，必然会影响到范石生，影响整个谈判计划。因此，朱德苦口婆心地反复劝说，要曾曰唯权衡利弊，当机立断。当天下午和晚上，朱德又赴曾曰唯处谈话，为彻底打消曾曰唯的顾虑。曾曰唯终于同意和起义军建立统一战线的建议，这为后来谈判成功铺平了道路。

国民革命军十六军军长范石生接到朱德的回信后，召集了各师师长和军参谋长秘密开会商量。与会者大多是从前云南讲武堂的学生和护国军、靖国军将领，朱德任护国军滇军旅长时的老部下、老朋友。加之国民革命军第十六军也想扩大势力来抗衡各派军阀，因此，多数人同意掩护起义军。唯独曾曰唯怕事情败露，遭蒋介石暗算而犹豫不决。所以范石生在给朱德的信中特嘱他先"到曰唯处一晤"。

朱德到达汝城县的当天傍晚，范石生也从韶关军部赶到了汝城。次日早晨，范石生来到朱德住处——津江朱氏宗祠与朱德磋商。

范石生抛开其他话题，直接了当地询问朱德对于合作有什么想法，有何要求。朱德也不客气，提出了组织上独立、政治上自主、军事上自由的合作原则。范石生连眉毛也没有皱一下，全部慨然应允。

朱德提出这三条原则，是鉴于第一次国共合作的教训，是事前同起义军党内的同志协商定妥的。范石生爽快地同意了这些原则，一是出于对老朋友的尊重，二是为将来可能出现的变故留下一个彼此都能接受的出路。

11 月 21 日，双方很快达成如下合作协议：

1. 同意朱德提出的三条原则，即组织上独立、政治上自主、军事上自由。

2. 朱德部队暂用"十六军四十七师一四〇团"番号。张子清、伍中豪率领的部队（即毛泽东等领导的工农革命军第一师第一团第三营）暂用第一四一团番号；朱德，化名王楷，担任第一四〇团团长，名义上兼第四十七师副师长和十六军总参议（总参议是后来范石生任命的）。陈毅任一四〇团政治指导员，王尔琢任团参谋长。张子清化名陈彬，任一四一团团长，何挺颖任一四一团政治指导员，副营长伍中豪化名武钟浩，任一四一团副团长兼参谋长。

3. 按一个团的编制，先发给一个月的薪饷，每支步枪配子弹 200 发，机枪配子弹 1000 发，损坏的枪支由军部军械修理所先行修理。所有士兵每人发给一套冬装及毯子、背包、绑腿、干粮袋、洋锹、十字镐等，每班配行军炊具一套。

合作后的第十六军序列：军长：范石生，参谋长：李国柱，总参议：王楷（朱德）；第四十六师：师长赵超（第一三六团王甲本，第一三七团谭天礼，第一三八团李学义）；第四十七师：师长曾日唯，副师长朱德〔第一三九团钱子壮，第一四〇团朱德、陈学顺，第一四一团张子清，教导团丁藤（丁熙），特务营：何举成〕。

至此，部队从南昌起义后一直未予解决的军需给养问题得以解决，为部队休整取得了有利条件。范石生说一不二，办事雷厉风行，很快运来了可以装备一个整团的军需物资。朱德后来说："他接济我们10万发子弹，我们的力量又增强了，他还一个月接济万把块钱、医生、西药、被单……"当时在范石生身边的严中英回忆道："范对我说：这支部队现在还穿着单衣短裤，没有盖的。天气这么冷，就得先把棉服军毯运去。我从侧面了解，范对这部红军是按照一个团的军需物品和粮饷等予以补充的。"①

朱德极为高兴，当夜即给陈毅、王尔琢写信，把这一喜讯告诉他们，第二天（11月22日）早晨，即派人送往上堡。

四、隐匿范部，蓄积革命力量

范石生选择在汝城城南储能学校召开尉级以上军官会议，举行隆重的欢迎仪式，这次会议具有特殊意义。会上，范石生向大家介绍朱德。介绍新任四十七师副师长兼一四〇团团长王楷，对王楷率部来十六军与他们共图大业，表示热烈欢迎，希望今后不分彼此，同舟共济，为革命的胜利作出贡献。

朱德在会上以四十七师副师长兼第一四〇团团长的身份讲了话。他首先向范石生军长、曾日唯师长欣然同意他们加入十六军序列，以共同参与革命大业而深表感谢。他讲了国民革命的意义、目的及北伐战争以来国民革命动荡不安的形势，指出现在"群雄四起，逐鹿中原"，革命处于危机关头，革命需要新的目标、新的动力。他还以一个滇军老战士的名义，热情赞扬了十六军在军长范石生率领下南征北战，尤其是在讨伐叛将陈炯明、沈鸿英，捍卫广州革命政权的战斗中立下的赫赫战功；热情赞颂了范石生军长深明大义、英勇善战的英雄气概，以及重感情、讲义气、体恤部下、关心士卒的高尚品格。朱德的讲话赢得了一阵阵热烈掌声。有人私语道："这位王楷师长，讲话如此气魄宏伟，胆略胜天，真了不起……"

---

① 袁德金：《军事家朱德（上）》，中国青年出版社2013年版，第85页。

后闻桂系黄绍竑部即将开向汝城进攻范部，范石生急忙撤往郴州、永兴，朱德率部也随第四十七师移驻资兴。

在朱德赴汝城的当天下午（11月18日），陈毅、王尔琢放心不下，便派二师一团成员赖鉴冰、朱国镜循着朱德所走路线跟进探听消息。第二天（11月19日）两人来到濠头附近，听说朱德遭土匪袭击遇阻已被俘。当天下午即返回到上堡报告陈毅。陈毅、王尔琢、张子清连夜开会商议行动方案，决定集中所有部队撤离上堡开赴濠头营救朱德。

20日拂晓，陈毅率部由上堡出发入汝城境内牛子塘，后经黄家土、黄泥江到达濠头附近的埠头村。何其朗匪部闻讯而逃，陈毅率部追剿30余里，除捉到几个匪徒外，未得到朱德音讯，但知朱德没有遇害，只是暂时下落不明。战士们怒火填胸，将匪徒处决了，把埠头祠堂也烧了。22日，陈毅部队到达土桥，又将何其朗老窝香垣村祠堂也烧了。后闻黄绍竑部队已经进入汝城，朱德已转移资兴。陈毅即率部由土桥往暖水、马桥，经黄草坪到资兴县城与朱德会合。

当陈毅、王尔琢将部队开到汝城西北方向的资兴后，范石生按合作协议又给起义部队发了五六十万发子弹。

朱范合作后，朱德率部驻扎在津江村期间，常常同干部战士深入津江村周边乡村访贫问苦，向群众宣传党的政策，讲解革命道理，并秘密发动群众，重建农民协会等组织，在短短的时间里，朱德与津江等村群众建立了深厚的感情。先后有朱头喜、朱教兴等200多青壮年报名参加革命军。他们经过训练，成为革命军新兵。加上原来的800名战士，革命军一共有1000余人。

为强化党的组织领导，朱德和陈毅在汝城秘密组建了国民革命军第十六军中共军事委员会，陈毅任书记，这是中共历史上唯一在国民党军级编制中建立的党组织。它的成立，加强了对十六军中三支共产党领导的革命队伍的领导和联系，沟通了同湘南、粤北、赣南各县党组织的联系，对保护和发展十六军中的共产党组织，为策划和发动湘南起义，发挥了重要作用。

部队驻扎汝城期间，朱德客居津江朱氏宗祠。朱氏祠堂为津江村之总祠，位于村口西北，始建于明代，占地逾千平方米，门前寿江流水潺潺，石狮石鼓，门楣悬挂匾额檐下斗拱，鸿门梁雕龙画凤，两侧马头墙。从大门拾阶而上，三个石板阶梯寓意连升三级。祠堂内为两厅两天井。天井铺青石，厅铺青砖，依次登高，在中厅横梁上悬有中华民国十年十一月湖南省省长赵恒惕亲赠的"敬教劝学"横匾，以表彰津江朱氏兴教办学的功德。上厅、下厅的天井正中有一块巨型的鲤鱼跃龙门精美石雕，栩栩如生，寓意"鲤鱼跃龙门"。上厅为享堂，神龛内供奉着本族的祖宗牌位，神龛两边墙壁上，书有"忠孝廉洁"四个楷书大字。

转战离开汝城前，为感谢津江村群众，朱德想略表心意。朱氏长老们便想请朱德题赠类似"朱氏一家"匾额，以壮族威，以耀朱门。朱德想，他们革命就是为了天下穷人谋求翻身解放，而不单纯为了哪个家族、哪个地方的局部利益，便书写了"世界一家"四个遒劲大字。特地在上黄门衡木器店订制了一块匾，落款"国民革命军第五纵队司令朱德题"。12月9日，冬阳灿烂。朱德率40多名戎装整齐、精神抖擞的官兵，在欢快热烈的唢呐、鞭炮声中，把这块金碧辉煌的横匾抬到朱氏宗祠。朱德满面笑容地向群众招手致意，在祠堂前的台阶上向群众作了激情演讲：

"地主豪绅总是说，同宗同姓是一家，打断骨头连着筋，这是骗人的鬼话！难道黄鼠狼给鸡拜年也能够成为一家吗？地主豪绅不管他们与我们同宗同姓也好，不同宗同姓也好，都是我们的冤家！只有全世界的穷人，才是真正的一家人，才真正是打断骨头连着筋！"

"乡亲们，我们来到汝城一个多月来，乡亲们给我们那么多帮助，使我们的工作那么顺利，革命队伍不断壮大，我们深深地感谢你们！今天，我们就要出发了，没什么送给你们，就送这块匾作个纪念吧！希望乡亲们坚强地团结起来，在共产党的领导下，巩固农会、工会、妇女、青年组织，打倒土豪劣绅，推翻反动统治，开展土地革命，建立工农政权，早日使人民翻身解放！"

说完，士兵和群众一起将匾额悬挂在朱氏家庙的上殿。为感谢朱德部队的盛情，村里准备了酒席为部队送行。朱德还把一匹高大的枣红色骏马和一架望远镜送给汝城县委，人们称匾额、骏马、望远镜是朱德送给汝城人民的"三件宝"。

1932年，国民党第十五师师长王东原所属侯鹏飞旅开到汝城，与地方反动武装胡凤璋部相勾结，在汝城大修碉堡，阻击中央红军。一天，该旅一个连长带着数名士兵到津江搜罗建碉材料，发现了这块匾，气势汹汹地将匾砸了。

全国解放后，人们格外怀念朱德和那块匾。1992年，津江村人民决定重新制作匾额。村民委托津江村人、担任过任弼时秘书、时任中国作家协会党组副书记的著名和平诗人朱子奇，在国家博物馆、中央档案馆等处收集朱德手迹字样，寄回家乡。村民根据朱德笔迹和老人的回忆，精心复制匾额；朱德的女儿朱敏及丈夫刘铮受邀后，特致函祝贺，并将《朱德诞辰100周年画集》赠送给村里。

五、"朱部叛变"，成功脱离国民党第十六军

第十六军军部少将参谋处长兼军官教导团团长丁腾是蒋介石安插在范石生部的亲信。丁将朱范合作之事密告了蒋介石，蒋紧急电令掌管广东军政大权的李济深转告范石生，令其将朱德部队就地解决，并将朱德逮捕解往南京正法。同时，电令方鼎英的第十三军及桂系黄绍竑在仁化一带监视范石生及朱德部队动向。接到蒋介石密令，范石生考虑再三，认为公开反蒋为时过早，不敢贸然行事。危急时刻，只有让朱德从速离开，躲过眼前灾难。

随即，他给朱德写了封密信，叫朱德从速离开十六军。

1928 年 1 月 3 日，朱德应范石生部师长赵超之邀，到韶关犁铺头参加宴会。下午 7 时许，范石生派秘书杨钟寿从广州专程给朱德送了一封紧急密函，陈毅、王尔琢火速把密函转给朱德。

当时情况紧急，况且戎马倥偬几十年，范石生的这封亲笔信未能保留下来。但是 34 年之后的 1962 年，朱德仍十分清楚地记得这封信中的主要内容。他在那年 6 月同陈奇涵、杨至诚等同志谈话时说："我们临走时，范石生还给我们写了一封信，表示他的诚意。我记得大意是：一、孰能一之？不嗜杀人者能一之；二、为了避免部队遭受损失，你们还是要走大路，不要走小路；三、最后胜利是你们的，现在我是爱莫能助。"①

朱德率部及时撤走后，有人把此事告诉范石生，在旁的丁腾主张立即派兵追击，并要求电告驻乐昌的第四十七师堵截，并与第十三军联系，成几面包抄之势，置朱德于死地。但范石生未予理睬，按兵不动，连装模作样的追击令都没发。事后，范石生以"朱部叛变"上报蒋介石，了结此案。

六、合作的作用

朱德说："他（范石生）接济我们十万发子弹，我们的力量又增强了。他还一个月接济万把块钱、医生、西药、被单……在红军的发展上来讲，范石生是值得我们赞扬的。"②

1927 年 12 月，湘南特委向中共湖南省委报告了汝城农军及朱德与范石生合作

① 石宝明：《奠基井冈山》，人民日报出版社 2005 年版，第 197 页。
② 袁德金：《军事家朱德 上》，中国青年出版社 2013 年版，第 85 页。

的情况，省委认为："我们的武装一概投范石生收编，第一步保存武器，第二步拉范所有武器为我有。"这是一次极为成功的合作，特别是合作中提出了坚持组织上独立、政治上自主、军事上自由的三项原则，为中国共产党的统战工作探索了极为宝贵的经验。起义部队在范石生的帮助下，稳定了军心，增强了信心，保存和壮大了革命武装力量。

1944 年，朱德在编写红军一军团史座谈会上讲话中充分肯定了与范合作的作用："今天看来，当时和范石生搞统一战线的策略，是完全对的，应该的。""这样，我们的兵员、枪弹、被服、医药等都得到了补充，部队也得到了休整。这些对于我们以后的斗争，都起了很大作用。"

朱范合作后，朱德、陈毅、王尔琢把部队由韶关拉出来，先攻打仁化，后转入宜章，为后来的湘南起义做好了充分的军事准备。1927 年 12 月底受毛泽东和湖南省委的安排，从井冈山辗转到长沙，沿着粤汉铁路，最终在韶关犁铺头找到朱德部队，亲眼见证了朱范合作这段历程的何长工，在《何长工回忆录》中深有感触地写道："朱德在非常困难的时刻得到了范石生的慷慨相助。……由于范石生的帮助，我们才能在此落脚。要不然，人就打光了。没有范石生的帮助，就没有朱毛井冈山会师，就没有中国革命的胜利。"范石生冒着极大的风险收留和保护了朱德率领的南昌起义军余部，客观上保存了中国革命的珍贵火种。朱德与范石生的合作成为中国革命史上统战工作的光辉范例。

第七章

湘南起义在汝城

★

1927 年 11 月 26 日至 28 日，朱德利用与范石生合作建立反蒋统一战线的机会，在汝城城南衡永会馆秘密召开了衡阳所属及粤北各县县委负责人联席会议，策划湘南起义，史称"汝城会议"。

一、在汝城县城策划湘南起义

1927 年 11 月中旬，朱德、陈毅决定赴汝城与国民革命军第十六军军长范石生谈判合作。陈毅安排赖鉴冰、叶愈蕃、何跃生等人为朱德当向导和通讯员，随朱德前往汝城，并交代他们分头到湘南、粤北各县，秘密通知各县党组织，约定 11 月 25 日前赴汝城参会。

中共汝城县委书记何日升接到通知后，安排县委组织部部长胡伟章、宣传部部长范旦宇、农会干部朱良才、朱赤等秘密寻找会址。经认真考察，决定会议在西街衡永会馆召开。11 月下旬，湘南、粤北各县党组织负责人扮成游商客旅秘密来到汝城，朱德、陈毅、王尔琢也率起义军于 25 日从资兴开到汝城。

衡永会馆是衡阳商人胡春祥驻汝城的联络点。胡春祥思想进步，同情革命，广交朋友，在衡阳、永州、郴州商人中具有很高威望，是衡永商会会长。

汝城联席会议于11月26日在会馆二楼（文塔西向约60米）如期秘密举行。朱德主持会议，陈毅、王尔琢参加了会议。出席会议的湘南、粤北党组织领导人有：湘南方面，郴县夏明震（代表湘南特委），耒阳谢竹峰，宜章毛科文、杨子达、彭晒，资兴黄义行，永兴李一鼎，汝城何日升、何举成，桂东郭佑林；广东方面，任卓宣、钟鼓（代表广东省工委），龚楚（代表北江特委），乐昌李光中，仁化阮啸仙，始兴梁明哲等。

汝城会议从11月26日开到28日，足足开了3天。

朱德首先在会上简要介绍了与范石生谈判合作、建立反蒋统一战线的情况，传达了中共中央八七会议精神、关于以汝城为中心发动湘南暴动的指示，并提出酝酿已久的湘南起义计划，请大家畅所欲言，各抒己见。

首先发言的是郴县县委书记夏明震（夏明翰的胞弟），他既代表湘南特委书记陈佑魁，又代表郴县县委，双重身份。他就当前形势进行了分析：南昌起义失利以后，国民党反动派从占据的中心城市向农村进攻，企图消灭农民武装力量，实行"清乡"大屠杀。对于目前的局势，共产党必须以农村为阵地，组织农民开展武装暴动，在农村广阔天地里建立各级党的地下组织，号召农民群众起来开展土地革命斗争。同时，也要立即组织农民暴动队，在各地开展武装斗争，并不断扩大暴动队伍的活动区域。以革命的暴力来反对反动派的反革命暴力。

接着宜章县农协委员长杨子达、副委员长毛科文（中共五大候补委员）、仁化县党组织负责人阮啸仙、汝城县委书记何日升、中共驻汝特别工委原书记任卓宣等做了发言。

有代表认为，目前起义的条件已基本成熟，湘南各县均有党的组织，农会的机构也很健全，虽然四一二政变后各县农会遭受了一些损失，但共产党的组织仍在秘密活动，起义是没有问题的。

有的认为，鉴于当时的情况，立即着手暴动条件还不具备。还分析了当时湘南情况，湘南地区地临广东，受大革命运动影响较早，这一带的群众基础较好，支援北伐最有力。但是，毕竟大革命遭受了失败，国民党反动派到处捕杀共产党人，被革命者打倒过的土豪劣绅也纷纷组织反动民团横行乡里。目前各县的工作还没有做到家，还不具备暴动的条件。

有代表分析说：现在的情况并不像我们有的同志估计的那样一切都准备就绪。相反，我们的工作还做得很不够。湘南暴动与南昌起义、秋收起义有着很大的区别，南昌起义、秋收起义是以城市为中心的，其政治影响很大，而湘南暴动则不同，重点是在农村，那么，我们就得把农村这块的工作考虑仔细。例如，武装力量、群众工作、土地革命，还有政权建设。暴动不是儿戏，一定要在条件成熟的情况下举行。大家必须先深入下去做细致的工作，把工作做得越细致越扎实，暴动成功的可能性就越大。

听过大家的发言，陈毅颇受启发，在会上也作了简短发言。

最后，朱德综合了大家意见：当前敌人占据了城市，从城市向农村进攻，企图消灭农民武装力量，实行"清乡"大屠杀，我们必须坚持以农村为阵地，在湘南、粤北率先组织和发动广大农民开展武装斗争，由农村包围城市，最终消灭反动军阀；特别要像汝城这样，充分利用敌人统治薄弱的农村，积极组织力量，发展壮大农民武装。大家回去后，立即组织农民暴动队，白天分散生产，晚上秘密行动，在各地开展武装斗争，不断扩大暴动队伍和活动区域；必须立即恢复和建立党的地下组织，以及农会、工人、妇女、学生等群众组织；在暴动成功的地方，迅速建立苏维埃政府，开展土地革命。因此，我们要从政治上、军事上、组织上充分做好暴动的准备，确保起义成功。

经过充分讨论，最后会议制定了以朱德、陈毅率领的南昌起义军打先锋的湘南起义计划：

1. 政治方面：坚持武装斗争，当前是敌人占据城市，向农村包围，想把农民武装力量消灭掉，对共产党实行"清乡"大屠杀。共产党要以农村为阵地，组织广大农民，开展武装暴动，从农村转向攻打城市，最后孤立和消灭反动派。

2. 军事方面：要积极组织力量，夺取武器，发展壮大武装队伍，开展以武还武的斗争。反动派搞白色恐怖，我们就搞赤色恐怖，成立黑杀队（即暴动队），白天分散生产，晚上集合杀反动派，力量壮大了，就开展大规模暴动，继续扩大暴动力量和活动地区。

3. 组织方面：建立、发展党的组织，恢复其他原有的一切革命组织，在暴动成功的地方，迅速建立苏维埃政府，开展土地革命。

同时，决定12月中旬以汝城为中心发动湘南暴动。

会议结束时，朱德特送郴县县委书记夏明震两支驳壳枪，叮嘱他一定要做好工作，防止急躁情绪，尽可能地领导好郴县一带的农民暴动。

二、落实汝城会议精神

汝城会议后，与会代表迅速回到各地，及时传达、落实会议精神，积极为湘南起义做准备。

汝城党组织积极组织力量，开展武装斗争，并派朱良才、朱赤等到朱德部队参加湘南起义。

1927年12月，何举成派在第十六军特务营的桂东籍地下党员郭佑林、黄奇志从韶关回桂东组织发动年关暴动；郭、黄二人回到桂东后，联络刘雄、刘松生、赖鉴冰等人，很快组织了一支百余人的暴动队，于1928年1月17日成功发动了沙田暴动。汝城籍地下党员赖绍尧、叶绍球、黄金国奉派回汝城热水组织起暴动队伍。

夏明震由汝城回到郴县后，于1927年12月上旬在郴州城外卸货坪共产党员万伦家里秘密召开党的会议，传达汝城会议精神，部署组织暴动队伍等事宜。不久，夏明震与秘书曾志前往宜章，在宜章县城秘密召开了一次党组织负责人会议。夏明震在会上再次传达了汝城会议精神，部署研究了组织地下武装、准备起义事项。杨子达率领的原宜章农军三分队转至广东乐昌梅花后，先以大坪杨家、石岱余家等地为据点开展活动，组建农民协会，并与在这一带活动的胡少海取得联系。

资兴县党组织的主要负责人黄义行、唐士文、李世成等积极与朱德联系，召集潜伏在县城四周的革命干部于县城开会，研究部署发动群众，恢复各级农会，建立农民武装，筹备起义工作。

为了深入组织农民暴动，湘南特委于1927年12月6日在湘江上的一只小船上召开会议（史称"江心会议"），特委书记陈佑魁主持了会议。会议研究贯彻执行省委关于暴动计划问题的指示，落实汝城会议精神，作出了关于发动湘南起义的计划。会上决定成立湘南行动委员会，以加强对武装起义的领导。会后，湘南特委在西渡组织农民武装。

《陈佑魁》传略记载："一九二八年一月（即农历腊月），朱德、陈毅率领南昌起义保留下来的部队，转战千里，临近湘南。陈佑魁曾派夏明震等参加朱德在汝城召开的湘南和粤北党组织负责人联席会议。随后，陈佑魁又以湘南24县游击总指挥的身份，派高静山、胡世俭等同志前往广东韶关犁铺头，沟通朱德、陈毅部队跟湘南特委及宜章县委的关系，共同研究在湘南举行年关暴动的问题。"①

粤北仁化、乐昌的与会人员回去后，于各地召开了党组织会议，部署组建农民武装，积极做好发动农民起义的各项准备。

1927年12月9日，朱德、陈毅部奉北江特委转发的中共中央指示，离开汝城南下韶关，驰援广州起义，湘南暴动未能如期举行。

三、汝城会议的意义

汝城会议带有明显的纲领性、方向性，是湘南起义前夕的一次决策性会议，在思想上、军事上、组织上为发动湘南起义做了必要的准备并在粤北、湘南地区贯彻落实，使汝城成为湘南起义最早的策源地。

统一了发动湘南起义的思想认识。与会人员就发动湘南起义进行了紧张而热烈的讨论，分析了当时的局势和各地斗争情况，认为一定要在敌人统治力量薄弱的地区开展武装斗争，一定要在条件成熟的情况下举行暴动，确保起义万无一失。

明确了起义的目的。会议明确要坚决执行中共中央关于《中共湖南省委关于湘南运动的大纲》《关于湘鄂粤赣四省农民秋收暴动大纲》和八七会议的精神，建立和发展党的组织，恢复其他革命组织，在暴动成功的地方，实行土地革命，迅速建立工农政权。

确定了起义的策略。要像汝城那样发展壮大农民武装，开展以武还武的斗争方式，成立暴动队，白天分散生产，晚上集合抓捕反动派。起义由小到大，不断发展暴动力量和扩大暴动区域。

沟通了起义军与地方党组织的联系，制定了由起义军打先锋的湘南起义计划。各地准备就绪后，统一由南昌起义军余部打先锋，发动年关暴动。

制定了起义的步骤。散会后与会人员分头宣传发动，召开会议，开展活动；恢复各级农会，建立农民武装；摸清敌人活动规律，惩治罪大恶极者。

率先落实《中共湖南省委关于湘南运动的大纲》。《中共湖南省委关于湘南运动的大纲》是策划湘南起义的重要依据，1927年8月初，由时任中共中央农委书记的毛泽东起草、经中共中央临时常委批准的《中共湖南省委关于湘南运动的大纲》，从政治上、军事上、组织上确定了"湘南特别运动以汝城为中心"的战略方针，中

---

① 中共湖南省委党史资料征集研究委员会编：《湖南党史人物传记资料选编》第二辑 1982年版，第240页。

央指定由毛泽东、郭亮、夏曦、任卓宣组成湘南特委，毛泽东任书记，并指派毛泽东立刻动身前往湘南汝城工作，要求前委立即抽调兵力支援汝城。后因毛泽东发动秋收起义而未成行。

四、参加湘南起义

广州起义失败后，朱德、陈毅率部重返湘南，在宜章党组织配合下，于1928年1月12日智取宜章县城，揭开了湘南起义的序幕。随后，朱德、陈毅对起义队伍进行整编，成立了湘南工农革命军第一师，朱德任师长、陈毅任党代表，王尔琢任参谋长，蔡协民任政治部主任。参加起义的宜章农军被编为宜章独立团，胡少海任师长。

此后的两个多月里，起义发展到郴县、耒阳、永兴、资兴、桂阳、安仁、桂东、酃县、常宁、祁阳、汝城、临武、嘉禾等湘南地区的20余县，参加群众达上百万，工农革命军发展到1万多人，组建了6个师和2个独立团，建立了湘南工农兵苏维埃政府和8个县苏维埃政府，开展了轰轰烈烈的土地革命运动。各县工会、农会、妇女会、青运会、商会等群众组织相继恢复重建，呈现出"红旗漫卷南天乱，湘南这边红一片"的新局面。

一批汝城籍革命志士在起义斗争中经受了血与火的洗礼：

邓毅刚为朱德提供重要情报。汝城会议后，朱德派部属、汝城籍南昌起义干部邓毅刚打入盘踞在广东坪石的国民党游击中将胡凤璋部，搜集情报。

邓毅刚利用在胡部下当排长的汝城得靖老乡的关系，潜伏到胡部当通讯员。时任国民革命军第一游击中将司令的胡凤璋，在湘粤赣边境为非作歹，盘踞在广东乐昌与湖南宜章之交的坪石街。胡得知国民党十六军范石生部下有个名叫王楷的团长反了水，正在乐昌杨家寨活动，受许克祥之命，企图在坪石堵截这支重返湘南的队伍。邓毅刚及时将这一情况报告了朱德。

朱德接到邓毅刚提供的情报，兵分两路，一路去坪石袭扰胡凤璋，使胡和宜章国民党军断绝联系；一路前去智取宜章县城。

起义军一部到坪石街后，把胡凤璋的匪兵压在青龙街一段。胡凤璋以为起义军要消灭他这支部队，便筑工事死守。起义军在八仙桌上面铺上用水浇湿了的棉被，假装一次次发动进攻，消耗了胡凤璋匪军大量的弹药。为了节省子弹，起义军还在煤油桶里燃放鞭炮，虚张声势，吓唬匪兵。

就这样，胡凤璋部被起义军围了三天三夜。胡凤璋的儿子胡汉南，为了解他父亲的围，立刻从乐昌梅花清洞带匪兵气势汹汹地增援坪石。刚走到皈上岭，就被起义军打断一条腿，最后求他的部下将他一枪了结。百姓高兴地说："胡汉南到皈上岭却变成了岭上鬼。"智取宜章成功后，袭扰胡凤璋匪军的起义部队马上撤出坪石，到宜章参加新的战斗。

1928年4月，邓毅刚随朱德部队上了井冈山，被任命为工农革命军第四军十师二十八团七连连长，不久调任军部特务营营长。7月中旬，他奉命率特务营随红军大队进入湘南。在部队返回井冈山时，奉命派留汝城南洞圩帮助组建地方苏维埃赤卫队。

朱良才、朱赤参加湘南工农兵代表会议。1928年1月12日，宜章年关暴动胜利后，汝城县委书记何日升派朱良才和朱赤去联络朱德、陈毅，共同商议组织汝城起义。经过7天的长途跋涉，朱良才和朱赤终于到了耒阳，在敖山庙找到了朱德。朱良才、朱赤的到来，让正在设法和汝城取得联系的朱德大喜过望。

朱良才向朱德、陈毅汇报了汝城县参加起义的想法和思路，朱德很高兴，安排他们先住下来，共同研究如何更好地开展汝城起义，并安排朱良才和朱赤作为汝城的代表参加了湘南特委在永兴组织召开的湘南工农兵代表会议。朱良才还代表汝城在会上发言。

这一段革命经历，朱赤后来回忆说：

1928年初，汝城县委组织部长胡伟章、胡美章两兄弟都牺牲了，汝城县处于白色恐怖之中，待不下去了。过了春节10天左右，县委书记何日升用明矾水写了一封秘密介绍信，派我和堂兄朱良才去耒阳找朱德同志安排工作。我们从汝城出发，经外沙、黄草到资兴滁口、三都。我们都很年轻，穿一身学生装，在桃花庙碰到一个坐探，盘问很久，都是朱良才搭话，我不敢讲，怕漏出马脚。

几天以后，我们到耒阳敖山庙见到了朱德、陈毅同志。陈毅说："你们来得正好，湘南工农兵代表会在永兴召开，你们就代表汝城去参加会议。"

从敖山到永兴的路上，陈毅同志还送给我一根皮带，我保存到解放后，去汝城我老家还可能找到的。因为朱德、陈毅曾经于1927年11月下旬，在汝城与范石生合作，举行策划湘南起义的汝城会议，对汝城很熟悉了。于是，我和朱良才同志便随陈毅去永兴了。到永兴，我们住在留守处，陈毅住里面一间房子，我们兄弟俩和王尔琢同志住外面一间，王尔琢负了伤，有卫生员替他上药，我和良才睡一个铺。

1928年3月16日至20日，湘南特委在永兴苏维埃政府所在地太平寺召开湘南工农兵代表会议，组成湘南工农兵苏维埃政府——它是中国共产党领导下的第一个地区性苏维埃政权。会议在太平寺楼上左边一间房子里召开，右边前半间住特委的领导同志，后半间住着秘书，中间是吃饭的地方。参加会议的代表各县都有，一共有30多人。据主持会议的杨福涛同志宣布，只有桂东的同志因故没有参加。各县代表是谁没有一一介绍，我只认识资兴的胡昭日同志，郴县的代表我原来不知道，会议中间，有人来报告说郴县出事了（反白事件），他立即离开会场回县了。这时候我才从别人口中知道他叫李才佳。耒阳的代表叫什么，我也不知道，我只知道这个人蓄了长头发，和别的代表不一样。宜章的代表我哥哥朱良才知道。主持会议的是杨福涛。陈佑魁也出席了。杨福涛的脸是长长的，瘦瘦的，两撇胡子。陈佑魁是个胖子，头很大。陈毅告诉我："过去是陈的特委书记，现在是杨的特委书记。"团委书记席克思也参加了会议。陈毅在会上讲了几次话。什么内容我记不得了。开幕时唱《国际歌》，闭幕时唱《少先队员歌》，都由陈毅指挥。会议内容主要是讨论土地革命和肃反问题，各县代表都发了言，汝城发言的是朱良才。会上还发了个小本子，印着土地革命和肃反材料（油印本）。这个小册子，我一直保留着。到井冈山小井，我怕丢失，干脆一把火烧掉了。会议开了一个星期，会议对外是保密的。但会上唱《国际歌》《少先队员歌》，外面人是一定听得到的。因此，可以说是半公开的。

湘南工农兵代表会议召开后，朱德、陈毅和湘南特委派朱良才和朱赤到资兴县组织农民起义。资兴农民起义非常成功，建立了苏维埃政权，成立了党委，召开了资兴县第一次党代会，组建了农民军。朱良才当选为县委委员，出任组织部部长，带领农民军在资兴、鄂县一带和地主武装周旋。1928年4月，朱良才与资兴农民军随朱德、陈毅南昌起义部队上了井冈山，与毛泽东秋收起义的部队在井冈山会师。

朱毛会师后，成立了红四军。此时，朱良才调至红四军军部，任朱德的秘书，掌管红四军和朱德印信。在这几个月的时间内，朱良才与毛泽东、朱德朝夕相处，亲眼目睹了革命领导人的工作方法，感受了革命领导人的高尚情操、人格魅力。这段工作经历，对朱良才工作作风、思想的形成有很大的影响，他后来写下了《朱德的扁担》《一根灯芯》《这座山，它革命》等名篇。

李涛、宋裕和矢志不渝，逆境中追寻革命队伍。 工农革命军第二师第一团被改编为国民革命军第十六军特务营后不久，1928年春节后的一天，李涛的四叔李楷升奉其母之命去韶关探望在特务营的侄子李涛。李楷升带上家乡的红薯干、南瓜籽等小吃，以"砍蔗佬"的身份由汝城延寿，沿着罗霄山脉南端，跋山涉水130公里，来到韶关街区。

李楷升通过李涛姑父（延寿乡山眉村人，在韶关乐昌砍甘蔗）等熟人，找到了十六军特务营驻地韶关明德女子学校，见到了侄子李涛和特务营营长何举成及其部属宋裕和、何翊奎、范卓、刘光明、钟碧楚等汝城老乡，老乡相聚，分外亲热。1928年2月5日（正月十四）半夜时分，特务营遭敌王甲本部重兵突袭。

李涛、宋裕和、范卓、刘光明等从韶关潜回乐昌后，为避免敌人追捕，决定分散寻找部队。当时，李涛要返回韶关找组织，找朱德、陈毅部队。李楷升以叔叔的身份，逼迫李涛回家："湘民，现在是什么时候？如果革命胜利，我就让你去；现在可不行，敌人到处追捕，你一定要回家避一避。否则，我怎么向你奶奶交代？"于是李涛叔侄俩与宋裕和一道，从乐昌经麻坑、五山、风门坳、砖头坳辗转回到延寿圩。此时，汝城胡凤璋、何其朗接到驻韶关敌军急电，获悉李涛、宋裕和等往乐昌、汝城转移，便火速派出100多名便衣，在延寿新坡、寿水两村，挨家挨户搜查。

李涛、宋裕到延寿圩后，李楷升安排他们到延寿圩西面大丫头反背的新田垄隐蔽。李涛发现这里人员复杂，不能久留。他想起位于小垣后洞砾石窖的水源山，远离人烟，只有族叔李双茂夫妇在那里看守山场。而李双茂老实本分，对当地地形熟悉又能灵活应变，李涛便要求到水源山避一避。李楷升和族人密商后将他们藏于水源山中，秘密保护起来。

宋裕和在水源山躲藏了二十几天后，于1928年3月，到乐昌廊田躲了大约一个月。后到韶关，找到北江特委，来到仁化渐溪山根据地，与仁化农军涂亦恩、李培等辗转上了井冈山。到井冈山后他们被分配到红四军政治部当宣传员。

李涛找到聂荣臻。宋裕和离开后，李涛一人在偏僻的山林里非常焦急。堂弟李南邦便主动去与李涛作伴。

李涛在山上躲了一个多月，日夜思念革命战友，恨不得插上翅膀飞出大山，早日回到革命队伍。为了李涛安全，李楷升派李德康、李春山、郭云光、李涛姑父陈某四人化装成老板、挑夫，挑担皮箩，秘密护送李涛到韶关市街区。

这天，李春山发现了一个跛脚的商人瞟了他几眼，有意接触，与其保留一定距离，走到偏僻处，"跛脚"自称"李湘周"说了声"去广州"，便挥手而去。之后，李涛果然到广州找到了广东省工委书记聂荣臻，到了广州后，李涛才知道这位"商人"就是中共广东省委的李佩鸣。

五、何日升上井冈山

1928 年 4 月，何日升接应毛泽东转战汝城，自己装扮成佛教徒随湘南起义部队上井冈山。当时，朱良才在上井冈山的路上还碰见了何日升，就问他："何书记，你怎么还亲自上战场了？"何日升回答："当书记也得上战场。"朱良才后来说，那件事情他印象特别深，所以朱良才后来一直都以身作则。

第八章

毛泽东率部在汝城策应湘南 起义军上井冈山

★

一、转战汝城

1928年3月，湘南起义的一万多工农革命军腹背受敌，国民党军在粤汉铁路两端对工农革命军实施南北夹击，企图将其消灭在湘南。朱德为了保存来之不易的革命力量，率部往安仁、井冈山方向转移。

后得知朱德、陈毅率领的南昌起义军余部发动湘南暴动成功并遭强敌追击，正向井冈山方向撤退，毛泽东即率部兵分两路，前往湘南接应朱德部队。一路以第二团为右翼，由何长工、袁文才率领，向郴州资兴方向挺进，阻击尾追湘南起义部队的湘敌；一路以第一团为左翼，由毛泽东、张子清率领，向桂东、汝城方向前进，阻截由粤北前来"会剿"的敌人，以掩护湘南起义部队向井冈山转移。

1928年3月7日，毛泽东率部从井冈山向湘赣边界运动。

3月30日，队伍胜利抵达桂东沙田。

4月初，毛泽东决定离开沙田，率部经寒岭脑下汝城。

4月6日清晨，毛泽东、张子清等率部按计划往南向汝城进军。行军至沙田迳口时，接到侦察兵报告，前方寒岭脑已被汝城宣抚团何其朗的地主武装重兵把守。

寒岭脑位于沙田南部，是桂东沙田通往汝城的唯一通道，海拔900余米，距沙田10公里，山高路险，林密草深。寒岭脑右边是荷洞坳，左边是老虎垅，与中间的凉亭坳形成品字形，中间是个2里多的隘口，地势十分险要。

原来，何其朗获知毛泽东、张子清等率领的工农革命军要进军汝城的消息后，立即带领宣抚团1000余人在寒岭脑构筑工事，进行布防，分别占据了寒岭脑左边老虎垅、右边荷洞坳的山头及中间的凉亭坳。并砍下一些大树，横七竖八地置于登山的羊肠小道上，设置路障。同时，他还纠集桂东、汝城的"挨户团"驻守在寒岭脑南麓的石坳、开山、白泥坳一带进行防堵，妄图阻止工农革命军向南面的汝城县进发。

面对敌人已扼守要冲和严防死守的情况，毛泽东命令部队原地休息待命，并迅速召集连以上干部召开紧急会议，研究、制定作战方案。最后决定采取出其不意、攻其不备、避实就虚、正面突击、迂回包围的战术。会后，团长张子清向部队进行战斗动员。他着重指出：这一仗是毛泽东在沙田颁布"三大纪律六项注意"后的第一仗，一定要打出工农革命军的威风。要求全体指战员必须一切行动听指挥，服从命令，发扬坚定勇敢、顽强拼搏的精神。同时，对寒岭脑战斗进行了周密部署：一营二连担任主攻任务，直取凉亭坳，三营从左翼攻取老虎垅，一营一连和三连从右翼攻占荷洞坳，形成两侧包抄、中间突破之势，以击溃何其朗的宣抚团。与工农革命军同行的湘赣边区游击大队配合作战，并担任向导。

当时大雾弥漫，能见度很低。工农革命军趁着弥漫的大雾，按照战斗部署，迅速向前推进，抵达指定地点，等候攻击命令的下达。

上午8时许，一营营长一声令下："同志们，冲啊！"枪声、冲锋号声加上铁桶里的鞭炮声响彻云霄。工农革命军在大雾掩护下摸至敌前，左、中、右三路同时以排山倒海之势向敌阵地发起猛烈攻击。何其朗部正在吃早餐，不知工农革命军的虚实，很快乱了阵脚，纷纷往后退缩。特别是当他们看到工农革命军已从左、右两侧包围过来，退路即将被截断时，更是惶恐万分，争先恐后地逃命。不到两个小时，战斗结束，工农革命军乘胜进抵汝城田庄圩。

寒岭脑一战，何其朗损兵折将，急令其驻土桥香炉垣的部属死守银岭头、鸭屎偏几处至高点，在井水头阻击工农革命军，等待胡凤璋部的增援。井水头位于银岭头与土桥迳口、水口之间，东北面银岭头居高临下，是从桂东、暖水到县城的必经之路。

4月7日拂晓，毛泽东率部由田庄出发向县城进军，由汝城暖水地下党何大修当向导，在土桥迳口银岭脚银坑里地下党、农协会员康根早家歇脚。康根早和何大修将何其朗在井水头一带的布防情况报告给毛泽东和张子清。

毛泽东率部采取迂回包围的战术，迅速击溃井水头何其朗部守敌，经水口、迳口进入土桥圩，进驻黄家村。何其朗及其余部仓皇逃往广东乐昌。其后，工农革命军又兵分两路，一路扼守县城附近的井水头、新木前一带，截断何其朗与胡凤璋部的联系；一路向何其朗老巢土桥圩香炉垣进军，乘胜打开何其朗宅院，放出被关押的群众，将没收的粮食衣物分给穷人。

此时，增援何其朗部的胡凤璋部已进抵县城附近，占据了县城西面的曹家山、桂枝岭、会云仙。他们居高临下，与进驻县城的毛泽东部较劲。胡部不知工农革命军底细，更不敢进攻县城，只是占据几个山头，时而东时而西，朝县城放几枪，骚扰工农革命军。

4月8日，毛泽东、张子清，由汝城县委书记何日升迎接到县城信诚书社县委驻地，研究痛击胡凤璋部的打法。

县委组织部长胡伟章与胡凤璋同族同村，最了解胡凤璋的老底。胡伟章向毛泽东介绍说：胡部兵力主要是保安团，大约1000人，分驻三处，一部守马桥上古寨，约200人；一部守县城约100人；一部派驻广东乐昌700人。宜章年关暴动以来，胡凤璋应许克祥命令将县城的大部力量派往乐昌、坪石和宜章，打朱德部和宜章农军。结果被朱德部包围，其子胡汉南被毙。现在前来阻击的至多100多人枪，他们占据几个山头，虚张声势。

毛泽东连连点头，很有把握地作了部署：引蛇出洞。先假烧县衙门，然后兵分三路，各个击破，张子清任总指挥。

傍晚时分，工农革命军一部打出军旗，假装撤离县城，回到土桥黄家村。张子清命令一营埋伏在虎头寨，对付桂枝岭之敌；二营在濂溪书院后山待命，对付会云仙之敌；三营守候何家坳，对付曹家山之敌。三路各派数名汝城农军当向导；何日升带领汝城农军，在县政府附近点燃稻草柴火堆后撤到平政桥衡永会馆作掩护。

果然，桂枝岭之敌发现县衙附近浓烟滚滚，火光冲天，接着曹家山、会云仙守敌纷纷集中往县衙冲。等到敌人靠近虎头寨脚，革命军将敌人拦腰截断，两头猛打。

激战四五小时，革命军攻下了曹家山、桂枝岭、会云仙，击毙了胡部排长何得高、胡昭珍，重伤排长罗石富，胡凤璋的一个连所剩无几。敌连长胡宗毅率余部溃逃马桥下湾上古寨，向胡凤璋告急。

二、推动汝城革命斗争的发展

4月6日上午，工农革命军一师一团乘胜进抵田庄圩。在汝城地方党组织何翊奎、钟碧楚、刘光明等的支持配合下，工农革命军利用圩日召开了5000多人的群众大会。毛泽东登上田庄圩戏台，深入浅出地宣讲革命道理，号召广大农民群众起来暴动，开展土地革命。参加大会的农民在毛泽东讲话的鼓舞下，当场控诉了胡凤璋、何其朗的罪行，希望毛泽东迅速派兵消灭胡凤璋、何其朗的反动武装。

毛泽东及师部驻扎在土桥黄家村员外黄元吉家大院后，立即派出部队分头到附近的金山、刘家岭、迳口、水口、西林一带搞宣传，打土豪，分粮食。他们到处书写革命标语，号召农民群众"暴动起来，建立苏维埃政权！""暴动起来，消灭屠杀工农的何其朗、胡凤璋！"广大群众欢欣鼓舞，热烈欢迎革命军。

毛泽东率部进驻黄家村时，家住土桥永安村的汝城县委书记何日升闻讯赶到，第一次见到毛泽东，他格外高兴，还把房东黄元吉介绍给毛泽东，说黄员外一向支持革命，同情百姓。毛泽东在黄家村住了3天，与黄员外一家老小拉家常，讲革命道理，同桌吃饭，同屋住宿；黄元吉让出房间给毛泽东休息、办公，晚间为毛泽东放哨，喂马，观察敌情。

晚上，黄元吉对毛泽东提出一个问题，听说革命军要烧掉地主、豪绅和官府的房子，这太可惜了。何不没收他们的财产，交由工农革命军和农会处置，那些粮食呀、衣服呀，送老百姓不好？毛泽东非常赞同黄员外的意见，有效制止了湘南特委"焦土"左倾政策的蔓延。

据时任连长张宗逊回忆，1928年4月7日凌晨，张子清等率先头部队到汝城县城，接湘南特委命令，带队在汝城县城西垣打土豪，要求放火烧土豪房子，烧的越多越好，功劳越大。西垣何良哉是大地主，民愤极大，工农革命军开仓挑了他家20多担稻谷救济贫苦群众。愤怒的群众点火烧了何良哉的住房，一时火光冲天，连着烧了相邻的何氏宗祠。毛泽东发现后，火速命令组织扑救，工农革命军奋不顾身，终于保住了民房。

在汝城的几天里，毛泽东灵活执行湘南特委的"焦土"方针，没有强制执行大烧大杀的命令。县市半边街店宇数百间，县公署，朝阳、濂溪、储能等学校不仅没有"尽成焦土"，而且受到了保护，工农革命军也因保护群众利益得力，而得到人民群众的衷心拥护。

4月9日，工农革命军已在汝城阻敌4日，为湘南起义部队向井冈山转移赢得了时间，毛泽东即命部队撤出战斗，返回田庄。离开黄元吉家时，毛泽东将一袋钱币悄悄放在厅堂壁柜里。黄元吉发现后，赶忙拿着钱袋要退给毛泽东。可革命军早已走得无影无踪了，黄元吉拿着钱袋热泪盈眶。

黄元吉的孙媳妇曹重英逢人就说："当年毛主席带头执行《三大纪律六项注意》，走之前将一包钱放在这个柜子里，公公发现后，立即追赶毛主席的队伍，可是没追上，后来怕国民党找麻烦，将这包东西扔进了灶台里……"后来，黄元吉总是思念毛泽东和革命军，就在自家堂屋板壁上写了一首顺口溜："农军来到不辞劳，帮助工农打土豪。彻底消灭胡凤璋，穷人始得乐陶陶。"

表达了农民群众对工农革命军深深怀念和无比感激的心情。

毛泽东率部返回田庄后，又驻住指头春药店。县委书记何日升随行并告诉毛泽东，指头春药店是田庄有名的中医黄梅槐开的中医药店，地下党利用它做秘密联络站。指头春意即手到病除，枯木逢春。毛泽东幽默地说："愿革命斗争枯木逢春。"他一坐下就召集了何翊奎、钟碧楚、何应春、刘光明、何大修、康根早等汝城基层地下党组织负责人开会，高度赞扬了汝城党组织和农军顽强战斗英勇善战的精神，指示何日升继续坚持斗争。

4月11日，毛泽东在龙溪洞指示何翊奎、钟碧楚、刘光明留汝城南洞、资兴东坪一带建立井冈山外围根据地，开展革命活动。12日，毛泽东帮助组建了中共资汝边区支部，指派何翊奎任书记，钟碧楚管组织，刘光明负责宣传兼武装。并令组建资汝赤色游击队，赠步枪5支，子弹300发。

毛泽东离开龙溪洞后，钟碧楚等在汝城南洞一带创建了井冈山外围根据地——西边山、龙溪根据地，何翊奎在东坪一带建立了苏维埃政府和农民赤卫队。南洞瀑水村青年农民郭秋林随桂东县党组织负责人陈奇来到西边山、龙溪洞一带发展游击队。游击队以郭秋林家为联络站，沟通西边山、龙溪根据地与桂东的联系。此后，西边山、龙溪根据地不断巩固发展，游击队不断壮大，勇敢顽强地坚持武装斗争，直至汝城解放，前后长达21年。

4月9日，胡凤璋急调驻坪石、乐昌的三个营星夜陆续驰援汝城。工农革命军一部由毛泽东率领追击逃往乐昌的何其朗；一部留县城，又与胡凤璋援兵在县城附近的九塘江、寿江接火，发现敌军蜂拥而来。考虑一团已在汝城阻敌4日，消灭了何其朗、胡凤璋两部的有生力量，引开了在乐昌、宜章追剿湘南起义军的敌人，为湘南起义部队向井冈山转移赢得了时间，毛泽东即命部队撤出汝城的战斗。

当时，毛泽东被敌人追至大坪毛家六工排，幸被赤卫队员欧亮通智救脱险。

4月12日，龚楷、萧克率湘南起义宜章农军独立营来到龙溪洞与毛泽东部会合。毛泽东命令宜章独立营与他的部队一起行动，继续掩护朱德、陈毅的湘南起义部队转移井冈山。

当时，21岁的萧克率湖南宜章崎石农军独立营参加湘南暴动，与彭晒、吴仲廉、龚楷一起领导农军取得了崎石年关暴动的胜利，又第一个与毛泽东会合，给毛泽东留下了极深刻的印象。40年后的1968年"五一"劳动节，萧克在天安门城楼见到了毛泽东。毛泽东紧紧握住萧克的手说："我们是在龙溪洞见面的，那时候，你们有多少人？多少枪？"萧克回答说："男女老少加在一起，有九百来人，六七十条枪，三百多杆梭镖。"毛泽东听后感慨地点头说："揭竿而起，揭竿而起！"

萧克回忆说："久离上级的梭镖营，真像孤雁得群，我们大家都感到无比高兴，这是第一支与毛泽东同志部队会师的湘南暴动的起义队伍。我首先见到的是一连长陈毅安同志。陈毅安同志便领着我们十几个同志去见毛泽东同志。走了几里，遇见师部派来的通讯员，他把我们领到前面村落中有几间铺子的小街上。通讯员大声招呼：'宜章独立营来了！'铺子两边许多人跑出来欢迎。我问：'毛师长在哪里？'一个同志对我说：'这就是。'群众中一位身材魁梧、满脸笑容的红军领导过来和我们握手，他就是我们久已闻名的毛泽东同志。同毛泽东同志一起的，还有师党代表何挺颖同志。当时，我兴奋得一时说话都有点结巴。毛泽东同志亲切、详细地询问了我们的情况，并告诉我们，要我们一起行动。宜章独立营在毛泽东同志的领导下，到了井冈山地区，两军会合后，宜章独立营找到宜章县委和宜章农军指挥机关胡少海同志，并编入了红军第二十九团。"

三、坚贞不屈的汝城人民

毛泽东率部撤离黄家村后，胡凤璋、何其朗奉命"清乡"，对接纳过革命军的地下党员、农会会员、革命群众实行株连九族，秋后算账。汝城一时血雨腥风，但汝城人民不畏强暴，表现出革命斗争的英勇气概。

　　胡凤璋派出"清乡队"气势汹汹来到黄家村，这时，黄元吉、黄素轩父子都已跑到外地躲难。"清乡队"就将黄素轩妻子何翠莲抓去，关押到县文塔水牢。敌人在她身上没找到任何有用的证据，便放出口风，叫黄元吉"表示表示"，拿钱赎人。黄元吉想方设法筹集银元给胡凤璋手下的人，才将儿媳妇赎了出来。

　　一段时间内，敌人不时在黄家村守候、盯梢。1928 年 6 月底，"清乡队"耀武扬威来到黄家村，警告黄元吉和全村老少，发现毛泽东行踪要立即报告，隐瞒不报就吃枪子。黄元吉一听，讥笑道："抓住毛泽东奖赏万元，我黄某就坐在家里等候毛泽东上钩了。"其实黄元吉心里非常担心毛泽东和革命军的安危，每天都点上几支香烛，祈祷工农革命军一路平安，捷报频传。

　　附城乡迳口康根早，1927 年成为汝城赤卫队员。康根早家银吼里茶厂位于银岭脚，门口一条官道是桂东通往汝城的必经之路，更是从银岭脚登上十里险隘"跌死狗"银岭头的要害之处。

　　毛泽东率部来到银吼里茶厂时，康根早提供了何其朗布防井水头、鸭屎偏的军事情况，还为革命军带路。毛泽东根据康根早等提供的可靠情况，在银岭头、井水头狠狠地打击了何部，何其朗对康根早恨之入骨。

　　康根早的儿媳妇冯桂香回忆说："我爹爹好造孽啊，他给毛主席带路到县城打何其朗、胡凤璋。毛主席离开汝城后，何其朗就派来一批走狗，气势汹汹地来抄家，没有抓住我爹爹，就将他四个儿子（康吉龙、康双龙、康德龙、康四龙，冯是康四龙妻子）捆绑起来，威胁我母亲说：'康根早不回来，就杀了你们的儿子。'看着四个可怜的儿子，我母亲才出门大声叫喊：'崽崽都绑了，根早，根早，你就回来吧！'我爸爸一回来，发现四个儿子被捆绑，脖子上架着明晃晃的大刀，大声骂道：'是荒孤疤吗？老康给毛泽东带路，与孩子们无关。我要杀要剐由你们！'就这样，我爹爹被五花大绑拉倒县城唐家庙刑场，被残忍地开胸剖腹，挖了心脏，拔下肝肺悬挂在树枝尾，恐吓活着的革命者。几天后，叔叔顺早和大哥吉龙冒死将爹爹的尸体抢回来草草安葬。"

　　毛泽东转战汝城，为迎接湘南起义军上井冈山、实现朱毛胜利会师，扫清了障碍，赢得了时间。烈士康根早功不可没。

　　冯桂香说完，她儿子康解明双手颤抖地拿出一张卷曲发黄的上方缺了一个指头大口子的证书给我们。原来这是 1960 年 2 月由中华人民共和国中央人民政府主席毛泽东署名签发的《革命牺牲民兵民工家属光荣纪念证》。

　　证书记述："查康根早同志在革命战争中积极参战，英勇牺牲，丰功伟绩，永垂不朽，其家属当受社会之尊崇。除依中央人民政府《民兵、民工伤亡抚恤暂行条例》发给其家属恤金外，特发给此证以资纪念。主席毛泽东（"毛泽东"三字为手写体）。"并加盖"中华人民共和国中央人民政府之印"。证书上方是红旗和国徽，两边是华表，底面正中印有毛泽东手写体"永垂不朽"四个大字，没有编号，长30厘米，宽27厘米。

　　这是极为罕见的烈属光荣证，是湘南起义一份不可多得的珍贵文物，也是国民党反动派镇压和残杀革命者的铁证。

第九章

汝城苏区的形成与发展

一、井冈山根据地时期

湖南湘东地区的茶陵、酃县、攸县、醴陵和湘南地区的桂东、汝城、资兴、安仁等县先后属于井冈山苏区范围。

开辟资汝边游击区。毛泽东率部在汝城策应湘南起义军上井冈山期间，指导帮助何翙奎、钟碧楚、刘光明等人组建了中共资（兴）汝（城）边区支部和资汝赤色游击队，开辟武装游击区。随后，支部一班人跋山涉水，走村串户，组织发动当地农民抗租、抗粮、抗税，燃起资汝桂边的革命之火。

1928年6月，汝城胡凤璋、资兴何世方各率"挨户团"共400余人联合"围剿"资汝桂边游击区。何翙奎率游击队扼守东坪乡隘口，缺乏弹药，他们就用藤条将树筒子捆扎悬在山顶陡峭处，树筒子上堆满大石头，待敌人爬到半山坡时，赤卫队员斩断藤条，顿时，树滚石飞，打得敌人鬼哭狼嚎，伤亡惨重。胡凤璋恼羞成怒，令"挨户团"放火烧山，并强迫老百姓离开游击区。游击队孤立无援，弹尽粮绝，何翊奎被迫率部突围。突围时，东坪乡苏维埃政府主席胡九苟负伤被俘押往汝城，后被枪杀于县城唐家庙。胡九苟牺牲后，他家数人也被"挨户团"杀害。何翊奎、钟碧楚等突围后转移到湘赣边境崇义、上犹一带活动。

重建中共汝城县委。1928年7月下旬，朱德、陈毅率红四军第二十八团从郴州经资兴雷公洞等地，第二次进入汝城。当日，朱德率部在南洞击溃前来进攻的胡凤璋部焦钊炎一个营。他们在南洞一带帮助地方恢复党组织，建立苏维埃政府。并在南洞圩召开了2000多人的群众大会，发动群众进行土地革命。在朱德的领导下，成立了南洞乡苏维埃政府，组建了农民赤卫队，选举了郭后养为苏维埃政府主席，郭玉和、江求富、曹卫奴、李聪秀、何奇珍等为委员。其后，苏维埃政府发动群众，没收土豪劣绅何贤荣、何金兴、朱汉文等30余家财产分给广大贫苦农民，并进行了插牌分田工作。

8月，朱德应湘南特委请求，抽调红二十八团三营党代表唐天际、红四军军需处长欧阳焜、秘书朱忠良、文书朱赤等部队干部，重建了中共汝城县委。唐天际任县委书记，欧阳焜管组织，朱忠良抓宣传，朱赤负责武装。同时成立了共青团汝城县委，由唐天民、朱赤负责。在中共汝城县委的领导下，以资汝桂边的西边山为根据地，积极开展武装斗争。

恢复和成立苏维埃政府。1928年8月1日至2日，朱德率红四军从南洞进入田庄，在田庄圩高店筹建田庄乡苏维埃政府，逮捕了一批土豪劣绅。3日，在田庄圩召开群众大会，宣布正式成立田庄乡苏维埃政府，处决了当地大土豪黄绍槐，教育、罚款、释放了其他被逮捕的中小地主乡绅。接着，朱德又在田庄白泥坳村领导当地农民成立了开山苏维埃政府，选举主席蒋席珍，副主席罗会文，执行委员何万福，土地委员蒋赤珍，经济委员李向登，粮食委员罗道喜。并组建了农民赤卫队，队长何寿恩，副队长何满仁。同时，在苏维埃政府的领导下，开展了10多天的插牌分田工作。

同月10日，红四军在南洞烧了土豪何寿廷的房子，并把土豪何德香抓到南洞圩游街。不久成立了北区（含田庄、南洞、暖水）苏维埃政府，召开了5000多人的庆祝大会。会上，朱德号召农民群众团结起来，积极参加土地革命运动。参会农民欣欣鼓舞，不断振臂高呼："革命万岁！""红军万岁！""共产党万岁！"会后，全区开展了轰轰烈烈的丈量土地、插牌分田运动，该区农民共分得土地5798.65亩，北区的土地革命运动在全县产生了巨大影响。

8月中旬，汝城县苏维埃政府在田庄圩成立，选举欧阳焜为主席，朱忠良为副主席。在中共汝城县委领导下，各乡苏维埃政府相继成立，并广泛开展土地革命运动。

其后，朱德率部抵达桂东沙田，赖鉴冰率湘赣边区游击大队前往迎接，配合行动。朱德拨给游击队步枪15支，并将湘赣边区游击大队改编为湘粤赣边区游击大队，陈奇为大队长，赖鉴冰仍为政治指导员。廖炳南等数十名汝城籍青年农民赶到沙田参加了游击队。

同年10月，汝城县苏维埃政府遭国民党围攻而被迫向宜章转移，途中宿于浙江山两水口村，又遭敌人袭击，副主席朱忠良被俘惨遭杀害。随后，北区及南洞、开山、田庄等地苏维埃政府陆续遭到国民党镇压破坏，大批革命志士壮烈牺牲。幸存者投奔至县赤色游击队，以资（兴）汝（城）桂（东）边境山区为根据地，继续坚持武装斗争。11月中旬，在汝城与资兴交界的洪水山镰刀湾村，县赤色游击队出其不意地袭击了进山"围剿"的资兴"挨户团"杨奇才部。

组建湘南游击大队。 1928年8月下旬，朱德抽调30余名部队战士组建了湘南游击大队，唐天际任大队长。马桥、南洞等地农民组成的汝城赤卫队前往会合，编为湘南游击大队汝城赤卫队，朱赤任队长。汝城八一五事变失散的农军队员闻讯陆续奔向南洞，壮大了赤卫队力量。

当时，朱德向唐天际布置组建湘南游击大队的工作，接受任务后，唐天际小声地问："朱军长，我有个请求，不知可不可以提出来？"

朱德望着这个棱角分明、面上带着几分腼腆、年仅24岁的红军指挥员，想到湘南暴动从安仁上井冈山前，唐天际攻打攸县的情景，不禁慈祥地笑了笑，用手拍了拍他的肩膀："时雍（唐天际原名）呀，是不是又要号兵啊？"

唐天际红着脸赶忙回答："不，不是要号兵，我是要枪，要人。"

"哎哟，红军的处境你也清楚，29团跑散了，只有28团建制还比较全，你就从红28团挑选30人，先搭起架子吧。至于枪的问题，你去找杨至诚商量吧。"

杨至诚是28团负责后勤工作的副团长，与唐天际也是湘南暴动时在安仁认识的老熟人，上井冈山后，俩人又在28团共事。

唐天际开门见山地说："杨副团长，组织上要我组建湘南游击大队，你给我一点硬家伙，作为起家的油盐柴米吧！"

杨至诚两手一摊，难为情地说："时雍呀！你也清楚，郴州这一仗，我们不但没有收获，反而连一些老本也给红 29 团的人带走了。"

"好的没有，差的也给一点吧。"唐天际退而求其次。

"差的也所剩无几了。"杨至诚摇了摇头，"不信，你自己带人到仓库里去挑吧。"

唐天际真的带了几个人，到仓库里翻拣起来。左挑右选，好不容易选了 2 支套筒枪、2 支毛瑟枪、8 支单向枪，其他的再也挑不出来了，这就是唐天际组建湘南游击大队的全部家当。

随到仓库的几个同志见此情况，苦着脸说："唐大队长，这可怎么办呢？"唐天际两手往腰间一叉，昂着头风趣地说："办法总是会有的，不用愁。穷苦人，谁不靠白手起家？再说，敌人手中不是有吗？"

唐天际就是靠这 30 个人、12 支枪组建了后来令敌人闻风丧胆的湘南游击大队。

唐天际两水口脱险。1928 年 10 月 30 日，唐天际率领湘南游击大队和汝城县委机关工作人员护送湘南特委书记杜修经等去龙溪。在龙溪稍事休整后，又护送他们去汝城、宜章一带开辟新的苏区。

这天，他们到宜汝资交界的汝城岭秀浙江山两水口村宿营。疲惫不堪的杜修经等一到村里，倒头便睡。唐天际布置完岗哨，已是深夜 1 点多钟了，他刚上床准备休息，就听到村外传来枪声。"有情况！"唐天际急忙从床上弹起来，迅速集合游击队员，掩护杜修经等湘南特委和汝城县委、县苏维埃政府成员撤往村后山隐蔽。

原来，当地一个叫朱明芳（外号铁胡子）的土豪曾受到农会的批斗，对共产党怀恨在心。朱明芳见唐天际 30 多人到村里宿营，便悄悄探底，从他们言谈举止中得知是共产党的游击队，便一面吩咐家人好酒好菜"热情招待"，稳住"大鱼"；一面暗中派其子朱林茂连夜到汝城县城密报，引湘敌陶柳团 300 多人，连夜袭击。据当地村民谭才茂、李莲香回忆，敌人从东边阴阳天（山牛垄）、西边屋背埂、北边大嘴洪、南边雨厂坳，四面合围企图将红军一网打尽。

谁知，敌合围进时，警觉的游击队已人去屋空。敌估计游击队一定隐蔽在村后山上，就又将后山包围起来，并不停地狂叫："你们被包围了，快出来投降吧！"

敌数倍于游击队，且装备优良。唐天际指挥所有携带武器的人员，分成三四人一组，守住上山的各个路口。安排杜修经等往西撤。

天刚麻麻亮，气势汹汹的敌人开始向山上搜索进攻。唐天际指挥游击队打退了敌人的多次进攻，一直坚持到天黑，又指挥游击队两次交替掩护后撤。陶柳团见没有抓住一个游击队员，反而还死伤了好几个，恼羞成怒，命令连夜分头放火烧山。这时已是深秋，柴干草枯，遇火即燃。顷刻间熊熊大火迅速向游击队隐蔽的地方蔓延，团县委书记唐天民、突击队员何至成等3人被大火吞噬；县苏维埃政府副主席朱忠良、湘南特委干部彭坤（女）等18名干部战士被捕，后被敌押至县城西关口枪杀。

唐天际躲在茅厂里乔装成看野猪的猎户，幸免于难。杜修经、龚楚、欧阳焜等走散，不知去向。唐天际心急如焚，连续几天寻遍两水口附近的丝茅崎、白袍、牛仔里、乐洞狗仔滩，最终在狗仔滩一个姓黄的农民家里找到了杜修经、龚楚、欧阳焜等，然后一同抄小路脱险。

湘南游击队脚跟还未扎稳，就遭敌人袭击，元气大伤，唐天际感到异常恼火和无助，他真想带着队伍重上井冈山，寻找大部队。经过冷静思考，唐天际认为这是没有很好发动群众，没有及时巩固根据地的结果。

队伍到达龙溪后，唐天际对受挫后的游击队和汝城县委机关进行了初步整顿。然后按照毛泽东"分兵以发动群众，集中以应付敌人"的战略战术，把游击队员和县委机关工作人员分成若干小组，迅速深入各地宣传发动群众，打土豪，分田地，建立区乡苏维埃政府和游击中队，并在游击中队中配备政治指导员，成立党团支部。扎实的政治宣传工作，很快就把群众发动起来了，将红军的游击战争变成了人民战争。有了人民群众的支持，唐天际率领的这支湘南游击大队如鱼得水，战斗力更强了，汝城县委的工作也开展得更出色了。

彭德怀一打胡凤璋。1929年5月下旬，根据红四军前委书记毛泽东指示，彭德怀、滕代远率红五军3000余人转战湘南、粤北，着手恢复汝城县苏维埃政权和扩大游击区，以巩固井冈山革命根据地。5月20日，向广东仁化县城进军。6月24日，彭德怀、滕代远率部经桂东直达汝城暖水圩，于此布下防线，以防汝城反动武装偷袭，并做好攻打县城的战前准备。

当天傍晚，彭德怀率部迅速向县城逼进，入夜到达县城附近的黑龙门（城郊东正），然后兵分两路进攻县城：一路从右翼进攻城西虎头寨，抢占制高点；一路从左翼主攻城北门。一时间全城枪声大作，硝烟弥漫，红军与胡凤璋"挨户团"短兵相接。胡凤璋部仓促应战，抵挡不住，急调胡湘的资汝桂警备团增援，也被红军击败。彭德怀的红五军把"两胡"打得溃不成军，慌忙逃窜。红军主力乘势由北向南纵深，死死咬住"两胡"不放，激战一昼夜，毙敌排长范达熙等数十人，缴枪近百支。

　　红军占领县城后，积极发动群众，宣传红军纪律和共产党的十大政纲，并开仓济贫，号召贫苦农工起来打土豪，分田地，建立革命政权，留下基层指挥员廖炳南（汝城濠头人）任湘粤赣边区游击大队大队长，加强了汝城武装斗争的领导力量。6月25日，彭德怀派人给唐天际送去党的六大决议，指示唐天际的游击队配合行动。唐天际接到彭德怀的指示后，立即率湘南游击大队百余人从北乡向县城进军。路上，与胡凤璋部战于乾浦、北林、银坑一带，打垮了胡部一个排，歼灭了一个班，胜利地完成了牵制敌人的任务后，游击大队主动撤离阵地。26日早，彭德怀率部撤出县城向广东仁化方向撤退。胡凤璋派兵追击，路上又被红军击溃。

　　彭德怀此次到汝城活动，有力地打击了胡凤璋、胡湘的反动武装，迅速恢复了根据地，秘密组织了工会、农会10余个，巩固扩大了井冈山苏区。其后，湘南游击大队迅速发展到300余人，在湘粤赣边坚持游击武装斗争。

二、湘赣苏区时期

汝城受湘东南特委领导

　　1931年2月，根据中央指示，湘东特委更名为湘东南特委，湘东独立师改称湘东南独立师，湘东工农兵苏维埃政府更名为湘东南工农兵苏维埃政府，管辖范围包括永兴、资兴、桂东、汝城。

　　从1931年2月起，湘东南独立师与红七军第五十八团及中央苏区的红二十军协同作战，成立了河西临时总前委和河西红军临时总指挥部，配合红一方面军粉碎了湘赣两省国民党军向苏区发动的"围剿"，使湘东南苏区与湘赣边苏区连成一片。湘东南苏区得到较大发展，有16个区、171个乡建立了区、乡苏维埃政权，苏区人口达20多万。在湘东南苏区不断发展的形势下，中共湘南特委和湘东南苏维埃政府领导各县按照《二七土地法》规定和"抽多补少""抽肥补瘦"的原则，在苏区内进行了土地分配。中央决定成立湘东南省委，后又改为湘赣省委，指定湖南省委常委王首道、从苏联学习回国的甘泗淇、湘东南苏维埃政府主席袁德生、中央巡视员林瑞笙、湘东南特委代理书记李孟弼、西路分委书记刘其凡、湘东南特委书记张启龙等为委员，组成中共湘赣临时省委，王首道任临时省委书记，袁德生任临时省苏维埃政府主席，张启龙任临时省苏维埃政府副主席并负责组建省军区。

湘粤赣边游击区的开辟和中共湘粤赣边特委的组建

1927年12月，赖绍尧、叶绍球、黄金国等受国民革命军第十六军派遣，由韶关回汝城开展革命活动。为利于开展工作，赖绍尧等对外谎称是从十六军开小差溜回来的。赖绍尧外婆是热水黄家洞人，他先到热水恢复该地区的地下党组织和农民武装。1928年初，重建了中共热水支部，曾棠为支部书记，发展恢复党员10余人。其后，中共东岭支部建立，负责人黄国琼，发展恢复党员6人。

1928年春，中共江西赣南西河行动委员会（简称西河行委）负责人邓子恢化装成布老板来到汝城。邓子恢在县城听取了赖绍尧关于热水地区情况汇报后，指示赖绍尧加快组建湘粤赣边党组织，发动农民起义，开辟游击区。赖绍尧、叶绍球、黄金国即在热水黄家洞村组建了中共湘粤赣边特区委员会（简称特委），隶属西河行委领导。赖绍尧任特委书记，曾棠、曾睱、叶绍球、张明钦、范卓、胡宗钦等任委员。其后，特委带领当地群众积极开展武装斗争，活动范围从汝城热水、东岭、集龙、益将逐渐扩展到广东仁化、乐昌，江西崇义、上犹、大余、南康、信丰等地。

特委在汝城、仁化、宜章、资兴、桂东和崇义等县边境建立党的组织和地下交通线，总的方向是向江西方面发展。赖绍尧是汝城县东岭乡下里村人，下里村与仁化城口相邻，他经常来往于汝城与仁化城口，开展地下革命斗争，巩固了仁化特别是湘粤边境城口的党组织和农民协会。

当时特委主要任务有两个：一是建立组织。首先，秘密建立党的外围组织，即农民协会、水陆平安会（伐木工人及放排工人组织）、汉蔡伦先师会（造纸工人组织）等革命群众组织。然后，再从这些组织中吸取成员秘密加入中国共产党，建立党支部。二是搞革命工作。就是把机智勇敢的共产党员派入敌人内部当兵，进行秘密革命活动，待条件成熟后，率白军反水，参加革命，壮大革命武装。

上（犹）崇（义）苏区的开辟

1928年夏，资兴东坪乡苏维埃政府遭反动派镇压，敌人放火烧山，赤卫队损失惨重，汝城形势日趋紧张。是年秋，何翊奎、钟碧楚率部转战赣南地区，以做生意和行医为名，到相邻的江西崇义县上堡、金坑、思顺等地，与当地赖世昌、何立楷、隐有郎等地下党员，以及汝城一些在大革命中失散至此的共产党员及农军战士取得了联系，成立了中共金坑区委，何翊奎任书记。

不久，中共湘粤赣边区特委书记赖绍尧得知何翊奎在金坑一带活动，也带着队伍前来会合。两人商量，将两支队伍整合，成立湘粤赣边红色游击大队，赖绍尧任大队长，继续扩大队伍，准备随时发动农民暴动。1929年1月，在崇义县长潭乡建立了成立中共上（犹）崇（义）区委会，何翊奎任书记。1929年冬，何翊奎任江西上崇县委书记，领导江西上犹、崇义和湖南汝城、桂东边境的革命斗争。

1930年4月，中共上崇县委根据赣南西河行动委员会的指示，拟定了在上犹、崇义举行武装暴动，然后向桂东、汝城等县发展的计划。为了做好暴动的准备，何翊奎以全部精力组建暴动队伍，想方设法解决武器和筹集经费。短短一个月时间，就建立起1000余人的敢死队和暴动队。

5月的一天，暴动终于开始了。何翊奎率领这支队伍夜袭上犹县城，因渡船耽误，第二天拂晓才赶到县城的飞凤山。这时，敌军已占据山头，扼守去路。何翊奎当机立断，迅速指挥队伍分两路攻打。一路先占西北山头，控制西门、北站和东门；另一路由他率领，奋勇争先，夺取制高点。6月下旬，在激烈的战斗中，何翊奎身先士卒，冲锋陷阵，不幸身中数弹，英勇牺牲，年仅33岁。

上崇暴动结束后，热水暴动队扩大到30余人，乘势回师汝城热水发动暴动，但队伍行至热水洛洞时遭汝城"挨户团"伏击，队伍被打散。队长谢连清收拢队伍继续坚持游击战争，后队伍被编入上崇苏区游击队。

1931年，热水支部再次组织暴动队，谢发明任队长，后队伍不断扩大，至1932年春发展至200多人。1932年4月，奉西河行委命令，谢发明率热水暴动队配合红三军团攻打文英、集龙、热水等地。同年5月底，随红三军团入江西，后队伍分别被编入红三军团和上崇苏区游击队。

1932年5月，胡凤璋调"挨户团"对热水地区进行"清剿"。热水支部遭到破坏，支部书记曾棠被捕叛变，后任国民党热水鱼王保保长。热水地区中共组织暂时停止活动。

东边山游击区的开辟

东西边山地处罗霄山脉南段，位于汝城、桂东、资兴、崇义、上犹境内。东西边山峰峦起伏，沟壑纵横，草深林密，地势险要。

1928年4月，湘赣边区游击大队一分为二。一部分继续留在东边山游击区，建立东边山游击大队，刘雄任大队长，赖鉴冰为指导员，潘从才任副大队长。下设三个中队，一中队长黄奇志，二中队长郭俊桃，三中队长赖礼文。一部分由陈奇率领进入西边山开辟新的游击区，建立西边山游击大队。东西边山游击区从1928年4月组建，一直坚持斗争到1949年6月，历时21年。

汝城1927年八月革命失败后，赖鉴冰率濠头留守处人员转移至东边山的古颡洞小学，组建工农革命军第二师第一团驻濠头留守中队。赖鉴冰任中队长，郭俊山任中队副，队伍发展至60余人。10月，桂东“挨户团”副主任何鉴率部“清剿”古颡洞，留守中队与之激战，10余人壮烈牺牲，20余人被俘。何鉴将游击队员朱国治等4人用棉被裹紧，浇上煤油点火活活烧死。战斗之后，赖鉴冰收拢队员30余人，转移至江西崇义、上堡及汝城濠头庙前、牛仔塘一带坚持斗争。后因粮弹缺乏，又找不到上级领导，赖鉴冰令游击队员藏好枪支，潜伏下来转入隐蔽斗争，以待东山再起。

发动沙田年关暴动。1927年11月，朱德率部来到崇义上堡整训。赖鉴冰闻讯后，马上召集旧部，取出埋藏的枪支投奔朱德。朱德命赖鉴冰为部队当向导、筹给养。朱德离开上堡后，赖鉴冰又与桂东刘雄所率农军汇合，编成汝桂边区赤卫队，刘雄任队长，赖鉴冰任政治指导员。

12月，郭佑林、黄奇志受第十六军特务营派遣，从广东韶关回桂东找到汝桂边区赤卫队，准备组织年关暴动。

1928年1月17日（农历十二月二十五日），汝桂边区赤卫队决定夜袭沙田，发动沙田年关暴动，为古颡洞死难烈士报仇，汝城何秉才组织80余名农民密切配合。下午，刘雄、赖鉴冰率赤卫队由古颡洞出发，路上又联系了东水、五花洛等地农军，午夜时分到达沙田，迅速发起攻击，击毙“挨户团”何鉴部匪徒十多名，缴获步枪13支，弹药三四箱，军用品一批，没收了何鉴家中稻谷、财物，救济周边贫苦农民。

游击队给毛泽东作向导。1928年3月27日至28日，汝桂边区赤卫队在赣边珠岗山新地一带活动时，毛泽东率队向湘赣边境开展革命运动，由酃县至桂东四都宿营。那时朱德的部队也在广东与湖南交界之地坪石一带发动湘南起义。毛泽东本想从西边山经过到坪石与朱德会师，但桂东反动“挨户团”长何鉴、郭俊仁下令当地群众按户抽派灶头勇并带领匪队数千人于大岭坳及铜鼓石两个要隘把守，企图阻止毛泽东的队伍通过。

赤卫队指导员赖鉴冰等得知了毛泽东的队伍被阻的消息，即主动派队员郭振声、赖礼文前往四都与毛泽东取得联系，并随即发动当地群众给毛泽东作向导。毛泽东的队伍于黑夜由四都东洛那座石山出发，大家牵着手，攀藤附葛，绕路摸行了10余里，到天亮时，摸到了大岭山上。于是一面抢上大岭坳袭击，一面向下攻打铜鼓石。

经激战一小时，赤卫队终于把两个封锁要隘冲破了。这次战斗，敌人死伤百余，赤卫队缴获敌步枪百余支，毛泽东的队伍从这里顺利通过。

两次扩编汝桂边区赤卫队。第一次是1928年3月底。毛泽东率工农革命军第一师第一团下井冈山接应朱德起义部队。汝桂边区赤卫队赖鉴冰率部前往迎接，顺利来到桂东沙田圩。

毛泽东对汝桂边区赤卫队除口头嘉奖外，还奖给步枪30支，并将汝桂边区赤卫队改编为湘赣边区游击大队，命刘雄为大队长，郭佑林为副大队长，赖鉴冰为政治指导员，何举恩、张攸发、吴奇至为排长，朱国镜为事务员，何选贤为宣传员，张启东为秘书，叶阳春为侦探。从此，汝桂边区赤卫队就成为一支由井冈山根据地管辖的有力的革命武装队伍。

4月10日，工农革命军一师一团离开汝城后，湘赣边区游击大队一分为二。一部分继续留在东边山游击区，建立东边山游击大队；一部分由陈奇率领进入西边山开辟新的游击区，建立西边山游击大队。

第二次是1928年8月上旬。朱德、陈毅率红四军由郴州撤离到汝城南洞，进入田庄。先后成立了北区（含田庄、南洞、开山）苏维埃政府，恢复成立了中共汝城县委、汝城县苏维埃政府。接着，朱德率部抵达桂东沙田，赖鉴冰率湘赣边区游击大队前往迎接，配合行动。朱德代表红四军前委拨给游击大队步枪15支，并将湘赣边区游击大队改编为湘粤赣边区游击大队。

雪积山战斗。1928年7月，汝城挨户团600人"围剿"东边山。游击队在极其困难的情况下，多次击退敌人的进攻。同年，游击队在东边山的雪积山（又称雪溪山）大垄里遭汝城"挨户团"周洪基连的伏击。战斗中，游击队伤亡惨重，大队长刘雄腿部中弹被俘押至汝城县城。胡凤璋先是封官许愿，企图收买，但刘雄不为所动；继之施以酷刑逼他屈服。刘雄威武不屈，后被胡凤璋枪杀于城郊西关口。

雪积山战斗后，赖鉴冰率游击队向江西正源转移，途中，再次遭到胡凤璋"挨户团"伏击，中队长郭俊桃壮烈牺牲，游击队伤亡惨重。

1931年冬，湘粤赣边区游击大队派谢庭辉到集龙组建暴动队。谢庭辉聚集20余人在何明权木匠店里研究了暴动计划，后因情况变化未予实施。其后，集龙暴动队密切配合边区游击队，在东边山一带积极活动。

樟溪桥战斗。1932年春，国民党汝城县保安团队长何增智在游击队往来的濠头樟溪桥上筑起闸门，建立桥头堡。白天派人站岗放哨，夜间关闸严防死守，妄图以此限制和消灭游击队。1932年3月18日夜，保安团准备夜袭游击队驻地公婆垄。游击队内应、濠头乡公所职员何化南将情况密报了游击队。游击队决定将计就计，趁机摧毁樟溪桥哨卡。当夜，廖炳南、赖鉴冰率游击队20余人下山，于午夜时分突袭桥头。内应张执中赶忙把闸门铁锁敲掉，游击队员一拥而进，毙敌数人，俘敌10余人。随后，游击队把闸门摧毁推下河中，并放火烧掉桥头堡。濠头乡老百姓把这次战斗编成歌谣：

红军计谋实在妙，夺得弹药真不少，

缴了步枪十余支，支支都是汉阳造。

桥上卡门推下水，桥头堡垒放火烧。

匪兵闻讯急来救，游击队员早走掉。

何大炮双足直跳，捉虎不到被虎咬。

群众拍手哈哈笑，称赞红军本领高。

1932年4月，彭德怀率红三军团来汝城扩红建政。5月，彭德怀率红三军团到集龙，将集龙暴动队改编为集龙游击队。在红军和西河行委派出的工作团帮助下，集龙游击队积极开展打土豪、分田地和保卫红色政权的斗争。后集龙游击队部分队员随红军转移编入红三军团。其间，廖炳南、赖鉴冰率湘粤赣边区游击大队密切配合，经历大小战斗20多次，游击队扩大至100多人枪。彭德怀对游击队英勇顽强的战斗精神大加称赞，并抽调红军战士加强游击队力量。红三军团离开汝城后，胡凤璋保安团配合国民党正规军"清剿"游击队。廖炳南率游击队向崇义县思顺转移。9月，游击大队在思顺大王洞遭粤军余汉谋部伏击，战斗激烈，大队长廖炳南及大部分队员壮烈牺牲。赖鉴冰、郑木生率余部转移至濠头庙前一带继续坚持斗争。

巧设"火龙计"。胡凤璋为防范东边山游击大队活动，在交通要道庙前坳等地筑碉堡4座，由保安团排长周继勋带兵把守。周继勋强迫当地农民每户派灶勇一名协助守堡。1934年春节后，庙前坳周边5个村子准备舞香火龙闹新春，赖鉴冰趁机制定"火龙计"，时间定于2月20日（农历正月初七）。事前，赖鉴冰秘密安排村里以"军民同乐"名义向保安团发请柬，请保安团官兵看龙饮酒。那天傍晚，赖鉴冰带领游击队悄悄下山，分别埋伏在各碉堡周围。入夜，舞龙开始，人头簇动，热闹非凡。保安团排长周继勋嗜酒如命，席间开怀畅饮，酩酊大醉。时机一到，赖鉴冰指挥游击队员冲入碉堡，看龙群众密切配合，游击队迅速歼灭了各碉堡守敌20余人，缴获步枪15支、子弹6箱，然后放火烧掉碉堡。

1934 年底，蔡会文奉命来东边山活动，组建了湘粤赣边区红军游击支队，赖鉴冰率湘粤赣边区游击大队汇入该支队。

西边山游击区的开辟

西边山位于汝城南洞北端，与资兴、桂东交界。1928 年 8 月，朱德率红四军来到汝城南洞。为更好地组织领导湘南人民的武装斗争，开辟湘南游击区，朱德抽调第二十八团三营党代表唐天际负责组建湘南红军游击大队并任大队长。8 月下旬，唐天际率 30 余名红军战士组成的湘南红军游击大队进入了西边山。汝城赤卫队闻讯后，迅速前去与唐天际联系，并被编为湘南红军游击大队汝城赤卫队，游击大队扩大至 100 余人枪。

同年 10 月，湘南红军游击大队汝城赤卫队负责护送湘南特委书记杜修经、军事部长兼汝城县委书记唐天际及特委其他负责人龚楚、彭坤等由资兴龙溪经汝城转移至宜章。汝城苏维埃政府主席欧阳焜、副主席朱忠良也随同转移。10 月 28 日，发生了"两水口惨案"。

唐天际在困境中收拢失散的游击队员，重整旗鼓，继续在西边山一带坚持斗争。1928 年 11 月中旬，在汝城与资兴交界的洪水山镰刀湾村，湘南红军游击大队出其不意地袭击了进山"围剿"的资兴"挨户团"杨奇才部，杨部死伤惨重。

不久，唐天际将汝城赤卫队扩大为汝城赤色游击大队，共 40 余人枪。游击大队以西边山的镰刀湾、大湾、田洞里、瓦屋里、曹头垄一带为据点，开展游击武装斗争。之后，在西边山建立苏维埃政府，当地农民郑呈仔和罗富九任负责人。同时，相继建立西边山党支部、赤卫队、妇女会、儿童团等组织。

洪水山遭遇战。 洪水山地处汝城、资兴边界，是八面山南端主峰，周围数十里荒无人烟，草深林密，极利于游击队活动。唐天际进山后，以此作为游击队的秘密宿营地。

1928 年 11 月，国民党调集重兵"围剿"资兴龙溪游击区。资兴县委书记袁三汉为保存革命力量，带领资兴游击队到西边山与唐天际的湘南红军游击大队会合。唐天际将袁三汉率领的资兴县委机关和游击队安排在洪水山营地驻扎。11 月 17 日，资兴游击队负责人何安民、何应吾率主力 30 余人赴南洞松坑配合湘南红军游击大队作战，洪水山营地只有袁三汉和一些工作人员及伤病员。这天，天气寒冷，浓雾弥漫，袁三汉和县委秘书李梦兰正在起草文件。龙溪"挨户团"队长杨奇才率部突然前来偷袭。待哨兵发现时，"挨户团"只距营地 20 余米。袁三汉迅速指挥队员撤退，并抽出手枪射击敌人。可打倒一个敌人后，手枪子弹卡壳。当时，营地仅袁三汉一支手枪，队员们只得赤手空拳与敌搏斗，袁三汉和游击队员大部牺牲。"挨户团"割下袁三汉的头颅，准备带回县城邀功请赏。

当天下午，唐天际得知洪水山营地遭"挨户团"袭击，急率游击队从20余里外的地方赶回营救。当游击队赶到时，杨奇才"挨户团"正在洪水山的镰刀湾村喝酒庆贺偷袭成功。游击队迅速冲进村子，双方发生激战。因天色将晚，杨奇才不敢恋战，丢下几名被俘的游击队员逃回资兴。袁三汉牺牲后，资兴游击队由何安民、何应吾带领，合编到唐天际率领的湘南红军游击大队。

"空中开花"打敌人。其后，唐天际在西边山积极发动群众，发展党组织，扩大游击队伍。1929年2月，西边山村民郑回科、罗尊古、郑呈仔、郑春古、郑红古、郑承耕等先后加入了共产党，在茶叶岭举行了入党宣誓。誓词是："永不背党，永不叛党，死都死一人，死了共产党，又有共产党。"唐天际代表汝城县委发给他们用红布印着镰刀、铁锤的党证。其后，很多青壮年农民踊跃参军，队伍发展至300多人，长短枪100余支。

1929年夏，汝城、桂东、资兴三县地方政府集结武装数百人，联合"进剿"西边山游击区的茶叶岭、千年界、黄板坑、杨家坪等地，游击队在深山密林中与敌周旋。在杨家坪战斗中，游击队就地取材，利用树筒和石头，居高临下，采用"空中开花"办法，打得敌军呼天叫地，鬼哭狼嚎。

突袭"挨户团"。1929年6月，彭德怀、滕代远率红五军回师井冈山，路过汝城暖水，彭德怀派人给唐天际送去中共六大文件和一封信，通知唐天际率队前往配合红五军攻占汝城县城。6月26日，唐天际率游击队顶着骄阳向县城进发，途中与胡凤璋的"挨户团"于土桥发生激战。红五军攻城受挫，已向广东仁化县城口转移，唐天际未能与红五军会合。

红五军转移后，胡凤璋率汝城"挨户团"全力围歼唐天际率领的湘南红军游击大队，唐天际指挥游击队边打边撤，退向桂东沙田，"挨户团"穷追不舍。游击队撤至沙田时，三面受敌。前有沙田大河码头守敌，侧有国民党驻守沙田一个营兵力，后有胡凤璋尾追之敌。幸亏那天逢圩日，唐天际当机立断，亲率少量兵力牵制沙田守敌和阻止胡凤璋追击之敌，令大部分队员扮成赶圩的老百姓偷袭码头夺船成功，游击队员全部乘船过河。待汝桂两地敌军合围时，游击队已撤向西边山营地。

同年秋，汝城"挨户团"李少天连进西边山三工田"围剿"游击队。游击队乘夜突袭，摸掉"挨户团"哨兵后潜入敌营地，歼敌50余人。后唐天际奉命赴广东工作，汝城县委的组织活动一度停止。湘南红军游击大队也随后奉命离开汝城。该年冬，国民党加紧"进剿"西边山，西边山苏维埃政府遭破坏。

在西边山根据地期间，杜修经、龚楚离开湘南，钟森荣（耒阳人）接任特委书记一职。不久，钟森荣牺牲。唐天际代理湘南特委书记。在唐天际领导下，湘南特委和湘南红军游击大队仍在资汝桂边的东西边山游击区坚持斗争，1929年七八月间唐天际离开湘南后，西边山党支部、苏维埃政府继续领导游击队坚持武装斗争。

游世雄坚守西边山。红军长征后，游世雄随项英、陈毅留江西根据地坚持游击战争，1935年4月至1937年6月，游世雄曾三进西边山，领导游击队艰难地回击国民党及胡凤璋保安团对西边山的四次大"清剿"。

红七军过境汝城

1930年11月，红七军奉命从广西右江贺县赴江西中央苏区集结。1931年2月2日，红七军辗转广东乳源、乐昌，湖南宜章、郴州等地进入汝城境内。

2月4日，红七军总指挥李明瑞、政委邓斌（邓小平）率第五十五团1200余人为前卫，军长张云逸率第五十八团为后卫，由乳源瑶山急行军到达乐昌。李明瑞、邓小平率部过乐昌河于桂头渡口与粤军激战，且战且走，进入广东仁化境内，沿仁化城口、长江入汝城东岭（即三江口）、热水。

李明瑞、邓小平率红七军从仁化经过三江口八丘田，军部领导住在三江口圩附近祠堂里。红七军指战员在三江口宿营时，向村民购买粮食等物，书写标语，宣传共产党的纲领和红军的宗旨、任务。群众有的主动为红军送开水、青菜、大米和盐，有的让出自家的大厅给红军住宿，有的为伤病员寻医找药，有的主动反映情况。在当地群众掩护和支持下，红军顺利向中央苏区前进。汝城保安团胡凤璋闻讯派重兵追到八丘田，见到手的"大鱼"溜了，气急败坏地将土豪刘向尧、黄苟仔臭骂一顿，急率部1000余人追至桂东、酃县，又被红七军张云逸部打得落花流水。

崇义县国民党武装200余人抵挡不住红七军，退至汝城集龙向胡凤璋求援。胡凤璋急令胡昭奎、胡韶率5个分队赴江西崇义救援，会合江西国民党军"围剿"红七军，双方发生激烈战斗，各有伤亡。军长张云逸率第五十八团第二、三营阻击粤军援兵追击后，转经宜章赤石、里田入汝城文明，再转资兴滁口、龙溪，至桂东彩洞、四都后，发动群众筹款筹粮。胡凤璋派4个分队由汝城南洞入桂东彩洞"进剿"两天。红军与之迎战，死伤10余人，被俘10余人，损失枪支20余支、战马1

匹，被迫由桂东四都向江西撤退。胡凤璋部紧紧追击。

红军退至酃县黄挪潭，胡凤璋率部疯狂追击。得到休整后的红七军指战员一个个义愤填膺，县赤卫大队密切配合红军作战。赤卫队发挥山头熟、山路熟的优势，带着红军翻山越岭，抢占有利地形，神出鬼没，敌人溃不成军。战斗胜利结束，击毙、击伤、俘虏敌人200余人，缴枪110余支。缴获的武器全部交给县赤卫队和黄挪潭赤卫队。红七军还留下梁文光、何德胜等人补充县赤卫队的军事力量。

1931年2月，红七军从广西转战来到汝城，何秉才加入了红七军。在一次战斗中，他的左腿受伤，后来很快感染化脓了，伤口痒痛得他把牙齿咬得格格作响，但是他仍然顽强地拄着拐棍跟着部队行军打仗。不久，他被任命为红七军政治部宣传部长，于7月随红七军进入中央革命根据地。

红九师游击汝城

1931年10月，中共湘赣临时省委和湘赣省苏维埃政府成立，为扩大苏区范围，将汝城划为湘赣苏区根据地游击区，汝城隶属湘赣苏区管辖。

11月，湘赣苏区红军独立第九师师长赖昌来、政治部主任萧义正、大队长李华、团长周大侃率2000余人到崇义麟潭、上堡一带开展工作。为维护汝城地方治安，11月20日，汝城保安团团长胡凤璋急派500余人开赴江西上堡协防。11月22日，红军围攻上堡。汝城廖炳南、赖鉴冰率湘粤赣边区游击大队赴上堡配合作战，消灭了胡凤璋部分有生力量，红军主动撤离。其后，赖昌来率部进入了汝城集龙、濠头一带开展武装斗争。胡凤璋派兵"进剿"，双方多次发生战斗。后为巩固湘赣苏区根据地游击区，奉湘赣临时省委指示，湘粤赣边区游击大队政治指导员赖鉴冰派谢庭辉到集龙一带组织暴动队，积极开展武装斗争。

三、中央苏区时期

1932年4月，根据苏区中央局指示，河西道委确定了"打通中央与湘赣省的联系，使苏区连成一片，造成夺取赣州、吉安的河西根据地"的工作总方针。决定加紧桂东、桂阳（汝城）之东，遂川左安、汤湖、高排一线的工作，与酃县和湘赣省苏区贯通，打通与湘赣省的联系，发展南康北部与赣县河西工作；向赣河西岸和遂川推进，建立上（犹）、崇（义）两县独立团，发展万（安）、赣（县）、南（康）和桂东、桂阳（汝城）游击队，举办干部训练班，并组建太平路、寺下、左安、小石门、南康、崇义、汝城、桂东、汤湖九个工作团，分赴上述各地及仁化县发动群众，深入土地革命，组织群众武装，建立苏维埃政权。

"至 1932 年 7 月，……管辖上犹、崇义、信丰、大余、赣县、南康党组织的河西道委，管辖资兴、汝城、桂东、郴县、永兴、宜章党组织和湘南道委，……苏维埃区域进一步扩大。"①

西路军转战汝城

红三军团转战河西，使汝城新苏区与崇义苏区连成一片。

1932 年 3 月上旬，中央红军从赣州撤围，中旬，中共苏区中央局在赣县江口召开会议，3 月 17 日发布《中国工农红军总政治部训令》，指出："在江西红军应当扩大苏区，贯通赣江两岸的苏区，以赣江流域为中心，向北发展创造苏区来包围赣江流域的几个中心城市赣州、吉安、樟树，以便利于我们迅速的夺取这些城市。这样来争取江西的首先胜利，现在粤军入赣入闽，我们应当先巩固赣南与闽西，赤化赣州附近几县，贯通苏区，这样来威胁粤军入赣，同时又创造苏区包围赣州，以便利于在将来赣州之夺取。"

3 月 18 日，中革军委发布《关于部队今后行动方向和行动部署的训令》，指示中央红军第一、五军团组成红军中路军（后改为东路军），在赣江东岸活动；红三军团和红十六军组成红军西路军，赤化河西，贯通湘赣、湘鄂赣苏区与中央苏区的联系。

4 月 14 日，彭德怀、滕代远率红三军团领导机关进驻上犹营前。4 月 17 日，红三军团政治部在营前召开中共西河特委会议，根据中共苏区中央局的指示和新形势、新任务的需要，决定撤销中共西河特委，成立中共河西道委，由苏区中央局指定的贺昌（原任兴国县委书记）任道委书记，陈葆元任组织部部长。中共河西道委仍隶属中共湘赣省委领导，在未与湘赣省委建立交通联系以前，直接由红三军团政治部指导。

中共河西道委成立后，从红军和地方党组织中选调一批有地方工作经验的同志，共同组成 9 个工作团，分别派到上犹、崇义、南康及湖南汝城、桂东等地，发动群众，深入土地革命，组织群众武装，建立苏维埃政权，发展农业生产，沟通赤白贸易，开展经济文化建设。4 月 21 日 7 时，红三军团第五军第三师在江西文英包围了胡凤璋"挨户团"焦钊炎营和朱鸿标部，24 日红军攻占文英。5 月 1 日，红三军团

---

① 中共湖南省委党史研究室：《中国共产党湖南简史》，湖南人民出版社 2011 年版，第 47 页。

攻占汝城，在集龙建立汝城县革命委员会，恢复农会，发动群众打土豪，发展红军，进行土地革命，把汝城发展成为新苏区，与崇义苏区连成一片。汝城苏区正式成为河西苏区的组成部分。

红三军团有力地促进了河西革命力量的发展，苏维埃区域迅速扩大，到1932年6月，整个河西苏区共辖有10个区，人口达13万，面积达3000平方公里。这是1932年中央扩大中央苏区的重要成果，为巩固和发展中央苏区发挥了巨大作用。

此次彭德怀率部来汝城，与胡凤璋部、湘军激战20余天，先后歼灭胡部官兵500多人、湘军数百人，缴枪数百支，取得了转战汝城的重大胜利，威震湘粤赣边区，巩固了中央根据地，加强了根据地外围的武装斗争。

中央红军西路军序列

红军西路军总指挥彭德怀，政治委员滕代远，参谋长邓萍，政治部主任袁国平，政治保卫局局长张纯清，组织部部长徐策，供给部部长周玉成；

红五军军长邓萍，政治委员贺昌，参谋长耿万敌，政治部主任黄克诚；

红五军第一师师长洪超、彭绍辉，政治委员江华，参谋长彭绍辉；

红五军第二师师长郭炳生，政治委员彭雪枫，政治部主任李志民；

红五军第三师师长彭鳌，政治委员徐策，参谋长吴异生，政治部主任孙发力；

红七军军长张锡龙，政治委员张纯清，政治部主任叶季壮；

红七军第十九师师长邓国清，政治委员王愚、李显，政治部主任倪愚；

红七军第二十师师长黄子荣，政治委员陈漫远，政治部主任佘惠；

红七军第二十一师师长杨英，政治委员李芬；

红十四军军长赵博生，政治委员黄火青；

红十六军军长孔荷宠，政治委员黄志兢，参谋长余发明，政治部主任吴天骥；

红十六军第七师师长邹之谟，政治委员李楚屏；

红十六军第九师师长，政治委员高咏生。

1932年3月中旬，毛泽东出席在赣县江口召开的中共苏区中央局会议，会议讨论攻打赣州的经验教训和红军今后的行动方针。毛泽东指出攻打赣州的错误，主张红军主力向敌人力量比较薄弱、党和群众基础较好、地势有利的赣东北发展，在赣江以东、闽浙沿海以西、长江以南、五岭山脉以北广大地区发展革命战争，建立革命根据地。中央局多数人受临时中央的影响，否定了毛泽东的意见，主张红军主力沿赣江而下向北发展，相机夺取赣江流域的中心城市或较大城市。会议决定：以红

一、红五军团组成中路军，以红三军团、红十六军等组成西路军，分别进行作战。18日，中革军委命令西路军应赤化赣江西岸，并相机夺取几个城市；命令中路军须迅速集中宁都，以宜黄、乐安、崇仁为目标，努力争取三县苏区，并相机夺取一个或几个中心或较大城市。毛泽东依据闽西敌情变化，主张中路军向闽西行动，立即向中革军委建议，将中路军改为东路军。

成立汝城县革命委员会

1932年4月22日拂晓，彭德怀领导的红三军团红五军三师彭鳌部在汝城、崇义游击队、赤卫军千余人的配合下，攻克盘踞在崇义文英的汝城保安团胡凤璋部。4月下旬，率红军工作团赴汝城开展扩红建政工作。10多名指挥员来到集龙乡水南村何本有家召开筹备会，会议主要围绕召开群众大会、成立汝城县革命委员会做准备。

5月1日，彭德怀在集龙圩江西会馆召开5000人的群众大会，全县各地党组织、苏维埃政府（农会）和游击队负责人参加了大会。大会选举何本有为主席，彭永盛、谢庭甫、谢庭辉、谢标风等为委员，彭永盛为秘书兼财务委员，谢庭甫为宣传委员，谢庭辉为组织委员，谢标风为交通委员。会上成立了汝城县革命委员会，革命委员会的主要任务是：第一步宣传发动农民，第二步办农民协会，第三步分配土地。彭德怀在会馆的戏台上宣传革命道理，号召大家团结一致，坚持武装斗争。彭德怀还亲自为选举产生的革命委员会每个委员颁发亲笔签署的委任状。

5月12日、15日分别在汝城县濠头圩、濠头樟溪村召开了群众大会，再行扩大地方武装，组织赤卫队，发动群众向地主恶霸作斗争，农民分了田地。接着进入汝城县集龙乡，正如《红三军团政治部关于犹崇两苏区路线和红军情况的报告》所说："桂东、桂阳、汤湖一线……五军相继占领桂阳、桂东城后，群众斗争情绪热烈，每次开群众大会可到七八千至万余人，据滕代远同志来信说：'这是在干（赣）东南所未见。'这一区域的工作，在东部深入工作开辟苏区，西部则建立秘密组织，汤湖工作比较困难。"

汝城县革命委员会成立之后，组织群众支援红军。何本有带领红军到水南村筱永安、何本麒、朱义顺、庾望堂和集龙村廖敦忠等大土豪家，宣传中央苏区土地革命政策，开展打土豪分田地运动，并把打土豪缴获的衣物、谷子等分给农民，农民十分感激，阶级觉悟进一步提高。之后，革命委员会在江西会馆设了办事处，并且组织成立了一支30多人的队伍，主要组织开展减租减息和筹粮运动，这支队伍住在集龙乡政府附近的祭坛里，将筹到的谷子挑到江西会馆交给红军。据相关人员回忆和史料记载，部队在集龙还进行了扩红建政等活动，宣传发动群众，很多群众自愿到红三军团当兵，郭进龙、郭俊清兄弟，庾祠谋等在集龙参加了红军。

5月上旬，1000 余红军在集龙园丞村驻扎，得到当地群众的支持。

组建了集龙乡苏维埃政府和农会。1932 年 6 月初，红军撤出集龙，彭桂凤参加了集龙乡苏维埃政府，任妇女主任，她没有跟随部队走，留在本地继续坚持开展革命斗争。她同谢标香、罗毛子、李茂发等集龙乡苏维埃政府或游击队成员在战斗中英勇牺牲，成为革命烈士。

此外，大坪、田庄、濠头、外沙、附城、东岭、热水等地成立了苏维埃政府和农会。

恢复和扩大游击队

1931 年冬，湘粤赣边区游击大队派谢庭辉到集龙组织暴动队，队员有谢庭辉、谢庭贵、谢标凤、谢庭普、谢庭拔、张左求、张朝信、林辛古、邓木古、何明权等 20 余人，大多为放排工、做纸工、木工、农民。谢庭辉经常在何明权木匠店里研究暴动计划。1932 年 4 月，彭德怀率红三军团到集龙，将暴动队改编为游击队。游击队在红三军团和河西道委派出的工作团的帮助下，开展打土豪和保卫红色政权的斗争。6 月，红军撤离汝城，游击队跟着转移，后被编入红军和湘粤赣边区游击大队。

1932 年 5 月下旬，红军从园丞赶往集龙，碑石坳战斗打响几天后，何本有、谢庭辉、谢标凤等随红三军团撤往横圳、朱家、欧家洞、钟家、小坑、白石、乌石坳、大流坑等，在崇义上堡、思顺开展游击斗争。1932 年 9 月后，县革命委员会和集龙游击队与湘粤赣边区游击大队密切配合，在东边山、西边山一带开展活动，坚持到 1937 年。

彭德怀二打胡凤璋

1932 年 4 月下旬，为进一步巩固和扩大中央革命根据地，彭德怀奉苏区中央局江口会议指示，率红三军团等组成的西路军从江西营前出发，到赣江以西湘粤赣边开展武装斗争，扩大中央苏区和红军队伍。红五军第三师向崇义西部推进，进占湖南汝城、桂东，向西发展，扩大苏区。

当时驻扎在崇义和汝城边境的国民党武装主要是汝城胡凤璋为团长的县保安团。胡凤璋原是在湘赣边界打家劫舍的土匪武装头头，后被国民党收编，改编为地方保安团。胡凤璋为了阻截红军入湘，在毗邻的崇义文英圩这个边关要塞，修筑碉堡、炮楼，增调 500 兵力，企图据险抵御。

4月21日7时，彭德怀指挥红三军团在江西文英包围了胡凤璋"挨户团"焦钊炎营和朱鸿标部，并迅速缩小包围圈，从四面向敌营发起猛烈攻击，随后强攻虎头寨，炸开真君庙，焦营被困在君真庙内作困兽斗，红军毙国民党少校指挥焦钊炎、少校大队长朱鸿标等官兵近百人，伤数十人，俘敌官兵200余人，缴枪300多支。焦余部一个连冒死突围溃退汝城集龙。

4月25日，彭德怀率部兵分两路向汝城县城进军：一路由文英经热水、益将向县城挺进；一路从文英出广东长江，突袭粤军一个营，大获全胜，缴枪200余支，敌仅一个连败逃仁化。30日，红军从城口经三江口进抵大坪，直逼县城。

在红五军进军汝城的同时，西路军其他主力部队分别在桂东河田及遂川大汾、南康北部及仁化长江、城口等地，击败国民党军队和地方团匪，发展了苏区，征集了大量军需物资；红七军则在崇义官田、文英、聂都一带，发动群众，帮助建立许多区乡苏维埃政权。

红三军团第三师教导队第二期毕业典礼在汝城县城模范学校举行。

5月1日，红五军第二、三师继续向汝城县城迫进，两路红军汇集于大坪。汝城游击队前往会合，队伍上万人，浩浩荡荡向县城进攻。胡凤璋见状不妙，星夜退守汝城西乡马桥下湾村，兵分三路顽抗，并急电国民党粤军首领陈济棠求援。

彭德怀立即兵分三路追击：一路追击胡左翼第一大队何国柱部，战于望天狮形、甲亨、车头、高村、廊木坳一带；一路追击胡中路第二大队胡耀部，战于曹家山、予乐湾、高村一带；一路追击胡右翼第三大队胡韶部，战于何家坳、梅木坳、金宝的塘冲等地。三路敌军节节溃败，于当夜全部逃进下湾村。

5月3日黎明，彭德怀率红军和汝城游击队6000余人将下湾村紧紧包围，与胡部激战一昼夜，毙敌数十人，重伤官兵近百人。红军步步为营，缩小包围圈，把胡部全部逼进了上古寨。红五军将敌人包围在下湾村，于5日攻破敌人阵地，占领下湾村。胡凤璋只得退到他的最后一个据点——上古寨老巢，紧闭寨门，坚守待援。

上古寨，又名下湾围，是座耸立于平野之中的孤石山寨，方圆数十亩，高数十丈，四壁光滑陡峭。原为当地村民防范匪盗的工事。1930年，胡凤璋强令当地农民捐资修建石墙，石墙上枪眼密集，石寨易守难攻，只有一条通道，有重兵把守。

红军当时无大炮，数次强行攻寨未果，只得将胡部紧紧围住困于寨中，胡军为迅速攻克堡垒，彭德怀发动广大群众，红军在马桥下湾村一带进行宣传，到处书写标语，在胡凤璋、胡湘等人的房屋上书写了"共产党十大政纲""实行男女平等"

"打倒胡凤璋""建立工农兵政权"等标语。

下湾村周边农民对胡凤璋早就恨之入骨,积极帮助红军攻寨,纷纷出谋献策,建议红军用"掘洞轰墙"之法把上古寨围墙炸开。农协委员胡转古、胡塘生等人自告奋勇,带领红军到围墙外东南隅土质较松软的地方掘洞。掘了五天五夜,洞深5丈余,准备再掘两天后用棺材装硝磺炸围。胡凤璋得知此情,惊恐万分,急得如热锅之蚁,数次组织部下突围逃跑,均遭红军强大火力封锁而败退围中,少校代理大队长何定洲等数十名官兵在突围中毙命。胡凤璋措手无策,花重金组建敢死队,深夜下山摸洞,把掘洞组长吴远昌等10余名红军战士和掘洞群众抓进上古寨杀害。

胡凤璋四处发电求援。接到胡凤璋的告急电报,蒋介石令湘、粤、赣三省国军火速救援。

湘粤赣三省国民党军闻知"湘南王"胡凤璋被困,急忙组织救援:第四路总指挥何键急令湘军第二十八军军长刘建绪调王东原、陈光中2个师星夜兼程驰援汝城;粤军陈济棠也派陈汉光、陈章、范德星3个旅星夜兼程急赴汝城;赣军刘绍先、李明2个师则从赣南向湘赣边境运动,增兵骚扰赣南。三省国军企图对红三军团形成围困之势。

5月12日深夜,红军发起总攻,毙胡官兵数十人。13日,正当红军准备装药炸围时,湘军王东原师侯鹏飞、张毂中二旅已赶到了马桥下湾村,于单岭头向红军开火;粤军也抵达汝城大坪圩。

面对敌援军大兵压境,彭德怀只得率部分两路主动撤离马桥下湾和汝城县城。一路由彭德怀亲率红三师向濠头、集龙方向撤退,并在濠头召开了何举成追悼会;另一路由政委滕代远、参谋长邓萍率领向热水方向转移。侯、张二旅尾随追击。

彭德怀指挥红军于益将台望岭与尾追之敌激战,毙、伤敌军200余人。敌师长王东原亲自督战,侯、张二旅继续追击,红军又于集龙与敌激战一昼夜,毙、伤敌数百人,红军也伤亡较大。红五军第三师师长参谋长吴异生在指挥作战时,不幸中弹牺牲。面对新的敌我态势,红三军团总部命令所部迅速跳出敌人包围,经集龙、热水向中央苏区转移。

集龙大战

战斗经过。《红三军团政治部关于犹崇两苏区路线和红军情况的报告》明确:"在目前河西非常需要打一个大的胜仗,以更加提高群众参加革命战争的精神,以扩大红军扩大苏区,扩大地方武装。"一场大战即将爆发。

　　面临强敌的"会剿"，红三军团于1932年5月23日早晨调集营前、寒口两地的红军一部向集龙会集，准备在集龙一带迎战敌军。24日3时，由营前、寒口两地向集龙会集的红军在途中与侯鹏飞旅进行了交战，此战营长何长生牺牲。敌人识破了红军的战略意图，于25日5时30分，敌侯鹏飞率徐本桢、徐洞两个团由永丰破石界出发，经木栏隘向集龙方面前进。11时30分在集龙联心村土坑附近遭遇红五军二师、红七军一部（约3000人、千余枪、五六挺机枪）的顽强阻截，激战5个小时仍没有进展。后来国民党又增派八十六团向红军右翼包击，红军只好及时撤出战斗，离开集龙圩向古亭、上堡、濠头方向转移，在集龙园圯碑石坳以北驻扎。此时，红军组织把在汝城、桂东等地筹集的谷米运往上堡集中。27日，千余红军与敌赵梦炎旅在寒口一带发生激战，战后红军向东转移。28日，红三军团总部转移至上堡，红五军、红七军全部集中于上堡和濠头地区以及集龙园圯附近（黄垅仙设有红军兵站），待机歼敌。彭德怀调集红三军团第五军全部、第七军大部，于碑石坳和马坳设阵地，准备向汝城县集龙圩之敌王东原第十五师2个旅进行反击。敌军也在碑石坳外设堡垒。29日清晨，敌军一部无意中闯进红军的碑石坳阵地，因红军枪兵走火，双方发起攻击，敌后卫部队马上登上山顶扼守。红军猛攻敌阵，冲锋数十次，与敌肉搏十余次，均因受地形和工事限制，未曾得手。红军改变战术，引诱敌人到马坳，使敌陷入隘路，切断其后路，将其四面包围，用机关枪对敌进行多次扫射冲锋。敌交通兵团无线电第一大队集龙分队连夜用无线电报请求增援，敌王东原率兵及时赶到，并以2个团兵力向红军实施反冲锋，被围之敌得以侥幸逃脱。此时，敌王东原进驻汝城集龙指挥"围剿"，敌1个团兵力由羊巷向集龙驰援，企图内外夹击红军。两军激战至30日巳时。在毙敌300余人、俘敌1个排后，红军撤出战斗，分别向上堡、古亭方向撤退。此战红军也伤亡逾千，其中湘粤赣边区游击大队伤亡20余人，红三军团第三师参谋长吴异生在指挥集龙碑石坳战斗中受重伤，被转移到园圯庾氏祠堂，医治无效牺牲，被当地村民安葬于集龙园圯庾氏祠堂后山。

　　1932年6月3日《大公报》刊载：集龙之战全赖无线电之功，否则危险不堪设想。之后，红五军及军团政治部在滕代远率领下经沙田、四都，向黄泥潭靠近，以引退湘敌。彭德怀率红七军及各独立团在上堡、思顺一带与敌周旋。至6月8日，在红三军团的截击下，敌40个团完全退出"围剿"战场，即北面敌周浑元、李云杰、刘和鼎三师退至左安、汤湖、高平圩桥头、大汾之线，湘敌退至汝城县城，粤敌退至大余、南康、文英之线。

战斗特征及作用。敌强我弱。尽管红军调集了红三军团第五军全部、第七军大部以及湘粤赣边区游击大队等地方武装共近万人投入战斗，但红军缺少武器弹药，只有"步枪六七千支，水机关 30 余挺，洋机关并手机关百余支"，如独立八师、九师每人只有子弹两三发。而国民党有湘军第十五师、保安团和粤军两个师。

战术机动。红三军团总部 5 月 28 日由思顺转移到上堡，红五军、红七军全部快速集中于上堡，并于第二天凌晨快速行军开进至集龙碑石坳。无论是组织进攻，还是转移行军，红三军团此次战斗都体现了机动快速。战术上由刚开始的阵地战不易得手，改为诱敌深入，切断后路，实现将敌四面包围；在被包围前红军及时撤出阵地，保持实力，在狭窄的山地战场战术如此灵活实属不易。

缓解了对中央苏区的压力。红三军团自攻占汝城后，国民党调动湘粤赣三省军队"会剿"，对西路军包围圈越缩越小。一时间，敌军集全力攻打集龙；通过集龙战斗，红军毙敌 300 余人，俘敌 1 个排，给了敌军狠狠一击，打击了敌军的嚣张气焰，缓解了对大王洞等后方和中央苏区的压力。

积累了大战经验。红三军团以往较为擅长游击战，集龙战斗集中了几乎全部兵力开展阵地战，出乎敌人意料。此战磨砺了部队毅力，为之后第四次、第五次反"围剿"积累了大战经验。同时，汝城游击队、湘粤赣边区游击大队等地方武装积极参加这次战斗，使汝城、崇义等地方武装在实战中得到了锻炼。

红军西路军在汝城期间，开展了广泛的扩红和抗日宣传，举办了红三军团第五军第三师教导队培训班，为红军培养了大批优秀指挥员，在集龙江西会馆成立了汝城县革命委员会，恢复和建立了各区党组织、苏维埃政府，扩大了红军和游击队，广泛发动群众，开展打土豪、分田地，保卫红色政权的斗争，选派红军基层指挥员廖炳南任湘粤赣边区游击大队长，游击队配合红军作战，发挥了重要作用。

附1：刻满红色印记的方桌

2013 年 8 月，汝城县集益乡（原集龙乡）园岈村 74 岁的农民庚跃富将其父亲庚彩鹏和他自己珍藏 81 年、刻满红色战斗印记的四方桌捐献给政府。四方桌边长 86 厘米，厚 5.2 厘米，高 86 厘米，重 22 公斤，杉木材质，分桌面和桌腿两部分，腿脚部分轻度腐朽，桌面除露出 7 颗梢钉外保存较好。庚跃富深情地讲述了这张四方桌的故事。

1932 年 5 月上旬，西路军 2000 余名红军在汝城集龙园岈村驻扎，得到当地群众的支持。当时，仅 20 多户的集龙园岈村接纳了红军驻扎达半月之久。当时的园岈很穷，一个地主都没有，筹措粮食困难大。但是，群众都很支持红军，庚祠孚和另一农户分别送了一头猪，从各家各户筹了米和菜，红军都写了借条，承诺将来会还。村民庚彩鹏、庚祠振、庚祠灵、庚祠否、庚祠谋等人自发成立支前组织，热心为红军舂米、送菜、砍柴火、当向导、救助伤员、站岗放哨等。

当时，红军搭了三个很大的灶台，用大铜锅煮饭菜，其中两个灶搭在国凼庚氏祠堂门口，整天整夜不停地煮饭。

庚跃富的父亲庚彩鹏见红军切菜没有砧板和菜刀，就将这张方桌和几把菜刀送给红军用。红军炊事员日夜忙于切菜、做饭，10多天后，2寸厚的方桌被剁去一大层，露出了几颗梢钉。临别时，事务长拿出2个银元塞给庚彩鹏，作为赔偿。庚彩鹏深情地说："红军同志，你们老远来这里打敌人，好多人连命都送了，我送一张桌子又算的什么？现在，我们和红军是一家人了，钱，你留着，用在打敌人；这桌子坏了，我们这里有的是木材，我又会木匠活，做一张就是了！"红军走后，国民党军进村"清剿"，庚彩鹏立马将这桌子藏在厨房暗棚里，全村人逃到十里远的濠头高源、社溪避难。

庚跃富将父亲珍藏80多年、刻满红三军团彭德怀部战斗印记的四方桌捐献出来，为的是让人们永远怀念那悲壮辉煌的岁月！

附2：粮仓里的标语

2017年9月15日，根据益将乡原党委书记刘世祥提供的线索，在集益乡益将圩发现红三军团书写的反帝抗日标语："反对帝国主义进兵青海，反对帝国主义瓜分中国，进攻苏联；赤化河西，迅速夺取赣州、吉安；扩大铁的红军，发展革命……夺取一省数省革命胜利，实现……"

这些标语是用大毛笔竖着书写的，在益将圩老街，老粮站仓库里面右侧一面墙上，墙体上方覆盖着塑料薄膜，掀开塑料薄膜发现整面墙都写满了标语。这旧房原是国民党汝城县政府掌管的非常重要的粮站仓库；新中国成立后由汝城县人民政府接管，为财政公房。1970年左右，设立铁木社。当时住在益将乡远光村的曹胜光（1930年生，现年87岁）为了搬到乡圩附近居住，用1500元买下3间房子。现在由其儿子曹进财夫妇经营南杂副食百货。

曹胜光说，他们搬到这里时，就发现靠南面两间都有红军标语，右边这间堆放些杂物，左边那间成了危房，里面有红军标语，堵死了不让进人。整栋房子坐南朝北方向，土木结构，共两层，占地面积约180平方米，盖青瓦。因为要存放稻谷，承载较重，又要防鼠，木梁较粗，墙体比一般民房要厚，足足 1.5 尺（50 厘米），内外墙用石灰粉刷得很厚，防潮效果好。当时，红军西路军（红三军团）从赣州转战到汝城，正是青黄不接的三四月，仓库稻谷较少，又是白粉墙，很适合写标语。根据标语的内容，确定是 1932 年 4 月中央红军西路军转战汝城时写的。

1931 年 7 月 7 日，中共中央发表《为日本帝国主义在万宝山屠杀中国民众宣言》，中共满洲省委发出《关于万宝山事件及朝鲜惨案宣传大纲》，揭露日本侵略阴谋。

九一八事变后，日本帝国主义占领东北全境，西藏地方亲英势力在英帝国主义者的策动下，乘机发动对青海及西康地区的武装进犯，企图挑起分裂祖国的事端。激起了全国民众空前的抗日反英浪潮。但是，蒋介石国民党政府仍采取"攘外必先安内"的方针，对日本侵略奉行"不抵抗"政策。中国共产党代表全国人民要求抗战的意愿和要求，站在抗日救亡运动的最前沿，提出了收复失地、抗日救国的正确主张。1931 年 9 月 20 日，中共中央发表《中国共产党为日本帝国主义强暴占领东三省事件宣言》。9 月 30 日，中共中央发表《中国共产党为日本帝国主义强占东三省第二次宣言》。10 月 12 日，中共中央发表了《中国共产党为反对帝国主义、国民党一致压迫与屠杀中国革命民众宣言》。

1932 年 3 月 9 日至 13 日，中共中央、苏区中央局赣县江口会议决定，声援上海一·二八事件，推动全国抗日运动；红军分东、西两路在赣江两岸作战。彭德怀、滕代远率领红三军团、十六军组成的西路军一万余人，西渡赣江，进入上崇苏区，向汝城、仁化、桂东、遂川等地推进，扩大中央苏区。

中央红军西路军反帝抗日标语的发现，进一步印证和丰富了中央红军西路军转战河西特别是转战汝城的辉煌历史。

第十章

红军长征在汝城

★

一、红军长征过汝城概况

1934年秋，由于王明"左"倾错误路线的领导，中央革命根据地（中央苏区）第五次反"围剿"战争遭到失败，红军主力——中央红军及中共中央和军委机关被迫实行战略转移。中国工农红军第六军团自江西遂川、湖南桂东，中央红军从江西崇义，经过湖南汝城，前后历时19天，行程180多公里，足迹遍布22个乡、圩和200多个村庄。

1934年8月12日至14日，长征先遣队之一——红军第六军团经过了汝城田庄、南洞、暖水、濠头、永丰、马桥6个乡圩。

10月29日至11月13日，中央红军分五路经过了汝城的东岭、热水、集龙、益将、濠头、永丰、土桥、附城、城关（含城郊乡）、马桥（含外沙乡）、大坪、泉水、井坡、小垣、延寿、岭秀、盈洞、文明等20个乡、圩。汝城籍红军李涛（时任红九军团政治部主任）、朱良才（时任红五军团三十四师政治部主任、党务委员会书记)、宋裕和（时任中央军委三局局长）等就在此战斗行列中。

在汝城党组织和人民群众的倾力支援下，红军浴血战斗，奋勇向前，取得了濠头圩、新铺前、苏仙岭、东岗岭、泰来圩等战斗的胜利，延寿战役的胜利，顺利突破了国民党部署在湖南桂东、汝城至广东城口间的第二道封锁线，为红军长征取得全面胜利立下了丰功伟绩。

红六军团过汝城

中央红军主力长征以前，中共中央和中革军委派遣三支主力部队，先行突围远征，红六军团就是这三支部队中的一支。

1934年7月23日，红六军团9785人作为主力红军长征的一支先遣队，在党中央代表、军政委员会主席任弼时、军团长萧克、政委王震等领导下，自湘赣革命根据地遂川出发，由江西向湖南边境挺进。湖南军阀何键急派刘建绪为"第四路军前敌总指挥"，调十五、十六、六十二师尾追，令地方保安十六、十七两团在资兴与汝城之间的彭公庙、滁口、文明司一带防堵，企图配合粤军，围歼红六军团于桂东、汝城、资兴之间。

红六军团主力部队于8月11日进至湖南桂东县的寨前，先遣团五十三团则占领沙田。

8月12日，主力部队在桂东寨前召开连以上干部誓师大会，宣布新的任务和军团新的组织，午后出发，经沙田、迳口、开山。

8月13日，宿营于田庄圩附近的联江、文泉、上塘、塘丰、蔡家等村子。先遣团五十三团则由沙田出发，经桂东的文昌、大湖，越石壁山，再转入汝城濠头扶竹洲、上河、濠头圩、花木桥、永丰洞、田庄塘下、乾甫等地，进入暖水，并在暖水双联之台头和巷头之淇江等村庄宿营。

8月14日清晨，先遣团由暖水出发，主力部队由田庄出发，经暖水之双联、北水、曹家、江顾峡、马桥之行星、江子口等地，向资兴黄草坪、滁口方向西征。

红六军团过汝城时留下了一个大铜瓢的故事。

一个大铜瓢的故事

1934年8月12日至14日，任弼时、萧克、王震率红六军团从湘赣苏区出发，经桂东达汝城田庄、暖水，往资兴，到湖南中部建立新的革命根据地。

8月12日晚，红军宿于田庄、暖水、濠头圩附近各村。红军所到之地，大张旗鼓地宣传党的纲领和红军宗旨。其中后勤供给部队驻暖水北水曹家。当时，红军严重缺粮，村民的粮食也青黄不接。曹彬清、曹水源父子在曹家牛塘开荒种粮近百亩，刚好收获了一批粮食。在当地党组织和农会的动员下，曹彬清带头借一批玉米、红薯等给红军，全村群众踊跃为红军筹粮借物。红军一时没法兑现，便立下借据。根据群众举报，红军在北水一带打土豪封仓库，把一些衣服分给穷苦人民。临别时，红军首长将自家祖传的一个大铜瓢送给曹彬清家用。曹彬清激动地说："红军真好！红军真是百姓自己的军队。"

听说红军需要向导和挑夫，曹彬清自告奋勇，邀集亲友，为红军开山辟路，划船挑担，使红军顺利越过江顾峡，渡过沤江，穿过昌前、凉滩、行星、江子口等险要地段。

沉甸甸的铜瓢，沉甸甸的记忆。曹彬清、曹水源以大铜瓢为传家宝，代代相传，教育子孙后代要遵纪守法，崇礼尚德。

中央红军过汝城

1934年10月10日，中央红军开始长征。在红军前进的道路上，国民党设置了四道严密的封锁线：第一道在江西的安远、信丰、赣县至广东南雄的公路线上；第二道在湖南东南的汝城至广东北部的仁化之间；第三道在粤汉铁路郴州至韶关路段上；第四道在湖南、广西边境的湘江沿岸的路段上。

在汝城第二道封锁线上，国民党大量调兵遣将，构建了严密的封锁线，还指令各地不分昼夜地办保甲，筑碉堡。汝城县成立了以朱松俦为首的建碉委员会。建碉委员会强抓民夫，日夜赶修，短期内共筑成碉堡200多座，凡主道、隘口上都建有"乌龟壳"。碉堡分别由国民党湘军六十二师师长陶广、汝（城）桂（东）宁（岗）遂（川）边区"剿匪"指挥胡凤璋、汝城"铲共义勇队"副总队长朱凤鸣部队驻守，他们企图依托坚固工事在第二道封锁线上堵截消灭红军。

10月29日至11月1日，中央红军8.6万余人由文英、丰州、古亭、上堡、乐洞、聂都等地分五路进入汝城之热水、集龙、益将、濠头、东岭等地，并迅速向前推进。1. 抵热水圩的右路红军（三、八军团一部），分两路向土桥前进，一路经邓家洞、大水山；一路经五里牌过穿风坳，两路均在流溪汇合后经黄牌抵土桥、东岗岭一带。2. 抵集龙之红军（三、八军团一部），过台望岭，经益将上洞、下洞、芭蕉垅，永丰木栏隘、破石界、山口转铜坑进入土桥。3. 抵濠头之红军（三、八军团一部），在围攻濠头敌军后，经濠头之游家、埠头、社溪，永丰坳、洞布及土桥往南岭背挺进。4. 抵热水东江水、鱼王的中路红军（红一军团第一师，中央纵队和军委纵队）在高桥水分两路向西南方向前进，一路经轮子坳进入东岭、八丘田、三江口一带，并由新桥经界头向九峰山前进；一路经翻山坳过九龙江进入大坪，并经新桥、界头转入延寿、岭秀、文明，向宜章挺进。5. 抵东岭的左路红军（红一军团第二师和红五、九军团）则经大管塘、中心洞、三江口，沿湘粤边境直取城口。

11月2日至4日，各路红军部队继续向纵深发展，均已推进到汝城县城至广东仁化县之间的土桥、附城、泉水、大坪、东岭一带，并兵临汝城县城至城口附近，对沿线敌之碉堡群进行攻击，并抢占了县城东南的苏仙岭制高点，相继攻下了庙下店、泰来圩、黄家寨、城头寨、米筛岭、腊岭坳等30余座碉堡，掩护红军大部队绕过汝城县城向延寿方向西进。

11月5日至10日，各路红军先后到达延寿，红军主力之前锋部队则于6日下午5时许到达文明司，随即红军大部队相继抵文明，然后过界牌岭往宜章里田前进。另一路经文明新东、幸福、良田坪，往宜章小水坳、红家坳去郴州。

11月11日至13日，担任后卫的红军第五军团三十四师，由于掩护笨重的机器、枪械及各种物资通过山区羊肠小道行动迟缓，未能迅速摆脱国民党军尾追，仍在延寿的简家桥、东寿、官亨、下杨一带，一边阻击国民党军，一边西进。与此同时，红八军团二十二师、红九军团二十二师在岭秀八里坳、钩刀坳、东山桥发动第一道阻击战，红五军团十三师在水阳山、东山、百丈岭发动第二道阻击战，阻击国民党追兵。红军各后卫部队完成阻击任务后，分别经岭秀、盈洞、文明前往宜章。至此，中央红军历时16天，胜利通过汝城县境。

二、红军长征入湘序列

1. 红六军团入湘序列（1934年8月）

军政委员会主席：任弼时

委员：萧克　王震

军团长：萧克

政委：王震

参谋长：李达

政治部主任：张子意

辖第十七师师长：萧克（兼）；政委：王震（兼）

参谋长：李达（兼）；政治部主任：张子意（兼）

辖第十八师师长：龙云；政委：甘泗淇

参谋长：谭家述；政治部主任：方理明

2. 中央红军长征入湘序列

1930 年 8 月，红一、红三军团在湖南浏阳会师，23 日合编为红一方面军。1931 年 11 月 25 日，中华苏维埃共和国中央革命军事委员会成立，红一方面军总部撤销，所辖部队由中革军委直接指挥，并统称中央红军。1932 年 6 月，恢复红一方面军番号。1934 年 1 月，中共中央将红一方面军总部撤销，再次称中央红军。1934 年 10 月 10 日，中央红军开始长征。参加长征的有：红一、三、五、八、九军团，以及由中共中央、中华苏维埃共和国中央政府人员组成的第二野战纵队，中革军委机关和直属部队编成的第一野战纵队，共 8.6 万余人。

中共中央政治局常委（中共中央书记处）

书记处书记：秦邦宪（博古）　周恩来　张闻天　陈云

中华苏维埃共和国临时中央政府

主席：毛泽东

副主席：项英　张国焘

中央革命军事委员会

主席：朱德

副主席：周恩来　王稼祥

中国工农红军总部

总司令：朱德

总政委：周恩来

总政治部主任：王稼祥

总政治部副主任：李富春（代理主任）

总参谋部下设

第一局局长：张云逸（兼）

第二局局长：曾希圣；政委：李涛

第三局局长：王诤；政委：伍云甫

第四局局长：宋裕和

第五局局长：唐浚

第六局局长：滕代远

总政治部

总保卫局局长：李克农

秘书处处长：肖向荣

组织部部长：李弼庭

宣传部部长：徐梦秋　陆定一（后）

敌工部部长：李翔梧

青年部部长：萧华

总供给部

部长：杨至诚；政委：叶季壮

总卫生部

部长：贺诚；政委：翁瑛

中共中央、中央政府、中革军委机关和直属部队编为两个纵队

第一野战纵队（红军总部直属队、干部团、各学校等编成）

司令员：叶剑英；政委：叶剑英（兼）

参谋长：钟伟剑；政治部主任：王首道

第二野战纵队（党中央、中央政府、后勤部队、红军大学、卫生部队、军委二局等编成）

司令员：李维汉（即罗迈）；政委：李维汉（兼）

副司令员：邓发；副政委：邓发（兼）

参谋长：张宗逊　张经武（后）；政治部主任：邵式平

红一军团：军团长：林彪；政委：聂荣臻；参谋长：左权；政治部主任：朱瑞，保卫局长：罗瑞卿；第一师师长：李聚奎；政委：赖传珠；第二师师长：陈光；政委：刘亚楼；第十五师师长：彭绍辉；政委：萧华。

红三军团：军团长：彭德怀；政委：杨尚昆；参谋长：邓萍；政治部主任：袁国平；保卫局长：张纯清；第四师师长：洪超（张宗逊继任）；政委：黄克诚；第五师师长：李天佑；政委：钟赤兵；第六师师长：曹里怀；政委：徐策。

红五军团：军团长：董振堂；政委：李卓然；参谋长：刘伯承；政治部主任：曾日三；保卫局长：欧阳毅；中央代表：陈云；第十三师师长：陈伯钧；政委：罗华民；第三十四师师长：陈树湘；政委：程翠林。

红八军团：军团长：周昆；政委：黄甦；参谋长：张云逸；政治部主任：罗荣

桓；保卫局长：徐建国；中央代表：刘少奇；第二十一师师长：周昆；政委：黄甦；第二十三师师长：孙超群，政委：李干辉。

红九军团：军团长：罗炳辉；政委：蔡树藩；参谋长：郭天民；政治部主任：黄火青；保卫局长：李涛；中央代表：何克全；第三师师长：黄德善；政委：旷朱权；第二十二师师长：周子昆；政委：黄开湘。

1934 年 10 月长征开始时，红一、三、五、八、九军团人数分别为 19880 人、17805 人、12168 人、10922 人、11538 人，军委纵队 4693 人，中央纵队 9853 人，共计 86859 人。

三、突破第二道封锁线

中央红军大转移之前，中共中央、中革军委曾派潘汉年、何长工为代表，同广东地方实力派"广东王"陈济棠的代表在江西寻邬进行会谈，达成就地停战、互通情报、解除封锁、相互通商和必要时相互借道五项协议。10 月 21 日至 25 日，中央红军各部从江西信丰南北先后渡过桃江，突破由粤军防守的第一道封锁线。10 月 31 日至 11 月 8 日，红军分三路纵队，由湖南的汝城和广东的城口之间突破第二道封锁线。11 月 9 日至 15 日，中央红军从郴县、良田、宜章、乐昌之间突破了第三道封锁线。红军广大指战员英勇奋战，不怕牺牲，取得了突破三道封锁线的胜利。

1. 国民党实行坚壁清野

为阻拦中央红军转移，国民党在红军长征途中设置了四道严密的封锁线：第一道是江西安远、信丰、赣县至广东南雄一带；第二道是湖南南陲的汝城至广东仁化之间；第三道是粤汉铁路株洲至韶关路段；第四道是湖南、广西边境的湘江沿岸公路。国民党妄图依此四道封锁线堵截红军，消灭红军。

防堵红六军团。湖南军阀何键急令刘建绪为"第四路军前敌总指挥"，调三个师尾追红军，并令地方保安两个团在资、汝之间滁口、文明司一带防堵，遣一个师和两个保安团控制郴（州）资（兴）之间要道。与此同时，粤军六个团兼程北上，妄图与湘军配合于郴、桂、汝之间围歼红六军团。

红六军团在汝城县党组织和群众的支持下，以神奇的速度穿越桂、汝崇山峻岭，顺利越过敌军控制薄弱的汝城山区向资兴进发。

堵截中央红军。1934 年 10 月 21 日，蒋介石指示何键："（一）南路军应迅将第一纵队线工事，尤以信、安间为重点，迭电所述连点成线，充分储备粮弹。俟罗霖师接良口、储潭防后，即将此部兵力增防信、安间。（二）李军长生达所部速提前赶接李云杰师及罗霖师一部防务，俾罗师一部移接良口至储潭及李师第一步集结遂川以南地区。（三）西路军应将湘南碉堡线提前完成，迅将十五、十六两师集结赣江西岸、遂川以南，并设法抽第十八、第五十两师中之一师，或另抽队接第五十三师防，俾该师亦集结遂川以南地区。（四）所有赣、信、安、寻、南、大、上、崇、犹、南雄及湘南各县之城镇交通要点，均须赶筑据点，掳集物质［资］，以便坚壁清野。"

蒋介石的"追剿方针"为："应侧重堵截其西窜。冀可于万安、遂川、大汾以南，桂东、汝城、仁化、曲江以东地区，及其以南至湘、桂水［之］间，及纵横碉堡线之中间地区，消灭匪之窜力。"

为执行蒋介石命令，何键于10月23日发出命令，"拟以主力协同粤桂军扼守赣江上游西岸及湘东南各碉堡线，以一部分守原有各防地，并协同东、北两路军对匪夹击，将其歼灭于赣江沿岸，或以西地区"。

11月1日，汝城县政府县长陈心颖发布《赣匪西窜警戒办法》，责令沿途各区乡封锁、藏匿粮食、食盐、布草等军需物资，严禁提供住房等，否则株连亲族，禁止群众与红军接触，实施严厉的坚壁清野政策，对过境红军构成威胁。

同时，国民党政府急令汝城地方政府加紧防务，办保甲，搞联防，清户口，禁止接触红军。汝城地方政府成立以朱松俦为首的建堡委员会，在全县各地强抓民夫，日夜赶修碉堡，短期内建碉堡200余座，所有碉堡均派重兵驻守。

严密封锁。 为了堵截中央红军过境，国民党军在桂东—汝城—城口一带布设碉堡防线，为第二道封锁线，计有碉堡200余座。

右路，有濠头石壁山、庙下店、五里牌、庙背岭碉堡，地势险要，易守难攻。台望岭，益将上、下洞，腊岭芭蕉坳、木栏隘，国民党守军一个排；距热水圩10余里的狐狸集有汝城县保安团100余人；湘军陶柳部一个连于先一天匆匆从田庄赶来堵截。

左路，国民党得知红军突破城口，急令粤军陈济棠部独立第三师第一旅由城口北上，经东岭、大坪赶往泉水、延寿尾追红军；粤军独立第二师第三旅经广东乐昌九峰过砖头坳进入汝城，经走马赶往简家桥围截。

中路，驻汝城湘军陶柳部、胡凤璋保安团也经马桥赶往山田坳。

三路国民党军成三面夹击之势，妄图于延寿等地与红军主力决战。西北面，湘军六十二师陶广率钟光仁、王育英两个旅从县城出发，赶往文明追击红军。

中央红军突破粤军第一道封锁线后，国民党军并未弄清红军的战略意图。蒋介石举棋不定，一面令"围剿"中央苏区的北路军主力集结待命，一面电令南路军和西路军火速调兵，在湘粤边境组成第二道封锁线，阻止红军西进。当中央红军迫近湘南时，蒋介石"追剿"红军的主力周浑元、吴奇伟2个纵队还远在湘赣边地区，汝城只有地方部队2个团和新调来的第六十二师1个旅，第六十二师主力尚在桂东；仁化地区仅粤军1个旅，其主力仍在粤赣边地区。

调兵遣将。蒋介石火速调兵遣将，在桂东—汝城—城口之间200余里战线上建碉设网，布下重防，堵截红军西进。湘军第六十二师陶广部于10月26日返回桂东、汝城驻防。其中湘军第一八六旅王育芳部驻桂东县城至沙田60余里碉堡线；补充第五团钟涤松部防守沙田至汝城濠头40余里碉堡线；湘军第一八四旅钟光仁部防守桂东查坪经汝城县城至大坪新桥100余里碉堡线。汝（城）桂（东）宁（岗）遂（川）边区"剿匪"保安团胡凤璋部、汝城"铲共义勇队"副总队长朱凤鸣部分别驻守汝城各地要道隘口。汝城南境及广东城口等地由粤军陈济棠部把守。陈济棠执行秘密军事谈判（借道）协议，只派了李汉魂部一个连驻守城口。

精神瓦解。同时，汝城县保安团还在主要交通路口张贴《告诫红军官佐士兵书》，对红军官兵实行精神瓦解。全文如下：

"红军同胞、同志们，现在你们被我四路国军包围，被各县的团防截击，已到沧海悬岸，危险万分的时候。只有快来回头，才是死里求生，救得你原身回家，交给痛着你的父母还有孝心。所以我们国军有几个救你们的办法。在后面请你们细看一看哪！（1）各同志愿投诚徒手回家者，均照路途给川资，并赠护照通过，免致验查。（2）各同志拖步枪投诚者，每支给光洋叁拾元；拖驳壳投诚者，每支给光洋伍拾元；拖机关枪投诚者，每支给光洋贰佰元；拖水机关一樽，给光洋伍佰元。……现在是正好的机会，切不要错过了。倘若执迷不悟，终有决死之难逃。"

据险阻截。汝城地处罗霄山脉南端和五岭山脉交汇处，与赣南粤北交界，四面高山峻岭，深谷险壑，道路崎岖，水流湍急，中间只有一小盆地，红军经过汝城的22个乡圩200多个村，180公里路程，120余座海拔1000～1500米的高山，敌据险扼制红军。这是二万五千里长征中最艰苦的路程之一。

2. 激战汝城

国民党凭借坚固工事和精良装备，妄图堵截和消灭红军于汝城和仁化。中央红军在汝城人民的支援下，英勇善战，顽强勇敢，经16天浴血奋战，进行大小战斗

20 余次，取得了石壁山、濠头圩、新铺前、苏仙岭、东冈岭、泰来圩、延寿、百丈岭等较大战斗的重大胜利，歼敌千余，摧毁敌碉堡 100 多座，突破了国民党精心部署的第二道封锁线。

彭德怀打胡凤璋。1929 年、1932 年、1934 年，彭德怀先后三次率部远征汝城攻打胡凤璋，1934 年主要进行了以下战斗。

苏仙岭战斗。1934 年 10 月 31 日，红三军团第四师第十一团 200 余人，经 3 个多小时的急行军赶到距汝城县城东约 1.5 公里的苏仙岭，并迅速占领了该岭制高点。驻守县城的国民党军闻讯后，急调国民党第六十二师第三六七团一营一部和胡凤璋保安团两个中队，共 300 余人，分三路包抄抢夺苏仙岭。

一路由国民党第三六七团一营营长朱竹率一个连带两挺机枪沿长塘水、津江河直冲苏仙岭南端；一路由胡凤璋保安团经土桥横逶从龙头屋背扑向苏仙岭；另一路由国民党军一个连包抄道南屋背。三路国民党军从三个方向同时向苏仙岭猛攻，妄图一举夺下苏仙岭。坚守苏仙岭的红军顽强抵抗，奋力拼杀，击退了国民党军一次又一次冲锋，阵前躺满了敌军尸体，红军也有较大伤亡，但阵地一直在红军手中。红军始终守住苏仙岭，紧紧牵制县城守敌，掩护红军大部队绕过县城沿东岗岭脚南进。

彭德怀炮打黄家寨碉堡。10 月 31 日，红三军团前卫——四师十一团经过一天一夜的急行军，迅速到达汝城附城苏仙岭、泰来圩一线。

红军抢占了苏仙岭制高点后，前面又被黄家寨碉堡挡住去路。黄家寨碉堡位于泰来圩背与东方村交界群峰之间的罗汉现肚的山肩上，东有制高点鸭屎片，南有笔架山的外防工程作掩体屏障，西有城头寨碉堡作犄角，北有苏仙岭、禾花垅、南亚洞等敌军据点作前卫，形成了黄家寨碉堡北面左右协调，控南拒北，易守难攻的地位优势。黄家寨碉堡就像一扇铁闸，锁住了红军大部队南下大坪、西进延寿的去路。

11 月 2 日下午 5 时许，红三军团四师十一团的一支 20 多人的侦察排从土桥经磨刀、江头往泰来圩方向前进。当时，驻守黄家寨的国民党士兵正在泰来圩上吃饭。炮楼里只有一个做饭的伙头兵在站岗，当他远远看见一支队伍从土桥直往黄家寨来时，便慌慌张张地跑到泰来圩报告，说红军已到了禾下垅、东方等村，正在吃饭的敌军官，不以为然，开口便骂："他妈的，慌什么，真是草木皆兵，哪有这么快!"站岗的伙头兵挨了一顿骂，还以为自己看错了，便乖乖地回到了炮楼。当他气喘嘘嘘爬上炮楼，便看到那支红军队伍已经到了泰来圩附近，吓得他魂飞魄散，连滚带爬地又跑下山报告。

此时，红军侦察排像一把尖刀，以迅雷不及掩耳之势，迅速插进泰来圩，打了敌人一个措手不及。有几个国民党士兵还在吃饭，就当了俘虏；敌军官和一些士兵正在洗澡，一个个吓得屁滚尿流，喊爹叫娘地直往山上爬，敌军官也来不及穿衣，提着一条裤子就逃回了炮楼。

夜幕降临了，四周一片寂静。此时，红三军团四师十一团的大部队也陆续赶到。红十一团数次向主峰碉堡发起冲锋，均被敌堡中数挺重机枪和南面山峰敌军的密集火力击退，一排排红军将士倒在了山麓上和菜地里。李家、禾花垅、官桥、陈家和东方村等地的群众大力支持红军攻打黄家寨碉堡，有的取下自家门板，把几块木门板钉在一起作红军冲锋的盾牌，但被敌堡中猛力射来的重机枪子弹洞穿了门板，又有一些红军伤亡。十一团调来一门迫击炮轰炸敌堡，炮弹均未到达敌堡便化作轻烟，敌堡中的重机枪仍在疯狂地吼叫着……而此时，自北而南源源涌来的红军各路部队，逐渐积聚在土桥至附城附近广袤的地域内，向南推进严重受阻。此时，彭德怀军团长和四师十一团的首长们心急如焚，下定决心，不论付出多大的代价，也要把黄家寨敌堡攻下来！

彭德怀心急如焚地来到炮兵阵地，对着炮位瞄准了一下说："真是不中用！偏差这样大，还打得中吗？"只见彭德怀向前几步，举手目测着距离喊道："要他们把炮移到这里来！""要他们准备好！"炮兵们把迫击炮从山头移下了山腰，调好了炮位。彭德怀一声令下："打！"只听"轰"的一声巨响，炮弹落在了敌堡外壕沟，接近了敌堡的中心位置。此时，彭德怀更急更火了，大声吼道："等我来！"并对着四师十一团的官兵们喊道："炮一打中碉堡就冲！"彭德怀一边说着，一边双手抱动炮身抬高炮位命令道："放！"只听到"轰！轰！轰！"三声巨响，山头上的敌堡被炸塌了！敌军的重机枪哑巴了！此刻，彭德怀高高举起他那顶破了的红军帽高喊："冲啊！冲啊！前进！消灭他们！"顿时，"冲啊！""杀啊！""捉活的呀！"的喊声响彻云霄，震耳欲聋，战士们像猛虎一样，扑向敌军阵地，击毙敌军数十人，俘敌数十人，缴获一批轻重机枪、步枪、驳壳枪、手榴弹和军用品，取得了泰来圩战斗的全胜，掩护了红军大部队向大坪顺利进发。

李涛指挥炸炮楼。 11月2日，红三军团侦查获悉汝城县城以北敌人筑有坚固的碉堡群。为了减少人员伤亡，军团长彭德怀决定放弃进攻县城，以一部监视汝城县城之敌，并命令李涛指挥所在部，在第二天天亮前打下汝城县城以南泰来圩附近的旱塘、担盐坳、崎新窑炮楼，红三军团第四师第十一团（团长邓国清、团政委张爱萍）一面钳制县城之敌，一面强攻泰来圩黄家寨碉堡，为全军打开一条通路。

官桥李家是李涛的本家。1926 年到 1927 年 5 月间，李涛与认妹杨酉娣（又名杨芙蓉）曾经到这一带开展工农革命运动，人、地比较熟悉。李云登听说李涛回来了，非常乐意组织群众为红军提供情报，并当向导。旱塘炮楼位于泰来圩东面大障山顶，居高临下，四面陡峭，易守难攻，敌军建炮楼于此，派一个连死守。李涛经过实地调查，听取家族老兄意见，决定首先拿下旱塘炮楼。李涛指挥部队连夜在青山上挖战壕，筑掩体，阻击敌人向担盐坳、崎新窑炮楼增援，掩护突击队冲上旱塘炮楼。下半夜，红军戴上松枝杉棘作伪装。这场战斗持续了两天两夜。双方伤亡较大。一名红军负重伤后，被李云登收留养伤。敌连长余某面对惨败，开枪自杀，全连人员缴械投降。红军越战越勇，群情激昂，喊声震天，担盐坳、崎新窑炮楼守敌见此情景，纷纷缴械。

李涛依靠群众，指挥正确，迅速拔掉了敌人炮楼，为红军主力通过汝城县城赢得了时间。

火攻新铺前碉堡。1934 年 11 月 2 日至 5 日，红三军团一部负责攻打土桥迳口村新铺前碉堡。国民党湘军六十二师三六八团一营营长黄福全负责新铺前坳口碉堡的兵防。在地下党组织的带领下，迳口村何亮光、朱满兰，刘家岭村何大志（又名何群元）等主动为红军筹粮，红军要按价付钱，他们怎么都不肯收红军的钱。在驻营的三天里，红军白天在迳口松嵋山、刘家岭枫树江草坪头集训，晚上以连分散到老百姓家中，宣讲革命道理。

11 月 4 日凌晨，为钳制敌军，掩护红军大部队顺利通过县城附近，该支队伍接到第三军团命令：大部队马上通过此地，必须在一天内突破坳口一带的封锁线。上午，高个子营长召开了排级以上干部会议，对丛山环绕、地势险要、易守难攻的坳口、牛鼻头脑、雁鹰偏、鸭屎偏等处的敌人作了战斗部署。下午，队伍集合到刘家岭枫树江草坪头，潜进雁鹰片上岭阵地线。在太阳西落、夜色逼近时，红军开始发起了猛烈攻击。敌军装备精良，调用迫击炮对红军进行猛烈的轰炸，趁着炮火掩护之际，疯狂向上岭扫射而来。数小时激战后，红军炸掉了牛鼻头脑、雁鹰片、鸭屎片的堡垒，敌军收缩阵线，龟缩到坳口碉堡内。

入夜，敌军三六八团据堡死守，红军的伤亡很大。高个子营长紧急调用的两门迫击炮因临时出现故障而发挥不出威力。高个子营长组织力量，匍匐前进，用炸药包炸碉堡，却只炸掉碉堡顶的一个角。在又一次战地会议上，红军制定了"湿棉护进，燃物烧堡"强攻方案。在老百姓无私无畏的支援下，借来棉被浸水钉在门板上，背着门板当掩护，拿着燃烧物冲过去，但不能靠近。

由于碉堡火力太猛，红军无法靠近。夜晚9点，高个子营长下令佯装撤出阵地，以麻痹敌军，敌军稍许放松了警惕。次日凌晨4点，红军战士趁黑悄悄摸上敌人碉堡周围，用棉被、木板、茅草、木柴堆放四周，用煤油淋透，火烧碉堡。不一会，碉堡外浓烟四起，烟火顺着枪眼钻入碉堡里面，堡壁烧得滚烫，敌军被熏烤得哭爹喊娘，纷纷从碉堡内出来。此时，红军把早已准备好的炸药包和手雷、手榴弹朝敌军投掷过去，顿时炸得敌人魂飞胆颤，只好缴械投降。经过6个多小时的浴血奋战，红军缴获重机枪4挺、步枪数支。此时，黎明在即，三六八团第五连长吴政仁率新铺前碉堡内兵一部驰援坳口碉堡，红军在准备向附城山岭背方向撤退时遇袭。

红三军团200来人拼死拿下了坳口、新铺前、鸭屎片一线碉堡，为红军主力部队顺利通过汝城县城北侧扫清了障碍，更重要的是摸清了县城敌碉堡群之坚固、守军之多的军情，而当日中央红军各军团密集于汝城至仁化城口一线，并兵临汝城县城。为了减少人员大量伤亡，彭德怀改变了原攻打县城东北（土桥迳口）鸭屎偏的敌碉堡后，接着打开土桥至马桥、延寿的道路的战略部署。后绕道转入东岗岭、泰来和大坪，减少了伤亡，保存了实力。

新铺前战斗，彭德怀指挥红三军团一面钳制县城之敌，一面引诱敌人转移目标，一面强攻泰来圩碉堡，消灭了驻守泰来圩、黄家寨碉堡的敌人，使红军总部及时作出正确决策，为红军突破第二道封锁线奠定了重要基础。

3. 延寿战役

仙人崖战斗。1934年11月8日晚，红军占据延寿圩西北面之仙人崖（当地人称仙人寨）要地之八团一个连，被敌一个营摸上来了，抢占了仙人崖（能侧射红军行军部队），结果妨碍了红一军团十五师及八军团直属队的行进安全，飞弹已射到红军行军纵列，危害极大。罗炳辉军团长深感仙人崖失守，对红军非常不利，后续大军有被切断之虞，乃亲自率领九连冲上去与占领仙人崖之敌一个营进行了数次冲杀，才将它夺回来，这样才使全军安全地通过了延寿圩险境。

11月9日，发生了险恶的仙人崖之战。国民院湘军第八军以六、七团兵力配置在延寿圩堵击红军后卫第五、九两个军团。红八、九两团配合五军团十四师四十一团与堵截之敌战达二三小时，结果双方打成对峙之势，后续大军仍在这条山谷道里，地势对红军十分不利，前有堵击，后又有追兵赶来。九时许红七军团占领左侧高地掩护一军团少共国际师（十五师）通过。

红九军团司令部参谋处测绘员林伟在《一位老红军的长征日记中》写道："11月10日，延寿圩之敌尾我追来，我军放弃了仙人崖以后，敌人占据高山，我军则下山行走，敌人居高临下，以火力追击，开花榴弹到处在我们头上'啪刺，啪刺'地响着，零星的迫击炮弹也落入我们行军路旁爆炸，轰鸣声在山谷中巨大的回响。我二十二师节节在殿后，一面掩护，一面跑步前进。就在这种枪林弹雨中，我们走了80里，下午5时才赶到文明司。"

青石寨战斗。1934年11月11日，国民党粤军陈济棠部两个师、两个独立旅尾追红军至延寿简家桥、中洞、九如、桑坪一带，对红五军团担任后卫的第三十四师进行夹击。此时，后勤部队因辎重拖累，正拥塞于延寿至岭秀、盈洞20余里长的山间小道上，行动极为迟缓。为掩护后勤部队安全通过山间小道，红五军团第三十四师迅速抢占了下杨村后面的维堆山和狮形岭对追敌进行阻击。当天，汝城县保安团团长胡凤璋率部渡过延寿河，从下杨铜田抄小路向红军偷袭。战斗极为激烈，从傍晚一直打到第二天早上，敌军多次进攻，均被红军击退。次日，敌军不断增援，粤军第二师第五团叶肇部也由大坪追击红军到了延寿，并与国民党湘军第六十二师会合，然后兵分两路向红军攻击。红军腹背受敌，被迫退守下杨、寿水一线小山头作背水一战，死死守住俯控延寿江的青石寨制高点。敌人向制高点多次发起猛烈进攻，双方反复争夺，制高点几经易手。特别是有一次，敌特强大火力曾一度夺占了青石寨，向正在涉水过江的红军疯狂扫射，一批批红军战士倒下，尸横河畔，血红江水。万分危急之际，军团长董振堂猛吼一声："跟我来！"他紧握机枪，率先向山头冲去，战士们紧跟其后，奋勇争先，再一次夺回了青石寨制高点。经三天三夜血战，后勤辎重队伍全部通过。13日黄昏，掩护任务完成，董振堂率部且战且退，经文明向宜章追赶大部队。

下杨七勇士。红军先遣队为了掩护主力红军和辎重部队通过青石寨封锁线，11月5日黄昏时分，排长率部冲过延寿河，直奔青石寨西面的延寿下杨村白金洞，爬上陡峭的狮形岭。敌人将红军追至狮形岭，用机枪猛烈扫射。红军一个排只剩下排长等7人，大家没水没粮没子弹，被敌人逼到了杨甲林家附近——石篱下绝壁处，战士们往下一看，足有三四丈高，光滑的石壁，长满青苔。敌军包围过来，向红军喊话："你们跑不了了，赶快投降吧，到国军这边来，包你们有吃有喝，升官发财。"排长果断回话："放你们的狗屁！你们想得美！"接着一声令下："同志们，我们绝不投降，绝不当俘虏，跳！"七位战士闭着眼睛往悬崖跳下去……敌人朝崖下放了几枪，连夜返回了营部。七名跳崖勇士并没有死，他们得到下杨村白金洞群众的保护和救治，伤好后有的赶紧追上部队，有的回到江西中央苏区。

延寿战役具有重要战略作用。一是发现由共产国际派驻中国的军事顾问李德指挥红军作战是不适宜的；二是使蒋介石判明了中央红军是大规模战略转移；三是发觉沉重的辎重是阻碍红军行军、严重减员的主要原因；四是明确红军重伤病员不要随军行动，以免延误行军。

四、汝城大休整

中央红军突破国民党军第二道封锁线后，继续往西挺进，越泉水黑坳、梁君洞，爬延寿大丫头山，翻岭秀七里深坑八里坳东山桥，穿盈洞大圳头兰山丫头山，横文明四十八崎，奔百丈岭，以"五岭逶迤腾细浪"的浪漫主义精神，克服重重困难，穿越到汝城县西部平川，在文明司各村短暂休整。

文明司位于汝城县西部，与宜章、乐昌、资兴接壤，号称"文经武纬，水秀山明"，周围高山峻岭，中间洞开野阔，有一片100多平方公里的丘陵，土地肥沃，物产富饶，百姓勤劳好客，本分守规，是养兵屯武的好地方。

1924年11月，广东北伐军程潜进攻湖南宜章，旋为唐生智击退，唐生智据地自雄，湖南陆军第四师发展到5万人枪，实力为湘军之冠，旋即在湘南集训。在集训期间，该师党代表李富春创导"以工代赈"，组织民工数百人修筑汝城文明司仙店坳至韩田、秀水公路，约3公里，方便群众。1926年5月，北伐军先锋叶挺独立团、湖南陆军第四师八旅八团七连七班驻文明司汝城县文明乡文市村城下，在罗祖茂二楼谷仓、罗西明住处，仍留下"湖南陆军第四师八旅八团二营七连第七班宣""湖南第八旅八团二营七连七班于此学"等字迹。

文明的老百姓具有支持革命斗争的光荣传统。1926年10月，成立第十区（文明、岭秀、盈洞）农民协会，毛泽东的同学张盛珊任委员长，该区参加农会的群众达8600人。

1934年11月6日—13日，中央红军陆续抵达文明司，先后在文明司休整，五一、沙洲、秀水、韩田、文市、新东、楼江、快乐等村，方圆80平方公里都住满了红军。

红军在文明司留下了《出路在哪里?》、半条被子、红军书、一块山楂片、红军药箱、一碗驴肉、一只藤碗、一条红军毯等感人故事。

1. 毛泽东、朱德联名发布《出路在哪里?》

中央红军长征出发时目的地是对大家保密的，只有少数人知道。直到1934年9月底，才在中央政治局和中革军委作了传达。红军许多高级干部，都被蒙在鼓里，一无所知。10月初，各军团被调到待命地点后，博古、李德只对主要干部进行了相应的传达；而中层干部，不管是政府干部还是军队干部，直到最后也只知道一些暗示性的政治口号以及关于蒋介石对苏区即将总攻的情况；出发前的一个星期，这些干部才明白其中的含义。但红军究竟要转移到哪里，只有博古、李德等人知道。师一级干部是出发前一天才知道要撤出中央苏区的。中央红军主力突破第二道封锁线，已经无密可保，李德、博古这才宣布红军是到湘西与红二、红六军团会合。

由于出了湘南就是红军影响力很弱的白区，为了得到当地群众的支持，1931年11月7日，毛泽东、朱德分别以中华苏维埃共和国临时中央政府主席、中国工农红军总司令的名义，在汝城小垣大山村起草、在文明司发布《出路在哪里?》的宣言，指出："万恶的国民党军阀蒋介石、陈济棠、何键等，不但把我们中国出卖帝国主义，使你们变为帝国主义强盗的奴隶牛马，而且他们自己也拼命屠杀你们。"号召："我们穷人，我们工人，农民、兵士及一切劳苦民众，不要再受帝国主义国民党豪绅地主资本家的剥削与压迫，我们要大家团结起来武装起来，暴动起来，打倒帝国主义，推翻国民党豪绅地主的统治，建立我们工农自己的军队，工农兵自己的政府。"并明确宣布："这种工农的军队，就是红军，这种工农兵的政府就是苏维埃政府。"宣言详细阐述中国共产党的各项政治主张，教育人民群众中国的出路就是共产党主张的苏维埃和红军："我们贫苦工农，大家要合心，要团结，拿我们的菜刀、大刀、棍、鸟枪、快枪以及一切武器暴动起来，发展游击战争，去杀尽国民党、军阀官僚。"宣言在宣传了共产党和苏维埃政府的各项政策后，指出："亲爱的兄弟姐妹们! 你们的出路就在这里。"

当时，国民党在汝城一带散发传单，企图用高官厚禄蛊惑红军将士投靠国民党军队，企图分化、瓦解红军。毛泽东、朱德为稳定军心，坚定信念，及时起草文告，号召群众起来加入红军，扩大红军，建立工农兵的苏维埃政府。红军每到一处，第一件事情就是向群众散发朱毛文告，广为传播、阐明自己的主张，使各民族群众看到了出路和希望。11月8日，当时只有200人的延寿瑶族乡官亨村瑶族群众看到文告后，在胡四德的发动下，全村为红军筹集稻谷 105 担约 12600 斤、生猪 3 头 503 斤、鸡 12 只 42 斤，解决了红军的燃眉之急。

红军经过汝城 22 个乡圩 300 多个村庄，历时 16 天，汝城地下党组织发动群众大力支援红军过境，全县筹集粮草 100 万多公斤，有 3000 多人自发给红军当挑夫、做向导、送信、疗伤，有 400 多人参加红军。红军在汝城取得了石壁山、苏仙岭、新铺前、百丈岭等战斗和延寿战役的胜利，摧毁敌碉堡 100 多座，突破了国民党军精心部署的第二道封锁线。

文告主张各民族言论、集会、结社、出版、罢工等民主权利与男女完全平等，保障少数民族不受歧视，享有自由平等权利。朱德、毛泽东和红军将士在韩田、沙洲、秀水、文市等村召开群众大会，宣传各民族平等，当场有文明、岭秀、盈洞 160 余名瑶汉青年参加红军。文明司上章村 15 岁的周文茂参加红军后，在长征路上英勇牺牲。

文告还号召白军士兵选择正确道路："白军士兵杀死他们的长官，哗变到民众方面来，一同革命，实现共产党的主张，创造自己的红军、工农自己的苏维埃政府。"文明乡公所一位乡丁因其家受尽反动乡长朱性培的敲诈勒索，苦不堪言，他看到文告后，悄悄将朱性培的去向报告给红军，红军迅速将朱性培抓获。审讯后，红军选择在文明司逢圩日的万人大会上宣布枪决，这大大激发了群众的革命热情。

2. 设置各总部

11 月 7 日至 13 日，中国工农红军总司令部、政治部、后勤（供给）部、卫生部、卫戍司令部等领导机关驻扎在文明司秀水、韩田、司背、沙洲等地。同时，中华苏维埃共和国银行在文明街、沙洲村等处设立银行兑币处，红军所用"苏钞"按日兑现。

在文明司设立了中央党政军最高机关办公场所。 中央红军在文明司休整期间，中央党政军机关、中央红军各总部、各野战军团全部在文明司设立临时办公场所，包括中共中央、中华苏维埃政府、中央革命军事委员会，以及总司令部、总政治部、总后勤（供给）部、总卫生部、中央红军卫戍司令部、中华苏维埃共和国国家银行、军委纵队、中央纵队，第一、三、五、八、九军团等。

总政治部和毛泽东的住处设在韩田培正学校，毛泽东与其湖南一师同学、时为培正学校校长的张盛珊在一起；朱德、李德、博古的住处及总司令部设在秀水村朱义辉等处。11 月 11 日，朱德代表中央革命军事委员会下达嘉奖令，朱德的警卫赠给房东朱义辉一把刺刀；总后勤部驻秀水小水街朱氏宗祠，那里曾留下红军药箱、红军标语"红军是工农的军队，白军是军阀的军队"。总卫生部设在沙洲村，留下了"半条被子""红军书""一把刺刀"等故事。

设立文明司卫戍司令部。 1934 年 11 月 11 日，中央革命军事委员会主席朱德任命中央纵队司令员李维汉兼任文明司卫戍司令部司令，负责中央红军在文明司休整期间宿营地域分配工作，维护社会秩序。卫戍区就是军队长期或临时驻扎、实施警卫和守备的地区。卫戍司令部是担负警卫和守备勤务的军队组织，直接负责党中央、中华苏维埃政府和中革军委的安全。

4. 战略调整

军委决定在文明司毁掉一半辎重，减轻行军负担。 当时，中央红军 8.6 万余人中，军委、中央两个纵队就占了 1 万多人，每个军团又有自己的后勤部，携带大批物资，多达 1000 副担子。十几门山炮拆卸开来，一个炮筒就得 4 个人抬；还有各种机器、纸张等，行走起来十分累赘。大部队走走停停，停停走走，行动十分迟缓，有时一天只走 10—15 公里。出发仅一个月，不包括大的战斗在内，掉队、伤残病等非战斗减员已达三分之一，极大地削弱了红军的战斗力。

11 月 10 日 21 时到达文明司，朱德即致电李维汉、邓发："我二纵队明十一日应驻原地休息一日，由四时起应令教导师接替纵队在文明司对滁口、郴州、九峰各方向警戒。利用一天时间，依军委决定迅速减少的三百担资材毁弃与分散完毕，以便完全解放教导师的运输任务，并准备十二号继续西行。"

毛泽东、朱德、周恩来要求运用灵活机动战略。 11 月 5 日，中革军委命令红一军团沿九峰山脉，从九峰打过去，以掩护中央纵队从九峰山以北至五指峰之间的汝城之间安全通过。初冬季节，汝城寒雨连天，阴冷湿重，红军战士衣服单薄，连续行军、转战，十分疲倦，但精神抖擞，战斗意志高昂。这时，湖南、广东的敌军从两侧夹击红军，蒋介石的嫡系部队尾追迫近。敌人三面紧逼，情况非常危急。红一师师长李聚奎正率部在粤汉路以东的乐昌九峰与敌人战斗，接到军委军令："带领一个团为开路先锋，保护整个部队通过粤汉路，不得延误。"李聚奎当即令一、二两团继续抗击敌人进攻，自己带三团撤出阵地，迅速绕回汝城延寿，经山眉、盈洞兰山、坳下，岭秀沙洲坪、黄土，文明秀水、文明司前进，以便赶到全军的前头。

在去文明司途中，李聚奎遇见了随中央纵队和军委纵队行进的毛泽东、周恩来、朱德等。没等李聚奎开口报告情况，周恩来就说："你们来得好快呀！"随即摊开一张比例尺为五万分之一的地图，指着图上画好的箭头，告诉李聚奎应该向哪里前进，前进中哪里要放一个排，哪里要放一个连，以担负两侧的警戒。随后，周恩来又嘱咐道："一定要保证全军安全通过！"

周恩来布置完任务，毛泽东对李聚奎说："你们师在前面开路，任务艰巨，动作要迅速，不然后面的队伍就会被堵塞住了。大方向就是向嘉禾、蓝山前进。你们在前进过程中能相机占领这两个县城或一个也好。具体道路由你们在前头决定。我们后面就跟着你们来。"他又嘱咐："大路能走就走，不能走就走小路，如果小路也不能走就爬山。总之，你们在前面开路，由你们决定，不要等着指示，以免耽误时间。"

这是李聚奎在毛泽东离开红军领导岗位后第一次听到毛泽东熟悉的指示，"心里顿时就充满了胜利的希望和信心"。周恩来和朱德紧接着说："对！对！照毛主席说的办！"

周恩来交代完任务后，于同日赶到红三团，直接掌握部队的行动情况，为全军开辟通路。

指挥突破第三道封锁线，两纵队急速跟进。11月7日11时，红三军团领导人彭德怀、杨尚昆以十万急电，向中革军委主席朱德提出突破宜章、乐昌、郴县间敌第三道封锁线的行动方针的报告。同日16时，朱德致电彭德怀、杨尚昆等，决定中央红军于宜章以北的良田及宜章东南的坪石间突破敌第三道封锁线，以红三军团为右路军，从宜章以北通过；中央和军委两个纵队和红五、红八军团随后跟进；红一军团为左路军，从宜章以南通过，红九军团随后跟进。而此前，两纵队因辎重拖累落在后面。

遵照中革军委的决定，红三军团立即作了部署。

11月8日15时，红军总部发布在良田、宜章间突破国民党军第三道封锁线的命令："军委决定三军团于良田、宜章（均含）间突破封锁线，其先头师约于10号可前出到宜章地域。一军团应监视九峰、乐昌之敌，并迅速于宜章、坪石之间突破封锁线，军委第一、第二纵队及五、八军团在三军团后跟进，九军团则于一军团后跟进。"

在文明司多处设立医院，将500多重伤病员托给地方游击队。根据10月25日朱德电令各军团首长加强后方工作指示，红军停止一切伤病员后运，而应随军团后方部队前进。在万不得已时，重伤病的战士则留于同情他们的群众家，就地医治，很好地进行政治工作。除重伤员外，应给以10元休养费，而干部则应留队。

红军总卫生部、红军休养连设于文明沙洲村，红军大部队转移后，有 500 多名红军伤病员在文明司等处疗养，红军卫生部将他们移交给汝城游击队负责救护和转移；红军卫生部第四医院设于秀水张家、公馆门，第一医院设于文市城下君信学校；红军留给秀水村张家欧辛娥的药箱正面写着"中国工农红军第四医院卫生箱第柒号"，上面印有一个五星内十字；秀水村公馆门朱高岗、朱性昌等村民家留下了两个红军捣药用过的石臼。

汝城游击队积极配合支持红军，主动承担救治红军重伤病员的任务，为红军主力迅速转移创造了有利条件。

11 月 10 日，中央红军在文明休整时，以中央红军总政治部名义发布了《关于红军中没收征发委员会暂行组织条例》（简称《没收条例》）。

在文明司设国家银行兑币处，取信于民。红军长征在文明司开设中华苏维埃共和国国家银行（简称"国家银行"）兑币处。红军长征的国家银行是"移动银行"。斯诺在《西行漫记》中描述："他们沿途没收有钱人、地主、官吏、豪绅的财产，作为自己的给养。没收是根据苏维埃法律有计划进行的。只有财政人民委员会的没收部门才有权分配没收物资。它统一调配全军的物资，所有没收物资都要用无线电向它报告，由它分配给行军各部队的供给数量……他们从江西带着大量的钞票、银元和自己的国家银行的银元，一路上凡是遇到贫困地区就用这些货币来采购所需的物资。"

红军在文明司前后休整了 7 天，从老百姓那里购买了很多农产品。红军一般支付"苏币"，但在汝城"苏币"是不流通的。为了执行红军纪律，不让老百姓吃亏，国家银行在长征路上开始在文明司文市、沙洲、厚坊等地设立兑币处，严明军纪，维护村民利益。红军用流通的银元按 1∶1 兑换苏维埃纸币，得到群众称赞。行长毛泽民深入农村与村民交谈后，将此规定贴出告示。文市村民罗和芳为了减轻红军负担，帮助红军渡过难关，坚持不兑换银元。1977 年，罗和芳夫妇将 62 张国家银行发行的纸币无偿捐献给人民政府文物部门。

5. 表彰红三军团

11 月 11 日，中央革命军事委员会主席朱德签署嘉奖令："军委赞扬三军团首长彭（德怀）杨（尚昆）同志及全体指战员在突破汝城及宜（章）郴（县）两封锁线时之英勇与模范的战斗动作。"并要求三军团"保证野战军全部通过封锁线"。这日，三军团抵达良田、两湾洞、宜章地域。五军团行进在钩刀坳、东山、百丈岭地域。

五、汝城红军故事

1. 半条被子的故事

1934 年 11 月 6 日，中央红军先头部队抵达文明司，红军卫生部、干部团驻沙洲村。

沙洲自然环境优美，清澈的耒水水系滁水河养育着沙洲村，在山水之间形成优美的景象。沙洲人民历来淳厚朴实，乐施好善，待客如宾。

1984 年 11 月 7 日，《经济日报》记者罗开富采访了 80 岁的徐解秀（1904 年 12 月出生于岭秀大源村一个小富人家，从小裹了小脚）老人。

50 年前的一个晚上，3 位女红军和徐解秀母子一块睡在一张床上，5 个人盖着她床上的一块烂棉絮和一条红军的被子。第三天，女红军离开时，把一条被子剪下一半留给徐解秀。徐解秀不忍心，也不敢要。3 位女红军对她说："红军同其他当兵的都不一样，是共产党领导的人民的军队，打敌人就是为了老百姓过上好日子。"在他们互相推让的时候，红军大部队已开始翻山。她和丈夫朱兰芳送她们走过泥泞的田埂，到了山边时天快黑了。她不放心，想再送一程，因为是小脚，走路困难，身边还有个 1 岁的儿子，就让丈夫送她们到了资兴滁口，谁知丈夫这一走，就没有了音讯。每年的这几天，她总要在与女红军分别的地方等好久。

徐解秀把记者领到一间厢房，厢房约十五六平方米，只有东面一个小窗，室内光线较暗，木板的床铺上竖有 4 根竹竿，横有 2 根，是挂蚊帐用的。木质的床腿和竹竿都因年代久远而发暗发亮了。她说："那三个姑娘走后，我就没有再搬动过。心里总在想，红军姑娘会回来看我的。"她抚摸了一下枕头说："我们 5 人睡，床边加条凳子，横着盖上她们的被子。"

"三个姑娘长得很漂亮，有一个还不到 20 岁，心也好。你们说，一条被子能把半条给穷人，天底下哪有这样的好人，我丈夫送她们上山时，她们还在一步三回头地对我说：'大嫂，天快黑了，你先回家吧，等胜利了，我们会给你送一整条被子来。'现在我已有盖的了，只盼他们能回来看看我就好了。"

罗开富擦了泪水，握着老人的手说："徐大妈，我一定向红军汇报，尽力帮你找到她们。"她点点头说："找到就好，找不到你也要回来看看我呀。"

徐大妈把他送到山脚，正是当年送红军时分别的地方。站在一旁的 68 岁的朱青松说："红军走后，敌人把全村人赶到祠堂里，逼大家说出谁给红军做过事，大家都不说，敌人就搜家。女红军剪下的半条被子也被搜走了，还踢打徐解秀让她在祠堂里跪了半天。"

2016 年 10 月 21 日，习近平总书记《在纪念红军长征胜利 80 周年大会上的讲话》中声情并茂地讲述了这个故事："在湖南汝城县沙洲村，3 名女红军借宿徐解秀老人家中，临走时，把自己仅有的一床被子剪下一半给老人留下了。老人说，什么是共产党？共产党就是自己有一条被子，也要剪下半条给老百姓的人。"之后，习近平总书记还多次讲到沙洲半条被子的故事。

2. 一本红军书

沙洲村瑶族群众罗旺娣机智地用祖传草药为红军女战士医治战伤，女红军为感谢罗旺娣，将一本中国工农红军郝西史大学 1934 年 8 月 1 日编印的教材留下作纪念，罗旺娣家四代珍藏至今，保存完好。

3. 一条红军毯

文明司朱五斤从老白冲家上百丈岭砍柴，发现一位红军躺着不动，原来是受了伤，他连忙从饭袋里掏出两个熟红薯喂给红军吃。红军醒来后，他扶着红军慢慢下山，到了山下老白冲的家——一间矮小的泥砖屋。他和妻子唐优球把红军安顿好，煮饭给红军吃，让红军住在自家狭窄的暗楼上养伤。他们亲如兄弟，无话不说。朱五斤的父亲懂点草药，他悄悄给红军找些特效草药敷上，又熬了一碗浓浓的辣椒姜汤，叫红军喝了。

红军伤病好多了，体力也恢复了，要求追赶大队伍。唐优球连夜煮熟了一些红薯和米糠糍粑。红军见此情景，眼含泪水说："大哥大嫂，你们家那么困难，还替我着想。这条毯子就留给你们用。""不行，不行，你只有一条毯子，送给我们，天寒地冷的，你盖什么？""大哥大嫂，我是红军，必须遵守红军纪律，不能乱拿群众的东西。这几天，你们给我疗伤治病，救了我的命，我已经添了不少麻烦。等我回到队伍，毯子会有的。"好说歹说，朱五斤收下了毯子，并吩咐妻子把军毯藏在牛栏顶上，用稻草包住捆在中间，格外小心地收藏。他与红军一同出发，到了宜章里田，赶上了红军部队。朱五斤将三双草鞋、几个铜板塞给红军，两人依依惜别。

4. 一碗驴肉

红军取得延寿战役胜利后，从铜城行军到岭秀宝南南坑，当时有几名战士伤势严重，红军连长为尽快医治战士伤口，给其补充营养，将一头断了腿的驴子杀了，又在村子里买了一些青菜萝卜，熬起了驴肉汤。肉味飘香，徐才德、徐好亮等十几个小孩围拢过来，口水都流下来了。红军连长说："刚才那些小朋友都到哪里去了？驴肉熟了，大家都来尝一尝吧。"连长找到徐年林："大哥，这碗驴肉是给你家的。"徐年林夫妇怎么也不肯接，几番推脱后，徐年林说不过连长，徐年林妻罗女周收下，将驴肉藏在碗柜里，盖起来，不让小孩发现。

第二天，有两位伤员路过南坑，将榨油坊附近庙里一碗茶油误以为茶水，端起就喝了。徐年林见状十分心痛，罗女周连忙说："没关系，红军是饿了，不饿也喝不下茶油呀。红军同志，快到屋里坐。"连忙煮上南瓜稀饭，将红军送的那碗驴肉热了，请红军战士吃。红军临走时身上没钱了，要将唯一的一条军用毯留下作饭钱。徐年林夫妇左推右辞，就是不肯收，说："你们出门在外，还要走很远，这毯子日当衫夜当被，路上很需要的。"红军说不过罗女周，收回了毯子，满眼泪水地向罗女周夫妇行了个军礼又继续上路……

5. 一条印花被

文明瑶族乡上章村的欧娇英保留了一条红军盖过的印花被。欧娇英，1903年出生，1988年去世。红军长征时欧娇英大约30岁，当时红军长征经过文明司，在上章宿营，阴雨绵绵，又冷又湿，一个名红军全身都湿透了，被子也湿漉漉的。欧娇英见了，非常心疼，连忙叫小红军到家里把衣服换了。欧娇英又请小红军喝杯姜汤去寒气，帮他把衣服洗干净，把被子烘干。晚上，小红军被子没干，欧娇英就将自己盖的印花被子让红军盖。小红军不同意，说他们家只有一床被子，更何况他身上臭烘烘的，还有血迹，实在不合适。欧娇英坚持要小红军盖上，令小红军非常感动。

第二天，红军来到村里，召开群众大会。大会主要内容为宣传红军的宗旨，以及将没收土豪的粮食、衣服分给穷人。那名小红军特地挑来一担稻谷送到欧娇英家。欧娇英知道红军十分需要粮食，有的红军几天没吃饭，夫妇俩便将稻谷舂成米，给红军送去。第三天，红军就要离开了，欧娇英将烘干的被子被送到红军手上，小红军接过暖烘烘的被子，非常感激，依依不舍地告别欧大姐。

红军离开后，国民党"清乡队"气势汹汹地来到上章，欧娇英生怕敌人搜查，仔细地收拾房子和床铺，将印花被藏在牛栏棚里，用稻草掩盖好，不留一点蛛丝马迹。她又连夜离开家，跑到10多里远的娘家文明乡大洞村躲一躲。

欧娇英返回家里，看见全村一片狼藉，听说有几个村民因为给红军挑担，返回家时被团丁抓去，关押在文明司公所，受尽折磨。风平浪静后，欧娇英掀开牛棚里的稻草，发现印花被原封不动。她将印花被洗得干干净净，此后，一直放在柜子里，舍不得盖。

90 年了，这条印花被子，虽然多了一些破洞，却依然保留了深蓝的本色，成为红军与人民之间血肉关系的象征。

6. 我要当红军

红军长征部队途经汝城东岭上里村，听到村民在谈论该村何青林患病久治不愈，危在旦夕。红军战士走进何青林家中，只见何青林正躺在床上，大汗淋漓。病人家里一贫如洗，他准备一死了之。经过红军耐心说服，对症下药，何青林终于起死回生。在经历这场大病后，何青林深刻地认识到，红军挽救了他的生命，于是他找到红军首长，郑重地说："首长，是你们挽救了我，我愿意跟随你们，请你们收下我，我要当红军。"

在何青林的带动下，钟有堂、黄诗明、李付军等村民也加入了红军，他们带着瑶胞的重托坚定地迈上了长征之路。最终，钟有堂在长征路上英勇牺牲，成为革命烈士，何青林、黄诗明、李付军则下落不明。

7. 分粮解难

红军所到之处，都会发动群众打土豪，并把土豪劣绅的财物分给贫苦农民。在集龙，红军打开保公所仓库，把稻谷分给当地农民；在土桥青龙寨，红军打开当地土豪何康民、何安民、何方涛等家仓库，除留部分粮食作军粮外，大部分分给当地农民；在岭秀长洞老屋场，红军把土豪徐君亮、徐怀余等家的粮食、衣物分给当地农民。

一把小刺刀

文明秀水村朱义辉夫妇得知红军需要房子办公，便腾出唯一的房间。一个才 15 岁的小红军警卫员很喜欢朱义辉的儿子朱性林，经常送给朱性林吃的，还给几个同村的小孩讲故事，教他们唱红军歌。朱性林虽然只有 4 岁，但每天晚上都要与同村的几个小孩去找警卫员玩，摸摸警卫员的枪和刺刀，几个小孩对警卫员那把小刺刀爱不释手，并问枪和刺刀是用来干嘛的。警卫员说："枪和刺刀是用来杀敌人的。"红军在秀水住了 7 天，临走时，警卫员依依不舍，朱德叫警卫员把刺刀送给了小性林，并对他说："你长大也要去参军打敌人，保卫祖国。"

1948 年春，18 岁的朱性林毅然参加了湘南游击队。1950 年冬，人民政府号召适龄青年报名参军，朱性林瞒着母亲偷偷报名参军了。1953 年，朱性林牺牲在朝鲜战场上，成为一名光荣的革命烈士。而那把刺刀，朱性林弟弟朱性秀一直珍藏着，把它挂在当年朱德和警卫员住过的老房子里。

六、秋毫不犯

1. 印发《红星》报号外，重申纪律

1934 年 11 月 7 日，邓小平担任主编的《红星》报在汝城发布了长征路上唯一一张 "号外"，重申了红军纪律。全文如下：

"本报号召：创造争取群众工作的模范连队为着保持红军的阶级纪律和与群众密切关系，取得群众的同情与拥护，实现赤化白区的任务，本报提出下列的号召：

①不乱打土豪，不乱拿群众一点东西；

②不私打土豪，打土豪要归公；

③损坏了群众的东西得赔偿，借群众的东西要送还；

④不强买东西，买东西要给钱；

⑤完全做到上门板、捆禾草，把地上打扫干净；

⑥实行进出宣传，进入宿营地时，要向群众做宣传，出发时要向群众告别；

⑦保持厕所清洁，不要随便屙屎，宿营时掘厕所。

我们要求各连队用革命竞赛的方式来完成上列各项工作，创造争取群众工作和红军纪律的模范连队；大家起来向破坏红军纪律的坏蛋作斗争。这是在保持红军纪律上争取群众工作上最低限度的要求，各级政治机关负责组织和领导这一竞赛，并向本报常通信。"

这份号外以 "创造争取群众工作和红军纪律的模范连队" 的方式，向广大红军战士传递严格遵守纪律、维护群众利益的重要性以及处理与群众日常关系的几条基本原则。这些原则、纪律的制定、执行和宣传，对于争取 "白区" 群众的支持，提高党和红军的威望，有着不可估量的作用。

事实证明，中央红军的优良作风打破了国民党对红军的反面宣传，使汝城群众重新认识、支持和拥护红军，红军所到之处、所宿村庄，老百姓主动帮助烧茶送水、腾房借物、舂米做饭、当挑夫、作向导、抬担架、救治伤病员、配合打击土豪劣绅等，为红军胜利突破封锁线做出了很大贡献。

2. 红军借据

红军每到一处，都要宣传和自觉遵守红军纪律。11 月 8 日，在延寿瑶族乡官亨村瑶族群众胡四德帮助下，发动家族，短时间内为红军筹集稻谷 105 担约 12600 斤、生猪 3 头 503 斤、鸡 12 只 42 斤。红军当时的财务情况极为困难，又要紧急撤离，

无法支付这笔款项，红三军团军司务长叶祖令抱歉地留下一张借据，并保证红军欠下老百姓的一定会归还。胡四德二话没说，还给红军当向导。没想到写借据的叶祖令于这年 12 月壮烈牺牲。直到 1997 年，这张借据才被发现，汝城县人民政府按实物现价予以兑付。

文明乡沙洲村朱光太（又名朱性仁）、江怀信夫妇，给女红军邓六金等医治腿伤，离别时双方合影留念。朱光太还发动村民给红军筹集 25 担稻谷、60 块银元，经手的红军立下了借据。20 世纪 50—90 年代，红军曾四次派人到沙洲寻找朱性仁，因故而未如愿。

3. 一块山楂片

红军长征部队在文明司文市城下宿营。罗有成的小食品店来了一位十六七岁的小红军。小红军衣衫褴褛，面黄肌瘦，看样子像是经过长途跋涉，已饥寒交迫，在店门口虚弱得走不动了。他指着一个玻璃瓶，问装的是什么，罗告诉他是山楂片，并拿出一片给他尝。他吃过后趁罗不注意，悄悄把一个铜板放在玻璃瓶底下就要走。罗发现后要他把钱拿走。

小红军说："红军有'三大纪律八项注意'，随便吃老百姓的东西是违反纪律的。"

罗有成说："你又没有买东西，只是尝了一片。我们这里是不兴付钱的，你一定拿去！"

小红军反复说："这是红军的纪律，我绝对不能违背！"

当时有很多红军战士和群众在围观，这件事教育影响了好多人。城下有个君信学堂，本来是学校，红军来了就成为红军医疗站，县游击区负责安置几百号重伤员，附近的群众主动把房子腾出来，让红军伤员住下。村民们有的送盐，有的送菜，有的给红军舂米，找铺板稻草，当向导；红军离开时，罗显周带着十几个青年报名参加红军长征去了，从此没有了音讯。

罗有成逢人就说："这样的军队才是人民的军队。红军来之前，我们店里也来过一批兵勇，胡吃海喝不说，还乱拿东西，打砸抢抄，蛮不讲理。后来听说这是湖南军阀赵恒惕的兵。所以，我们要教育子孙后代，真心待人，诚信为人。这件事虽小，体现的是一个人乃至一支军队军人诚信的品德。"

4. 红军菜

红军长征来到文明瑶族乡文市司背湾村。有的红军战士好几天没有吃饭了。村子里的人被国民党的反动宣传吓跑了，只有一个老婆婆在家。红军战士问老婆婆有什么充饥的东西。她说："我家锅里还有一锅野菜，有点苦，你们敢吃吗？"红军马上把这件事情报告给了卫戍司令李维汉，得到许可后，让老婆婆把清水野菜分给战士和伤病员吃。红军吃后把两块银元悄悄放在灶台用碗压住。事后，老婆婆发现了压在灶台上的两块银元，十分感动，她马上传信给村民们叫他们回来。她的儿子叫罗康太，回村后带领大家给部队送菜送米，照顾伤员。那锅野菜的菜名原来叫红茎菜，又叫苦斋，因为红军吃了还要付银元，被老百姓称为"红军菜"。因此，"红军菜""两块银元"的故事就在司背湾代代相传，流传至今。

七、军民一家亲

1. 官兵一致

毛泽东让担架。11月上旬，中央红军顺利地在湘南通过第二道封锁线。这时，毛泽东的警卫员吴吉清因患疟疾发高烧，行走艰难。毛泽东把自己的担架让给他使用，吴吉清怎么说也不愿意。毛泽东安慰他说："同志们抬你走是要累一些，但这不要紧，因为我们都是同志。"

周恩来把骡子让给伤病员。萧锋的长征日记中写道："1934年11月7日，红军进入湘南汝城一带……这天连绵小雨下个不停，连续走了90里路，大家都很疲劳。在急行军中，周副主席将他那匹黄骡子给伤病号骑，自己却步行。"

邓小平解决草鞋问题。汝城地处诸广山余脉，经大王山（大围山）、五指峰、猴牯脑等山岭围绕，山体陡峻，道路崎岖，尖刺的石篱像尖刀一样隐匿在灌木荆棘中，使行军打仗异常艰难。由于筹备时间不足，准备工作仓促，中央红军连续行军至汝城后，有的红军战士脚板已磨破起泡，有的没有多余的草鞋可换，只好在寒风中打着赤脚，脚部受伤化脓、溃烂，烂脚现象极为普遍。江西于都籍红军战士肖劲易脚部受伤，双脚肿大，脚趾已化脓溃烂，不能走路。部队撤走时，只好托付给两名贫苦村民说："小肖同志脚已溃烂，不能行走，我们把他留在你们这里，请你们轮流照料和送饭。"这两名贫苦农民主动为他寻草药疗伤。

邓小平知道这一情况后，加强调研，并执行朱德的命令：各军团首长要"没收土豪的衣被、布匹，除发一部分给群众外，主要应发给各战士打草鞋或布袜子，以减少烂脚现象发生。"还撰写了《怎样解决草鞋问题》的文章，该文于11月14日在《红星》报上发表，呼吁各军团、各师、各团、各营的领导都要重视战士的草鞋问题。他在文中写道:"解决部队中的草鞋问题,在减少病员和巩固红军战斗力上,占有重要的位置。但这问题还未引起有些部队的严重注意。'济南'某部还有不少的战斗员没有草鞋穿。'红星'的许多运输员打赤脚。这些部队的政治机关和供给机关应马上提出具体的解决办法来解决草鞋问题。我们的意见可以采取下列的办法:1. 供给机关有计划的收买草鞋,尽可能的做到发草鞋不发草鞋费。2. 没收土豪的滥(烂)衣裤和麻等,应注意分给战斗员和运输员打草鞋。3. 发动会的同志帮助不会的打草鞋,发动战斗员打草鞋慰劳运输员。"文章发表后,为广大红军指战员提出了工作思路和解决办法,使因没有鞋穿而磨烂脚的问题得到缓解。

2. 瑶胞拥军情

一顿中餐和三斗米。在盈洞瑶族乡兰山村大埂里组,这个青山绿水的小村庄,老人雷观林常常给他的儿子雷攸奴、孙子雷济阳讲毛委员和他的部队长征时途经大埂里发生的故事。

1934年,雷观林已经43岁。11月5日,红军先后经过汝城集龙、濠头、井坡、广东城口之后,各路红军向延寿缓缓挺进,红军突破国民党军在延寿的第二道封锁线,向盈洞和文明司进发。左路红军由林彪、聂荣臻指挥在乐昌五山的大王山下护卫,右路红军由彭德怀、杨尚昆指挥在岭秀护卫,中路红军中央纵队经延寿—盈洞—文明,到达文明司后宿营小休整,之后继续向宜章、郴州前进。

11月8日中午时分,红军中央纵队300多人马经过雷观林家时,雷观林看到扎着腰带、腰挎手枪的战士们,他们有人牵着马,有人抬着物品,有人背着担架,有人扶着同志,后面还有搬家式行走的大队伍,天下着雨,负担沉重。雷观林问:"红军同志,你们从哪里过来?"有位红军说:"我们从延寿过来。"雷观林得知红军中央纵队连续行军几十公里非常疲劳,立即招呼红军进家休息喝水,又连忙嘱咐妻子和两个成年儿子烧火煮饭。雷观林还亲自到山上找到3户村民(有些村民不知情躲避在山上),要他们回家做中饭给红军吃,经过近两个小时准备,一顿中饭做出来了。毛泽东、张闻天、王稼祥、李聚奎等领导同志及警卫班的几十名红军战士就在雷观林家吃饭,其他红军被安排在邻居家。饭后,雷观林知道红军要继续行军,干粮也吃完了,就把家里仅剩的3斗大米和刚挖的一大担红薯送给红军。毛泽东叫警卫员吴吉清付钱给雷观林,雷观林不愿接,红军同志硬要雷观林收下。

毛泽东等领导刚到雷家时,不管雷观林怎么请他们进屋休息,他们都不愿进屋打扰乡亲,经雷观林多次相请后,毛泽东与警卫员吴吉清才进屋,与雷观林聊起家常来。吴吉清告诉雷观林，这几位是毛泽东、张闻天、王稼祥、李聚奎等领导人，雷观林这才知道眼前平易近人的几位，正是当时名震天下的红军领导。毛泽东说："我们是工农的队伍，为穷人谋幸福的。"接着，毛泽东还问雷观林："你们这个小村里的人，什么时间来到这大山种田地的？有多少田地，多少人口，粮食够不够吃？"雷观林告诉毛泽东："我们上三代是广东乳源人，那边地势较平，生活条件好些，因躲战乱和抓壮丁，才躲进了这大山中。生活是很不方便的，要吃盐，至少得起早贪黑走七八十里山路到县城去买，生活很苦呀！这里的田地都是在乾隆年间开山造田运动时期，瑶族群众一锄头一锄头挖山造出来的，一亩田的稻谷产量不高，土地主要是种红薯和杂粮。房子是就地取材用土夯起来的。"

照顾三位红军伤员。中央纵队过后，11 月 9 日下午，雷观林看到有 3 名红军战士身上带着血迹，正从其家门口路过，他立即把他们拉进屋，倒水给他们喝，从锅里拿出还热的红薯给他们吃。这时红军战士匆忙说："大哥，我们受了伤掉队了，还要去追赶大部队，不能在你这里久留。如果我们穿着红军军装在中途遇到敌人是会没命的，能否把你穿的衣服换给我们？"雷观林立马说："行！"立刻转身进入睡房拿出 3 套衣服给他们换上，红军战士就把 3 套红军军装留给了雷观林。雷观林父子一直牵挂着这 3 位红军战士的安危。红军过后，国民党"清乡队"对红军经过的地方挨家挨户清查，雷观林为保护全家人的安全，只得把 3 套红军衣服烧了。

了结心愿，四男当兵。当红军经过雷观林家时，雷观林 22 岁的儿子很想跟着部队一起走。毛委员看出了雷观林的心思，便对雷观林说："红军是工农子弟，大哥能送儿子参加革命吗？我们非常需要这样的青年。"雷观林沉默几分钟，对毛委员说："我祖上三代单传，我生了三个后生，老大身体不好，老三还小，只有老二身体好，读了三年书。在我们山区，家里没有一个壮劳力，很难维持生计的。"这时雷观林心里很为难，他不忍心拒绝毛委员，但如果把二儿子送去当红军，家中农活就没有人帮手。儿子知道了雷观林的心思后，就再也不提当红军的事了。因为家庭原因二儿子未跟着毛委员的部队走，这事在雷观林心里成了一块心病。在弥留之际，雷观林对两个儿子说："毛委员当时要我送子当红军，我没有实现，要由你们来实现送子当红军的愿望了。"儿子们没忘记父亲的嘱咐，新中国成立后，大儿子、二儿子先后把自己的两个儿子送去当解放军，雷家四兄弟为部队工作 5—16 年不等。他们都在部队加入了中国共产党，雷济阳还参加了对越自卫反击战。

3. 爱兵如子

朱仁贵教红军编草鞋。1934 年 11 月 9 日，中央红军总后勤部长征路过秀水村。后勤部首长住在该村的小溪公祖祠堂里，其下属人员分散住在田心组公屋和下湾、上湾的农户里。村民朱仁贵和朱五德、朱生德、朱意才的家里住的是草鞋连的官兵。草鞋连有几十个官兵专门以稻草为材料编织草鞋给红军们穿。当时草鞋连的官兵们是在一块大木板上钉几个钉子，然后直接用稻草拧成绳来编织草鞋。朱仁贵看到红军战士没有把稻草锤软就编草鞋，就对他们说："编织草鞋最好要选用糯米稻草，并且要先把稻草锤软再用来拧草绳编草鞋。编草鞋时，在稻草中夹带一些黄麻绳，这样编织出来的草鞋才又紧又牢又光滑。"后来朱仁贵、朱五德、朱生德还拿出自己家的草鞋耙来教红军战士编草鞋，并发动左邻右舍捐献糯米稻草和黄麻绳。果然新编织出来的草鞋运到各兵团后很受官兵的喜爱。后勤部的炊事员得知村民对红军这么好，就经常把有限的米饭肉菜分给村民吃，军民关系十分密切。红军临走时，村民们自发夹道欢送他们。

甜酒鸡蛋暖人心。在汝城永丰乡黄沙岭脚小合组燕子窝，流传着何凤莲一家热爱红军，帮助红军的动人故事。

村里有位大嫂叫何凤莲，一家三口，很穷，全靠在自己屋门口摆个小小的茶摊，赚几个铜板维持生活。

1934 年 10 月底的一天下午，一支红军部队进入这个小屋场。何凤莲立即打开门把红军迎进屋里，门口茶摊上摆好了一杯杯清茶，她一杯一杯地端给战士们喝。

一位红军连长走上前来，小心地问道，红军有 30 多人，还有一位产妇需要治疗，住她家是否方便。何凤莲二话不说就答应了。

这晚，这 30 来位红军在何凤莲家住了下来。队伍里，有一位红军女战士，在长征途中生了男孩，还没满月，战士们只得扎个简便轿子抬着她走。何凤莲热情地接待了这位女战士，还特地腾出一间房子让她们母子单独住。

为了让战士们睡得舒服些，何凤莲两口子把晒干净的稻草一捆捆地背来给战士们铺床。战士们安顿下来后，她又替战士们烧水洗澡，好让他们快一点驱去疲劳。

第二天清早，何凤莲选了几个新鲜鸡蛋，配上甜酒，还特地放了块红糖，煮了满满一大碗甜酒鸡蛋送给红军女战士吃。当她端着甜酒煮蛋到红军女战士房里时，红军女战士正在边搂着婴儿喂奶，边对着账本算账。

红军女战士看到凤莲端着甜酒蛋，十分感激地说："大嫂，你太好了！我们在这里已经够麻烦你了，怎能还让你破费呢？你们餐餐粗茶淡饭，却省出这些给我吃，我怎么过意得去呢？”

“不，同志，你不要客气，这甜酒你一定要喝下，现在已经是深秋了，我们山区早晚寒气重，你喝了这碗暖酒好驱驱寒气，如果身体垮了，怎么行军打仗？我们都是一家人，就别客气了。”女红军拗不过，只好吃了。

以后，何凤莲每天早上都要煮一碗甜酒鸡蛋给女红军吃，中午和晚上，还要另外给女红军做些有营养的菜，让她吃得好一些。几天下来，何凤莲和红军女战士亲如一家，经常帮着抱婴儿或聊家常。

为了使红军伤员在山村里休息好，吃好，何凤莲特地带着红军炊事员和战士到自家菜园里，指着园里的蔬菜说：“你们想吃什么，就自己到园里摘，住在这里就是在自己家里，千万不要客气。”红军战士们非常感动，由衷地赞道：“大嫂，你真是太好了！”

尽管如此，红军炊事员仍然严格执行“三大纪律八项注意”，每次到何凤莲菜园里摘了菜后，都要照价算钱给她，何凤莲无论如何都不肯收，她对战士们说：“既是一家人，我怎能收你们的钱呢？”

于是，战士们想了个办法把钱捆在蔬菜的枝茎上。何凤莲到菜园发现后，取下钱来坚决地送还给红军炊事员。

一天，红军要送一位重伤员去土桥，何凤莲的丈夫张东远自告奋勇地去替红军抬担架。

几天过去了，这支部队要走了。部队出发这天早晨，何凤莲和张东远带着儿子小望春站在家门口，依依不舍地送别战士们，战士们也望着他们一家，难舍难分。

红军走远了，何凤莲一家才走进自己的屋里。一进屋，就发现方桌上红军留下的钱和一张字条，字条上写着：“大哥、大嫂：我们在长征的路上，在你们这里就像在自己家里一样。你们全家倾注着深情厚爱，尽你们的一切关怀帮助自己的子弟兵，真使我们十分感动。这些钱是我们应该给你们的，请收下吧！我们一定在长征途中，多打胜仗，报答你们对我们的关爱。”

新中国成立后，何凤莲收到了那位女战士的来信，一家人十分高兴。看着那封信，他们想起了多年前与红军亲如一家相处的美好情景，是那样的遥远，又是那样亲近。

瑶胞放粮救红军。“红军过泉水西山黑坳，又冷又饿又累，好造孽啊！好在宽善、凤生两家行善。"据了解，红军长征时，5 岁的胡海清已经能够记事，他父母也时常念叨这事。他还记得，红军从井坡乡古塘，登上水源山，越过黑坳，在此休息。红军大队伍经过时，将士们已几天没有吃饭，饥肠辘辘。有位红军首长发现西山上厂两家农户屋檐下堆满了玉米芯，墙上用竹篙挂了几篙金灿灿的玉米，便找到欧宽善，跟他商量能否救救红军们。欧宽善是走四方人士，知道这支部队就是当年毛泽东、朱德在汝城和湘南组织发动农军起义的红军队伍。那几天，他亲眼看到红军在三江口、城口、城溪、井坡一带打土豪、分浮财的场景，很是感动，便爽快地把首长引进屋里，打开粮仓，请他们随意取用。就这样，过路红军每人抓一把玉米啃下，半天功夫，一仓玉米拿光了。红军首长十分过意不去，欧宽善却说："没事！我们住山里，总有办法填饱肚子。"这时，欧宽善的邻居李凤生干活回来了，看见欧宽善家给红军发玉米，也爽快地从屋檐下取下自家留存的玉米棒，并打开粮仓，叫红军战士们进来拿玉米。欧宽善、李凤生两家老小看见红军战士边走边啃干巴巴的玉米，却还要抬着一担担沉重的枪弹、机器行军，心里酸酸的……

何凤秀说，红军来时，她 4 岁，当时正在与嫂嫂李凤云砻米。两位红军敲门进屋来，一下子倒在地里，原来是饿昏了。她的母亲连忙给他们掐人中、喂米汤。红军醒来后，她的母亲盛红薯稀饭给他们吃。红军离开时，她的母亲还将家里唯一的一小袋大米和西山粉条送给红军，让他们带给其他红军解饿。红军坚持要付钱，母亲就是不收。

4. 舍命救亲人

一口米汤救亲人。 有位小红军是幸运者，敌人开枪时，子弹从他前额擦过，险些要了他的命。热水高滩肖秀英清早发现后，立即帮他清理了伤口，用草药包扎好。回家端了一杯热米汤，用调羹一勺一勺地喂，约莫过了 1 小时，小红军气色渐渐好转。她担心"义勇队"返回找人，便和哥哥骆德宾、养子骆人杰找来木板将小红军抬到附近一个洞穴里，用稻草掩盖着昏睡的小红军。黄昏时分，她和丈夫又给小红军喂米汤，这时能喝一小碗了。连续 4 天，给小红军一勺一勺地喂稀饭，等到第 5 天，小红军渐渐苏醒过来。小红军睁开眼睛，发现眼前的两位长者正在给他喂稀饭，脸面慈善，便告诉他们，他是从江西于都县随长征过来的红军，叫杨捡生，他们一共 7 人，因为受了伤，几天没吃饭，走不动，被国民党"铲共义勇队"抓住，统统被枪杀。小红军听肖秀英说另外 6 个红军都牺牲了，顿时眼泪流了出来。

听完述说，肖秀英夫妇立即给小红军换上衣服，藏起血衣。搀扶着小红军到骆屋自家吊楼住下。重新清洗伤口，敷上草药。

黄昏时分，同村一个外号叫"谭瞎子"的"义勇队"走狗谭水发，左眼半瞎，吹着哨子，气势汹汹地跑进村子，到处搜查。肖秀英赶紧将小红军转移到牛栏楼上，转身回来应付谭瞎子。谭半瞎的左眼是玩弹弓弄伤的。当时，正是肖秀英及时用几副草药给其敷上，他的左眼才没有全瞎，并且肖秀英未收分文。

谭瞎子一边走近肖秀英的门，一边恶狠狠地说："明明杀了7个红军，怎么只有6个尸体？谁敢收留红军，就枪毙谁！"

肖秀英是高滩一带有名的善人，她听见谭瞎子的叫骂声，从里屋出来，右手拿着长烟筒，吞云吐雾，不紧不慢地说："你这是对老娘说话吗？谁看见了白军红军，我医病都医不赢，哪有心思管闲事？"

"哦？原来是大善人肖大姐。我谭某今天是执行公务，没找到那红军，胡凤璋胡团长那里我交不了差！"

忽然，一条大黑狗跑出来，趴到谭水发身上，咬着他的耳朵死死不放。"哎哟！哎哟！救命啊！救命！""我的为人你是知道的，往后还敢来老娘家找麻烦，小心你的脑袋！原来是你杀了红军，红军又要回来了，你的狗命就要完了！"谭水发吓得踉踉跄跄跑出去。从此，再也不敢登肖家的门了。

肖秀英不放心，还是让小红军留下，在她家吊楼书屋里养伤、吃住了几个月。

就这样肖秀英夫妇用一口口米汤将杨捡生救活，又冒着生命危险保护他。杨捡生恢复后，留在热水高滩生活，并在此成家立业，与肖家建立了深厚感情。一口米汤，终身难忘。

瑶族群众救活7名红军。延寿下杨乡农会、妇救会成员张贱香，看见跳崖的7名红军受伤了，急忙把村里的草药医生杨亮华叫来。杨亮华得知是红军，连忙给伤员们送上拐杖、凳子。红军伤员拄着拐杖或凳子一瘸一拐地来到杨亮华家。杨亮华将3名重伤员隐蔽在自家一间偏房里，其他3位轻伤员包扎好伤口后，留在张贱香家。还有一位重伤员倒在不远的山脚稻草堆里，被杨亮华妻子李秀玉发现，夫妇俩将红军伤员抬回家救治，给他们都换上本地农民的衣服。

为了保护红军，连日来，张贱香秘密联络村里几位农会、妇救会会员，发动白金洞群众悄悄给红军送来红薯、饭菜，并且交代大家注意敌人的搜查。

一天，胡凤璋派来几个"清乡队员"，装成走亲戚的来到白金洞，挨家挨户搜查。一名"清乡队员"走进杨亮华家，闻到一股血腥味，把杨亮华叫过来，用枪点着脑袋，恶狠狠地说："你有几个脑袋？给我老实交代，红军在哪里？"

杨亮华心里明白，想转移和隐瞒已来不及了。只好"如实交代"："这是我的一个刚学杀猪的老表，不小心被刀刺伤了，在这里医治几日。老表，你把杀猪刀拿出来看一下。告诉这位长官是怎样受伤的。""好，爱（我）就来。"红军拿着杀猪刀一瘸一拐地走出来。"清乡队员"见了明晃晃的杀猪刀，以为要杀他，吓得跑了出去。

就这样，7名受伤红军——跳崖勇士，在下杨村白金洞群众的保护下，得到及时的抢救和治疗，伤好后有的赶紧追上部队，有的回到江西中央苏区。其中王书宝伤势最重，一直到1945年才离开白金洞返回江西，为了感谢杨亮华李秀玉夫妇的精心照顾，他自己改姓杨，叫杨书宝。

一个小药箱。1934年11月10日，红军总司令部进驻秀水村新屋朱义辉家。次日，司令部的卫生室设在前排朱义芳家，伤病员则住在秀水村四组朱丁发和田心组的公屋里。每天红军卫生员都要给伤病员看病送药，当时文明乡正流行疟疾，秀水村也有不少人被传染，患者无药治疗，久病在床，奄奄一息。红军首长发现疫情后，立刻派卫生员下村普查患病人数和具体病情，并及时给患病者看病送药。经过几天的治疗，村子里的疟疾患者病情得到了控制并有明显好转。群众十分感动，纷纷提着竹篮子给红军卫生员送米送鸡蛋。朱义芳的妻子欧辛娥还组织村民帮红军碾米、洗衣服，很快建立了浓厚的军民鱼水情。红一方面军司令部的卫生员临走时把装满治疗疟疾药品的药箱送给朱义芳的老婆欧辛娥，并嘱咐她继续给疟疾患者巩固治疗。

欧辛娥一直珍藏着这个小药箱，并告诉后人："红军药箱是传家宝，红军精神忘不了……"直到临终前才传给儿子朱性初。

石臼·打药·药箱。红军长征时，红八军团二十一师、红九军团二十二师各一部在钩刀坳、东山桥、百丈岭战场击退了国民党湘军六十二师陶广部的阻击。一部分红军受了伤，驻扎在文明秀水村公馆门。

朱性昌、黄应爱夫妇家保存的那个缺口的石臼，原来是用来捣辣椒粉的，父亲朱义君给红军捣药捣裂了。当时，公馆门来了好多红军，有很多是伤病员。红军见到朱义君，问有什么可以给红军捣药的，朱义君马上搬出一个石臼。红军医生进屋来听到朱义君妈妈不停地咳嗽，呼吸困难，问他为什么不去治病。朱义君说，家里穷，没办法。红军医生便叫奶奶伸出手来把脉，看了看她的嘴唇和地上的痰液，确诊是哮喘。给她开了一些药，交代她怎么服用。朱义君见红军这样关心穷人，非常感动。

当时，公馆门来了百十号红军伤员，有的用担架抬着，有的拄着拐杖，有的一瘸一拐的，整个村子都住满了红军。

当时，红军需要很多住房、担架、石臼、药材。朱义君便和朱高岗带着红军来到各家各户，联系住房、石臼，腾出了村里所有的房子、舂米的石臼。他们又到山上砍竹子作担架，跟着红军医生上山挖药材。因为红军伤员多，每天都要捣很多药，石臼捣裂了两个，红军坚持要赔。

朱义君说："红军同志，你们给我妈治好了病，按理说我也要付钱给你们吧？"

红军医生摆着手说："不，不，不，我们是一家人，怎么提钱的事？"

"那就对了，我们一家人不说两家话。那两个石臼本来就开裂了，又怎么要赔钱呢？"朱义君说。

红军医生只好作罢。接着，红军医生指着一棵矮树说："老乡，我告诉你，这颗树不是普通的树，它是跌打损伤特效药，以后村里有谁摔伤扭伤什么的，摘几片叶子，捣成浆，敷在伤口，几天就愈合了。"慢慢地，红军医生教会了朱义君如何辨认及使用药材。

公馆门朱石匠家后院种了一株奇特的植物，那是当年红军医生用来治疗跌打的草药。60多岁的朱石匠说，这株草药现在依然在菜园里蓬勃生长。如有谁遇外伤，将它的叶子捣烂敷上效果十分显著。这是红军留下的免费药材，造福了许多百姓。我们不知道它叫什么名，就取名"红军打药"。

凌晨，红军就要离开了，但村子里还有几位红军重伤员不能一起行动。同时，村子里有几位大叔大伯患疟疾，很需要医生治疗。但是上级已经下达了出发命令，红军医生只能随部队走。临走前红军医生请朱义君帮忙照顾病人，留下了药箱还有一些药品。朱义君和朱高岗按照红军医生嘱托，当起了卫生员，细心照顾好红军伤员和患病村民。

红军离开秀水村公馆门80多年了，但是，那个特制药箱（杉木板制的长方体药箱，高约35厘米，宽26厘米，长33厘米，上中下三个小抽屉，上方一个木提手，约有四五斤重）一直由朱高岗收藏。1960年至1990年期间担任秀水村支部书记的朱高岗，经常在党员中讲述红军药箱的故事。要求大家世世代代保留红军药箱，教育子孙后代发扬红军爱民如子的精神。

八、参军参战

1. 白云仙扩军

11 月 5 日，红五军团一部在小垣走马村砖头坳与粤军激战八小时后，甩开敌人往洋冬山、雨水仙、喉咙寨方向折向广东乐昌麻坑、石下，后转移到了小垣白云一带。由于不熟悉路径，误入了茂密的山林，爬上了大围山白云仙，到白云仙殿时已近傍晚时分。天色将黑，董振堂军团长清点了人数，还有 40 多人，决定就地宿营。

就在红军爬到白云仙殿，一守殿胡姓道士在高处远远看到三四十人带枪往自己方向爬来，以为是当地的土匪豪绅"简恶霸"——简居敬的"义勇队"，连殿门未关就惊慌失措地躲进了锯板崖。

走进无人的仙殿，看到锅里刚煮好的饭，灶里还在燃烧的火，董振堂略一思索，果断命令 4 名战士往四个方向寻找"守庙人"，其中一名小红军（十六七岁，外号叫"小连长"，广东乐昌九峰人，懂一些汝城话）四处寻找，在肉身岩找到胡道士：

"道友，我们是红军，是穷苦人民的队伍，是为群众谋利益的组织"，看到惊慌的道士，"小连长"主动搭讪。

"你们真是红军吗？"胡道士谨慎地问道，并用烛火照了照小红军的脸，同时也看到了一脸的真诚。

"不信，你看"，机智的"小连长"迅速从上衣口袋掏出了军帽给他看。

"不错，是这样的星星，我听人讲过"，看到帽徽后，胡道士顷刻间有了安全感，他马上带"小连长"走回仙殿。

见过红军战士后，董军团长将共产党的政策和红军北上抗日的主张向胡道士做了简要的介绍。胡道士握着董振堂的手激动地说："终于盼来了你们。"同时，胡道士也把自己的遭遇和"简恶霸"的所作所为，一五一十告诉了董振堂。

原来，胡道士是延寿官亨人，父母是当地小有名气的挑担小贩，家道也比较殷实。大前年，因哥哥娶了一个漂亮媳妇，眼红的"简恶霸"枪杀了他的爷爷、奶奶、父母和兄长，霸占了大嫂和他家财产。胡道士一气之下，砍翻了"简恶霸"的一个狗腿子后，躲进了白云仙殿避难，做了一名道士。

听了胡道士血泪俱下的控诉，董振堂拳头往桌上一砸，愤怒地说："这狗日的恶霸，我们一定找他算账。"看着董军团长流血的拳头，胡道士一颗悬着的心才落下来。看到又累又饿的战士们，胡道士便把殿里仅存的 15 斤大米和 9 斤菜拿出来煮给红军战士们吃。饭后，胡道士向董军团长和各位战士介绍了附近瑶寨的情况和去延寿的方向和路程，并告诉董军团长一个重要消息：附近有 30 多个青年愿意参加红军。董军团长命令"小连长"等 4 名战士连夜下白云、大山等村庄，动员瑶族青年参加革命军队。

经过延寿的红五军团军团长董振堂听了胡四德道士的血泪控诉后，当即萌生了除掉"简恶霸"的念头。

第二天凌晨，董振堂即带领部分战士与胡四德赶到简水井头。在村西头，连敲几户人家的门，都无人应声。正打算直奔简霸王家时，村西头一户人家的门缝闪开了一点，董振堂悄悄地进了那户人家。一打听，原来"简恶霸"早几天就听说红军要来，便带着姨太太躲到广东乐昌去了，家里只留了两名烧火佬。临走时，还给全村人留下话：谁要是敢与红军交谈，按通匪论处，格杀勿论。

在延寿一带，简居敬仗着自己是县"铲共义勇队"中队长，又有拜把兄胡凤璋的支持，平日横行乡里，无恶不作，当地群众敢怒不敢言。

听到这消息，董振堂沉吟了片刻，心生一计。"走。"一声令下，就带着战士们匆匆从大路撤离。

果然！红军"走"后，简居敬很快便耀武扬威地回到简水井头。

当天傍晚，"小连长"带着五六个红军战士穿着便衣来到简家，两个喽啰见有人来，齐声吆喝："什么人？""小连长"忙说："县保安团的，我们抓了个红军伤兵，来领赏的。"

两个喽啰一看，只见几个保安团士兵押着一个头裹纱布、五花大绑的"红军伤兵"走过来。两个喽啰大喜过望："好，好，我去报告，有了赏银，可别忘了我们。"

没等那两个喽啰回过神，"小连长"几人迅速冲上去，三下五除二缴了两个喽啰的枪，并打晕了他们，悄悄地摸进了屋。

厅内，简居敬满面红光，满嘴酒气，正搂着姨太太调情，见有人进来，正要发问。这时，"小连长"一个箭步，用枪抵住了简居敬的脑袋，其他红军战士迅速缴了他的枪，并用麻绳捆住了他的双手。

第二天，简水井头操坪上，红军简单布置了一个公审会场。听说抓了简居敬，周围四乡八村的人都赶来了。

五花大绑的简居敬被几个战士押了上来，耷拉着脑袋，全没有了往日的威风。

接着又有几人控诉"简恶霸"杀害乡亲、霸田占妻的罪恶……愤怒的群众一致高喊："杀死"简恶霸"!"董军团长一声令下:"把罪大恶极的简居敬押下去枪毙!"几个红军战士便把吓成一摊烂泥的简居敬押向后山伏法。

2. 周文茂参军

1934 年 11 月 8 日,红军到达上章后,就立即开展声势浩大的政治宣传,当地群众数千人聚集倾听。红军四处张贴《出路在哪里?》长征宣言书,宣传红军纲领,告诉群众"红军与广大劳苦大众是一家人",红军长征的目的是北上抗日。红军在村民周雨熙家墙上写下三国曹植的七步诗:"煮豆持作羹,漉菽以为汁。萁在釜下燃,豆在釜中泣。本自同根生,相煎何太急。"号召青年农民踊跃报名参加红军,一起长征,北上抗日去。

15 岁的周文茂长得墩墩实实,在家门口看到一张扩红标语,连忙放下柴火、钩刀,擦干汗水,来到周氏祠堂,对红军首长说:"红军同志,我叫周文茂,我要当红军!"

红军首长朱良才摸着小文茂圆圆的脑壳,看着他水灵灵的大眼睛,稚嫩的脸蛋,十分可爱,连说欢迎欢迎,并问他,"你家几兄弟呀?"

"就我一个。"

"可是你年纪还小啊!"

小文茂蹦起身子说:"你看,叔叔,我跟你一样高。"

"你为什么参军?"

"我看到墙上的标语'红军与广大劳苦大众是一家人',想到爸爸说,红军真好,红军还给我爷爷捡瓦修房子,教小朋友打算盘,待人和和气气,为穷人、百姓打天下。我们上章太苦了,好多穷人没吃没穿没房住。我就要当红军。"

"好,一言为定!"

小文茂歪歪扭扭地把名字、岁数、家庭住址等写在表格上。

小文茂高兴地穿上军装,长长的衣服蒙着屁股,蹦蹦跳跳回家去,跟爷爷奶奶说了一声"再见"。爷爷奶奶看着帽子上的红五星,摸了又摸,热泪盈眶。集合的军号吹响,周文茂和本村带路的周芳林走在红军大队伍的前面。

队伍出发时,周文茂父亲周鹏鸁正在上课,等到下课时,儿子已经远走了。

1934 年 12 月,周文茂在长征路上英勇牺牲。

周文茂的同父异母妹妹周双荃,妹夫林兴敬,对当红军的哥哥特别敬仰。解放初，林兴敬积极报名参加中国人民志愿军，抗美援朝，保家卫国；周双荃也随丈夫两次赴朝，参加慰问抗美援朝将士。夫妇俩受到彭德怀、习仲勋等首长的关怀，至今珍藏着中国人民志愿军 301 部队首长徐文礼，中国人民解放军西北军区第一野战军司令员彭德怀、政治委员习仲勋签发的《革命军人证明书》。经常教育后代，要继承和发扬周文茂勇于为革命牺牲一切的崇高品德。

3. 文明村 51 人都参红军

1935 年秋，陈云将他在长征路上所见所闻撰写出《随军西行见闻录》一书，其中就有生动的记述："湘南一带，为昔年毛泽东、朱德久经活动之区域，居民受共产党之宣传甚深，故见红军此次复来，沿途烧茶送水，招待红军……""我在行军时见每过一村一镇，男女老幼立于路旁，观者如堵。""总卫生部之管理科长即为宜章（注：汝城）文明司人，路过文明司时，其老母在路旁迎接，但队伍休息 15 分钟即前进。管理科长向卫生部之主任参谋（当时卫生部为一个梯队）告假 2 小时，回家一次。当时按时归队，又带来了 12 个农民来当红军，2 个夫子（一个夫子以后即与我挑行李），又携来家制极甜之米酒（以米制的，远优于江西所产）分给我等。"

"据由管理科代我招来之夫子云：'前几天我们街上早在传说红军要来了，我们村上前五年受那个李区长害的 30 余家，就秘密商量，暗中监视李区长的行动。前天早晨团防退出文明司时，这 30 余家百余男女即在离镇 20 余里之某村中，捉获李区长，前日上午十二点钟即把李区长送到红军司令部，而且还领了一连红军上山搜出团防的长短枪 20 余支。现在这 30 余家有 51 个人都当红军了。'他又继续说：'红军来了，我们穷人才有一口饭吃，不说别的，像我这样当挑夫，每两天工钱就一元，而且先付十天工资安家，我家里那两个村子上，前昨两天即有 88 个人去当挑夫了。'湘南农民这相信共产党有如此之深，而且不是一处。"

据了解，陈云说的这位"李区长"就是文明横江、二都一带人，当时，这个村 30 余家，就有 51 个人当红军去了。长征时，红军经过汝城全境，前后 19 天参加红军的有 200 多人（含红六军团），为红军挑担、带路、做掩护、找药材、砻米、筹粮等的群众有 15000 多人。

九、收容祭奠

1. 掩埋英灵去参军

土桥新铺前战斗结束后，迳口村地下党、农会干部何让登自发组织担架队，会集何如松、何有恩、何祥恩、朱满兰等人冒着生命危险，到坳口战场掩埋牺牲的红军。他们见战场上的尸体横七竖八，感叹道："都很年轻，前几天都还帮着挑水劈柴，打一仗就没了，心痛啊。"何志候、何有候等悄悄地把家里牺牲的3名红军伤员背到鸭屎偏安葬，同何祥恩、何有恩、何如松等一起悄悄地埋葬红军烈士。何祥恩、何有恩回家拿来工具，就近挖了3个大穴，用门板做底，把牺牲的红军战士收殓合葬在坳口片、黄狗落窝、老瓦窑厂等地，共有百余人。红军大队伍撤离后，何其朗、胡凤璋实施血腥"清乡"，何让登被抓到乡公所，受尽酷刑。他宁死不屈，牺牲时年仅24岁。1937年，何志候、何有候参加了红军，不久北上抗日。新中国成立后，何祥恩鼓励儿子何绍吴兄弟加入解放军，对敌人要狠，对人民要亲，要报答共产党和红军的恩情。

2. 寻找湘粤边28名失踪红军

为了寻找28位红军伤员的下落，2006年4月，三江口村支部书记张梅英说，她父亲张元昌经常对她们说，该村蓝田水有4棵老枫树是红军墓的标志。4棵参天大枫树巍然矗立在河边，笔直的树干显得卓尔不群。1934年11月上旬，负责断后的红军部队与当地民团发生了一次激战，有4名红军战士身负重伤牺牲在蓝田水河畔，张元昌召集当地村民连夜将红军烈士掩埋在江边高地。为避敌视线，防止刨坟，他们在红军坟上平整地铺上树枝杂草，并在每个坟上种了一棵枫树。80多年过去了，枫树迎风沐雨、茁壮成长，当地都称这4棵树为"红军树碑"。

2017年6月23日，徐宝来到与汝城东岭交界的仁化县长江镇寻找失散红军的故事；该镇犁壁岭老红军彭兹兰长征时受重伤留下来，成家立业，后改名为沈世元。解放后回广东南雄老家，家人以为他牺牲了；该镇文化专干萧生奎将他于1990年5月通过特殊方法调查所获的在东岭、长江一带战斗牺牲的10名红军英烈姓名转给本书编者：

（1）杨衍荣，红九军团二十二师某团八连文书，26岁，共产党员，江西会昌人，因膝盖被击穿，主动要求留下指挥这场阻击战。

（2）杨路生，红九军团二十二师六十四团班长，30岁，共产党员，脚有重伤。

（3）刘宗有，红九军团三师八团战士，腹部有枪伤。

（4）刘序铭，红九军团独立一团三营战士，33岁，籍贯不详。

（5）许家兴，红九军团独立四团战士，29岁，籍贯不详。

（6）谢振家，红九军团独立四团战士，30岁，籍贯不详。

（7）刘传钊，战士，23 岁，部队番号、籍贯不详。

（8）陈颂华，战士，28 岁，江西会昌人，部队番号不详。

（9）赖运程，战士，29 岁，江西会昌人，部队番号不详。

（10）钟尚标，战士，19 岁，部队番号、籍贯不详。

萧生奎深有感触地说："今天的和平岁月，是由千千万万的大小不一的战役换来的。无数的红军英烈因伤病失散或阵亡后无法查考。不论如何，我们这些后人都应该为革命先烈尽力做点应该做的事。值得一提的是，常在日头河潜水抓鱼的我的外公和外婆，因几次红军过长江都在他们家的院子里住过，留下了美好的印象，就悄悄地将红军战士的遗体就近掩埋了。"

2018 年 1 月 20 日，三江口瑶族镇仙溪村扶贫队长陈华宁带领徐宝来、何艳云就 28 位红军伤员下落，专程去汝城东岭（三江口）仙溪村进行调查采访。徐成恩（1927 年出生）回忆："1934 年 11 月初，红军长征队伍从江西大余进入仁化长江犁壁岭，来到湖南汝城东岭仙溪。当时，我的爷爷徐官养、邹昌则的爷爷保护了一位红军伤病员，但最后还是病死在仙溪仙殿龙母娘娘庙里。红军牺牲后，我爷爷他们将红军掩埋在龙母娘娘庙附近，每年都去给红军烈士扫墓。"

谭世明说："我的叔公邹昌则在仙殿庙救了 3 名红军。大约是 20 世纪 60 年代，这几位红军几次来信寻找救命恩人，叔公知情后，故意说没这回事。"原来，邹昌则是位善人，一贯行善不图回报。

徐成恩说："当时，还有 3 名红军又冷又饿又累，没有被子，就睡在仙溪大坪组一堆稻草里面取暖。可是，刘全贵等几个盐帮分子，他们加入了贩卖食盐的民间组织——标局，做缺德事，将红军盖着取暖的稻草点火烧着。他们还在后面追赶红军，一直追到三棵和树的地方，3 名红军极度疲劳，倒下就没气了。当地群众将死难红军安葬在三棵和树边。

刘传贵（1934 年生，仙溪茶叶巷人）回忆："当时，一名红军没有被子，就睡在稻草堆里，坵景江故意给稻草点火，烧死红军。这名红军也被安葬在三棵和树下。坵景江于 1972 年因要杀杂交水稻师傅，供出了他烧死红军的罪行，才被人民法院判决。"

刘天养说，他母亲张宁姣和奶奶张清娣，发现 3 名红军伤员流落到仙溪村茶叶巷，其中一位十七八岁的红军右脚烂得厉害，根本走不动。在张清娣的帮助下，张宁姣、邱金石夫妇找到祖传的特效草药，捣烂敷在红军伤口里。没过几天就恢复了。

大塘有 3 个红军伤员被国民党匪兵杀害。

3. 建"阿弥陀"祭英魂

1934 年 11 月，红军运输辎重的大队伍有数千人经过旱塘西山黑坳、麻溪一带。红军从麻溪东面的井坡乡古塘、阳星，翻过大山，到达麻溪西山黑坳。前有碉堡封锁，后有敌兵追捕，6000 多红军战士要挑 1000 多担军需资材，饥寒交迫，累死、饿死了十几名红军。

红军离开黑坳后，当地善人钟仁厚、欧宽善自发组织村民到距离八九公里远的黑坳、大水湾、粪箕冲一路掩埋红军遗体。为了安抚死难红军，给过往行人壮胆，欧宽善自筹资饷，在杉树园取上等石材打造了 3 座"阿弥陀"石雕，正面刻上"南无阿弥陀佛"六字，并组织强壮劳动力，从 30 里外的杉树园，将"阿弥陀"抬到西山，分别竖在牺牲红军最多的西山黑坳、大水湾、粪箕冲等地，结合当地风俗，按佛教礼节给红军英烈安放神位，愿牺牲的红军英烈永远安息，长眠地下。

4. 五代扫墓祭英魂

1935 年以来，每年清明节，汝城县泉水镇正水村梁君洞村民钟越祥、钟仁贱、钟贱德、钟德文、钟分养等携其后代，从村落来到荒无人烟的崇山峻岭水头坳，为无名红军英烈扫墓。

1934 年 11 月上旬，红三军团受伤的几十名官兵从汝城土桥、附城、泉水随大部队往西进，到正水村梁君洞时，有 3 人再也走不动了。其中一位首长牺牲，被掩埋在水头坳。牺牲前他把一把算盘、两颗手雷交给两位受伤的战友。

两位战友眼看首长撒手人寰，痛苦万分。这时，去延寿赶集返回路过水头坳的钟越祥、李慈娣夫妇近前询问他们是怎么回事，知情后劝两位伤员不要悲伤，赶快下山去他们家疗伤。

两位红军在梁君洞疗伤期间，教钟越祥等识字、算数、打算盘。李慈娣到山上采些草药给红军敷伤口，帮红军做饭。伤好后，红军把算盘和手雷留下来，叮嘱钟越祥好好学文化，并照看好首长的坟墓，每年清明节去看看。钟越祥连连点头。

红军一撤，国民党"清乡"队伍气势汹汹地冲进梁君洞，大肆搜捕红军伤员和为红军疗伤、带路的老百姓。钟越祥马上意识到埋在 6 里远的红军首长墓前竖有一块木碑，若被国民党军看见，肯定会挖坟抛尸。他赶紧拿着钩刀，以上山砍柴为由，跑到水头坳，将木碑拆掉。当国民党"清乡队"责问他是不是红军墓时，钟越祥坚定地回答："这是我父亲的坟！"

后来，钟越祥告诉他的儿子钟仁贱、钟贱德，儿子又嘱托孙子钟德文、钟分养，孙子们又吩咐曾孙钟志军……就这样，钟家祖孙后代都把这座红军首长坟当成祖坟，年年清明节前去祭奠。

5. 一条带血迹的毯子

1934 年 11 月 15 日上午，红军大部队刚刚离开文明秀水、沙洲等地。22 岁的谷丁成在从甲头垅种好小麦回家的途中，发现甲头垅石灰窑里有位红军小战士正在嚎啕大哭，走近一看，原来是有位红军伤员已病逝。红军小战士看见谷丁成后，说："我的战友死了，没有工具掩埋。"谷丁成放下粪箕和锄头说："这里有，我来帮忙吧！"红军小战士说："三天前，我们连有 3 个病逝的伤员埋在甲头庙的樟树脑西侧，我想把这个战友跟他们葬在一起，今后有机会好来追念他们。"谷丁成说："好，我们两个先到那边挖坑吧。"随后两人过去把坑挖好，把病逝的伤员抬过去安葬好。这位红军战士临走时，紧紧握住谷丁成的手，万分感激地说："大哥，你是个好人，好人有好报，谢谢你！"并随手把一条带有血迹的毯子送给了谷丁成，然后急急忙忙地去追赶大部队。谷丁成家里一直很穷，他用红军战士送的这条带血迹的毯子度过了一个又一个寒冷的冬天。正是这条带血迹的毯子一直激励着谷丁成奋发向上。新中国成立后，谷丁成积极参加土地革命，加入了中国共产党，组建了文明乡第一个农业互助组。

6. 苏仙岭下救红军

红三军团取得了攻占汝城苏仙岭战斗胜利后，土桥坳背村罗等兴、罗福生父子到南坳山上砍柴，发现 3 位红军躺在一个山洞里不断呻吟。父子俩连忙将他们一个个背回坳背罗家养伤。其中两位红军康复后赶上大部队继续长征，而贵州籍红军杨万本伤势较重（头部右边受伤，幸亏被及时止血，才捡回一条命，以致该处一直没长头发），便留在罗等兴家继续秘密疗伤。

7. 饮水思源铸丰碑

在湘粤赣之交的汝城县热水镇黄洞村，有一座"红军烈士纪念碑"，它巍然挺立，在冬阳的照耀下，熠熠发光。2016 年，已 67 岁的建碑人黄湘源，滔滔不绝地介绍建碑的初衷："我建这座碑是为了纪念红军长征过境热水的 40 名烈士。"

"1934 年 10 月下旬，中央红军突破第一道封锁线后，西进湘南粤北，到达热水，摧毁了国民党地方武装。在湘赣边界文英、热水一带红军牺牲 40 人。80 多年来，一直没有好好纪念他们，我于心不忍。"黄湘源流着泪水说。

红军烈士纪念碑主碑高13米，宽2.5米，厚0.4米，纪念亭约55平方米，展览墙长40米。建筑面积120平方米。都是钢材砖混结构，花岗岩贴面，花了七八万元。还兴建了烈士墓地，占地240平方米。这些山地都是用他家同等面积的山地换来的。为了省钱，打地基、砌砖、贴面等活，都是他一手干的，只要有空他就来工地。

被人问及，黄湘源豪爽地说："自掏腰包，自力更生。我会种树，会木匠活，也搞油匠。年年春天种树，种了几十年，现在有100多亩山林了。冬天做木工、油工活，年年的短期收入就花在这里。"

提及建碑的初衷，黄湘源继续说道："都是革命前辈教我的。我爷爷黄承礼、叔公黄承用都是黄埔军校的优才生，是抗日英雄。我爷爷当时积蓄了几千元光洋，大部分用于抗日。我一家有3位烈士。最令我难忘的是，2005年父亲弥留之际，只留给我们一句话：'要永远听党的话。'"

另外，小垣大山湾坪小学是毛泽东、朱德起草长征宣言书《出路在哪里》的地方。红军撤离后，国民党"清乡队"将学校一把火烧了，还残忍杀害了留下养伤的几位红军伤病员。大山村地下党员、游击队员张第喆、张大恩、张长恩、张接恩等冒着生命危险将几位红军烈士掩埋在坍塌的瓦窑里。新中国成立后，村民自发为红军烈士扫墓祭奠。

延寿战役，经过三天两夜浴血奋战，红军伤亡数百人。延寿河都被烈士们的鲜血染成了红色。整个山上和延寿河边都横七竖八躺满了烈士的遗体。战斗结束后，当地村民自发地把烈士遗体掩埋在青石寨脚延寿河边。为纪念这些英烈，村民立了一座简易红军墓和纪念碑。每年清明时节，一批批青少年和村民前来为红军英烈扫墓。2019年9月，来自浙江永康的徐金星、应尚德、徐健儿、侯刚、胡克莉、陈天水、楼振良、吕杜桦等9人，被延寿战役的红军故事感动，筹措4万多元修复红军烈士墓，整理纪念园，方便游客和青少年祭奠英烈。

第十一章

三年游击战争在汝城

★

一、国民党"清乡""铲共"

迫害失散红军和革命群众

红军长征离开汝城后，文明乡沙洲村的几个土豪劣绅大搞反攻倒算，强押全村男女老少跪在朱氏祠堂内，勒令他们将打土豪分得的东西全部退回，退不回来的即捆绑吊打，祠堂内一时喊爷叫娘，哭声震天。沙洲村村民徐解秀因接待了3位女红军，还接受了女红军送的半条被子。"清乡队"朱霭春等威逼她交出半条被子，徐解秀决不承认，被吊打大半天，敌人强行搜出了那半条被子，当众点火烧掉。

中央红军过境汝城时，队伍减员9700人，其中，战场牺牲和战后惨遭杀害者逾千人，受伤、患病、体力不支、失散、掉队者有七八千人。红军过境后，国民党进行了疯狂的"清乡""铲共"，对留在汝城的红军伤病员和帮助过红军的汝城人民进行了疯狂屠杀迫害，提出"乡清乡，保清保，甲清甲，族清族，房清房，一经发现有共党嫌疑人，恪杀勿论，斩杀不留"。1935年6月4日，何键划郴州、宜章、汝城等县为湖南省第八保安区，胡凤璋任副司令。各县设团防局，建常备队，军事"围剿"共产党和游击队。胡凤璋的"剿匪"保安团和朱凤鸣的"铲共义勇队"积极配合国民党正规军，在全县各地大量组织"清乡队"，加紧"清乡""清匪"。对长征中因伤病掉队的战士进行大肆屠杀，对帮助过红军，参加过打土豪分财物的群众，一律扣上"通匪"的帽子予以迫害。整个汝城一时笼罩在白色恐怖之中，到处腥风血雨，鸡犬不宁。

在红军战斗过的汝城苏仙岭附近，胡凤璋的保安团一次枪杀红军伤病员数十人，抛尸荒野，并不准当地群众掩埋尸体，后来苏仙庵的和尚实在看不下去，便自发起来掩埋了忠骨。在濠头樟溪何家纸棚对面的山坳里，"铲共义勇队"一次砍杀红军伤病员8人。在大坪新屋场村，农民贺家月、孙立古、孙运古3人替红军带过路，惨遭"清乡队"杀害，并剖腹剜心示众。在大坪米筛岭村，"清乡队"听说有个妇女同红军谈过话、反映过当地土豪劣绅情况，也将其抓去砍头。据不完全统计，全县被"清乡队"罚跪、罚款、抄家、捆绑吊打者达数千之众。

但汝城人民不畏强暴，继续冒死救护红军失散人员。红军经过盈洞新聚等村时，有15个伤病员因伤势过重无法跟随红军转移，当地农民把他们隐蔽在村民邹思武家中。邹思武把家中仅够吃3天的大米全部拿出，掺和杂粮、蔬菜招待红军伤病员。红军战士伤势好转后，邹思武又带他们绕过国民党哨卡走出文明地域。

强化保甲制度

红军长征过境后，汝城地方政府实行政治大"清剿"、大整治，在全县范围内强制推行保甲制度，大力举办保甲训练班。国民党中央别动队第十中队也来汝城协防，将汝城划分为边缘区、游击区和白区，并要求地方政府按类按村编保组甲，一般五户一联，十联一甲，十甲一保，以此限制群众自由和行动。

同时，县地方政府成立了"清乡委员会"，严令县保安团、县"铲共义勇队"在全县各处"清乡"查户，到处张贴布告，"如发现有共党分子及匪军，一律格杀勿论"。1935年冬，担任过文明乡第十区农民协会委员长、培正学校的创建者张盛珊，在红军长征过汝城时，因与湖南一师的同学毛泽东会谈过，后接到县府"紧急通知"，被"请"到县接受一项重要任务，途中被暗杀。

同年，国民党汝城县政府召开第三次行政会议，研究制定对红军游击区的经济封锁措施。一是强化保甲制度，强制移民并村，并将游击区的群众驱赶至驻有重兵的集镇和碉堡附近居住，隔断人民群众与游击队的联系；二是严禁商人到游击区做生意，断绝游击队的物资来源；三是规定苏区附近居民"购买日用品要由保长统报所需数量，由乡公所核准按月、旬代购"，"食盐、火油按户限额供应，不准公卖"。保安团在濠头、南洞、集龙、田庄等地大肆建造碉堡，每座碉堡除安排本乡保丁防守外，县加派保安团一个排驻守。

汝城热水东江水垅头六石洞坐落在罗霄山南端大庾岭山麓，也是湘粤赣三省之交的氾水山脚下，是红军游击队陈毅部下文机和一批重伤员隐身地，也是当年红军游击队的联络处。虽然国民党实行严厉的保甲制度，但是，这里的老百姓冒着生命危险保护红军，给红军提供粮食、衣服和住地，使珍贵的革命火种得以保存下来。1926 年，六石洞梨树下农民胡成古参加了热水农会，跟随赖绍尧加入农军，参加过打汝城县城和赣南文英战斗。1935 年春夏开始与陈毅领导的红军游击队有交往，常常给红军带路到热水、仁化长江、城口一带去购买军需物资，他总是挑最重的担子。一次，挑了一担手榴弹、子弹，上面用谷糠覆盖作掩护。当他经过热水鱼王时，被陆国屏匪部发现，命令他接受检查。土匪提了提箩筐，问怎么那么沉？胡成古对土匪耳语说："糠底下是一些米，我给仁化董塘地主做长工，没有工钱，我就偷了一些米藏在糠底下，不然老婆、儿子要饿死的。不信我给你一袋子。"说着，从箩筐里掏出一小袋米塞给查岗的土匪，土匪接过白花花的大米，故意凶凶地说："去去去，快走！"这样，胡成古躲过了一次次严厉检查，将物资安全地运送到六石洞红军驻地。胡成古临危不惧，每次都能很好地完成任务，文机对他十分信任，后发展他加入共产党和游击队。

二、西边山革命根据地

毛泽东、朱德帮助建立东西边山革命根据地

1928 年 3 月底，毛泽东率工农革命军一师一团下井冈山策应湘南起义部队，并指令刘雄、赖鉴冰将汝桂边区赤卫队改编为湘赣边区游击大队。4 月，湘赣边区游击大队一分为二，一部留东边山游击区，建立东边山游击大队。该游击区迅速扩展至方圆数百里，游击队人数增至上千人。一部由桂东县委书记陈奇率领，进入西边山开辟新的游击区，建立西边山游击大队。8 月，朱德率红四军到汝城南洞，代表前委将湘赣边游击大队改编为湘粤赣边区游击大队，鼓励坚持武装斗争，开展土地革命。

1934 年至 1937 年间，国民党在东西边山区部署常驻兵力达 1500 人，其中主力

为湖南第八区保安副司令胡凤璋所率保安第六团 1000 余人。此外，还有汝城、桂东、资兴、崇义、上犹等地的地方武装万余人。汝城党组织领导群众誓死保卫东边山革命根据地与西边山革命根据地，进行了艰苦卓绝的反"围剿"斗争。

恢复成立西边山党组织、游击队、苏维埃政府

汝城西边山地处湘赣毗邻的罗霄山脉南端八面山下，这里峰峦起伏，山高林密，纵横绵亘数百里。1928 年以来就成为中国共产党领导下的红军游击队活动的革命根据地。红军游击队以南洞西边山为根据地，活动于西边山、东边山一带，在那里度过了漫长的艰苦岁月。

红军长征后，蔡会文、游世雄等随项英、陈毅留在江西根据地坚持游击战争。1935 年 4 月，游世雄、赵书良、杨汉林等率部进入西边山。这支部队是湘赣省红军独立第四团一部和湘赣边总指挥蔡会文率领的一部组成。这两支部队于 1934 年转战在湘、粤、赣边，到达汝城、桂东东边山、西边山地区后，留下 100 余人成立了西边山游击大队，队长赵书良、副队长曹木生、政委游世雄、副政委王赤，大队下分三个中队。奉湘南特委指示，西边山游击大队改称为"湘南游击队"，并成立了中共西边山山边区委员会。边区党委书记杨汉林，委员游世雄、赵书良、顾星奎、王佐凡、肖国天、彭寿其、陈奎、李书福。

在边区党委领导下，成立了资兴、汝城、桂东三个地区工作团。工作团负责人汝城王佐凡、桂东彭寿其、资兴肖国天，于各县开展地方工作。不久，在桃寮地区成立了西边山中心区苏维埃政府。

在中心区苏维埃政府领导下，资汝桂边区分别组建了 5 个区苏维埃政府：两水口为第一区，山脑子为第二区，蛤蟆塘为第三区，打锡老容（荣）为第四区，罗家寮为第五区。

"西边山的老百姓全都从了红军"

红军游击队以西边山为根据地，活动于西边山、东边山一带，在那里度过了漫长的艰苦岁月。吃野菜，宿深谷，四出资汝桂边打土豪，筹给养，抗拒反动派进山征收租税，帮助农民搞生产，在洪水山训练军队，处处打击敌人进山"围剿"。

游击队与当地群众建立了深厚的感情，得到农民群众热烈拥护。南洞西边山地区的松坑、高埂里、槽头垅、大水垅、吊狗寮、高排、椿树坪等村子的男女青年四五十人当了游击队员，男女农民都积极为根据地工作。

一天，胡凤璋慌慌张张跑出西边山，连马也不敢骑，败退到南洞圩一个豪绅家里。用马桥话大骂起来："娘卖拐的，唉（我）从来冒贡（那么）倒霉，走到乃儿（哪里），乃儿都碰到红军。西边山的老百姓全都从了红军。"

1935 年 3 月，红军游击队在桃寮打退了资兴保安团一百多人的进攻。同月，击溃了资兴、汝城、桂东三县保安团 300 多人的围攻。同年秋，游击队仅 160 多人，打败了胡凤璋的一个营和桂东、资兴反动军队 300 多人向根据地南洞西边山吊狗寮的攻击。1936 年，西边山、东边山游击队打退了汝城、桂东的保安团和江西"剿共团" 900 多人的"围剿"。1937 年，湘南游击队又在八面山、洪水山、南洞一带击败了胡凤璋、何其朗、黄英等资兴、汝城、桂东三县反动军队的多次"围剿"。

39 个村庄顷刻变为废圩

1937 年春，胡凤璋下令对西边山实行"三光"政策。资兴、汝城、桂东三县反动派残酷地对西边山进行烧、杀、抢，限令西边山的老百姓在 5 天内全部迁走，使南洞西边山 55 户 200 多人分别迁居到资兴的青市、田坪，桂东的青山、沙田，南洞的光明、吕洞，田庄的江背山和濠头等地。所有房屋全被焚烧化为灰烬，所有山林被烧成焦土。这年，整个西边山田土无人耕种，到处是长成二人高的冬茅草窝，一片荒凉。胡凤璋除多次对资兴、汝城、桂东发动三县"围剿"西边山革命根据地外，还派反动武装 2 个连常驻在南洞的高月和淇南廖家，不时进扰西边山革命根据地，于巩坑、松坑、黄板坑、千年界、樟树垅、石凉等地发生遭遇战。其后，保安团放火烧村，西边山到处火光冲天，狼烟滚滚。白石坑、野猪窝、蛤蟆塘、上吊狗寮、镰刀湾等 39 个村庄顷刻变为废圩。

槽头垅村民郑德胜参加了红军游击队员，敌人以"通匪"罪名将其亲人郑根科、郑满科、郑红古、郑国胜等通通杀害。马湾坳郑福求因留住过游击队员，敌人说他"藏匪"，将他和他的儿子枪杀在屋门口。牛凼里肖成奴，杨家垅叶光开，大水坳何宗林、何发林，吊狗寮李叫古、汤卫生等，曾替游击队购买过粮食和生活用品，被国民党保安团枪杀，并把他们的头颅分别悬于汝城、资兴、桂东三县城门口示众。镰刀弯村 8 户 40 多人，因家家有人参加过游击队，为红军送过粮食及情报，被保安团称为"匪窝"，三次进山烧毁全村，年轻人几乎被杀光，只剩下老人、妇女和小孩。

反动派的屠杀并没有吓倒东边山、西边山人民，反而更激起人民的强烈反抗。1935 年至 1937 年的三次大"清剿"中，红军游击队三次被迫离开游击区，敌军退后，游击队又马上回来，东边山、西边山人民仍一如既往地大力支援，使游击队的兵员和物资得到迅速补充。

游世雄三进西边山

红军长征后，游世雄随项英、陈毅留江西革命根据地坚持游击战争，1935年4月至1937年6月，曾三进西边山，领导游击队艰难地回击胡凤璋保安团对西边山的四次大"清剿"。

一进西边山。1935年4月，游世雄、赵书良等受湘粤赣特委和游击支队总部派遣，率部100余人进入汝城西边山地区，建立新的游击区，成立西边山游击大队，不久改称为"湘南游击队"。

二进西边山。1935年10月，游世雄重返汝城西边山，迅速恢复了洪水山营地。1936年4月，蔡会文、方维夏牺牲后，湘南特委和湘粤赣特委于5月在潭湾举行联席会议。会议决定撤销上述两个特委，成立湘南军政委员会及其领导的新湘南特委，徐克全任湘南军政委员会主席，周里任副主席兼湘南特委书记。徐克全弃枪携款逃跑后，湘南军政委员会随即解体。湘南特委重新分工，游世雄分管军事，负责汝城、桂东一带的工作，驻西边山。6月，游世雄将湘粤赣游击支队扩编为两个大队。

三进西边山。1937年春末，国民党"清剿"大军压境，游世雄率部三进西边山。游击队吸取教训，将部队化整为零，分散活动。6月，胡凤璋又率保安团600余人"清剿"西边山。游世雄指挥游击队与敌兜圈子，捉迷藏。因敌强我弱，在激战中游击队损失惨重，游世雄妻子范惠香等英勇牺牲。游世雄化悲痛为力量，1938年春他率领的游击队开赴江西大余池江，改编为新四军，奔赴抗日前线。

制定保护瑶族群众的决议

1936年1月，根据湘南特委关于"放手发动群众，开展游击斗争"的指示，游世雄成立了中共西边山边区委员会（简称边委），游世雄任书记，杨汉林任副书记，赵书良、王赤、顾星奎、王佐凡、彭寿祺、陈奎为委员。边委下设汝城、桂东、资兴3个工作团，分别负责各地党组织恢复和游击武装斗争工作。汝城地区工作团负责人王佐凡带领工作人员郑成工、黄固、尚有才、郑耕科等赴汝城北乡开展游击活动。为了帮助地方恢复党组织，发动青年参军，打击土豪劣绅，筹粮筹款，使游击区不断扩大。

原来南洞西边山一带，历史上居住过瑶族群众，宋朝发生过著名的"黑风峒瑶民起义"。据史载，这里的瑶族被官府视作"化外之民""蛮瑶"，赋税徭役高出汉民一倍，这里的汉族山民也很贫苦。1207年、1208年湘南旱灾，"先是开禧三年

（1207 年）盗起郴，而桂阳吏不以实闻"，即汝城县令不据实上报赈济，以隐瞒官吏借赋税徭役行贪贿的丑事。

民国《汝城县志》也记载，汝城"南洞江，即猿坑约四十余户等处，其子孙以为槃瓠之后，深居崇山峻岭，刀耕火种，蓬头跣足，衣食言语各别，亦不与齐民共处"。

边委汲取历史教训，于抗战期间，作出关于《保护少数民族及其利益的决议》，教育官兵尊重瑶族群众习俗、生活习惯，优待瑶族群众，做到不坑民，不扰民，没有粮食，也不随意进老百姓的家，而以野菜、野果、竹笋充饥。即使是最难熬的冬天，队员们冻得全身发抖，也只躲进山洞里取暖。游击队保护瑶族群众，因而得到瑶族群众的拥护和支持。

惠风香飘西边山

范惠香，南洞乡育才村横柏塘人，在父母亲的支持鼓励下，她带头为游击队当向导，筹粮饷，站岗放哨，担任育才村妇女干部。在党组织的引荐下，她主动为蔡会文领导的西边山游击队队员洗衣服、做饭，当向导，与蔡会文建立了感情，结为革命夫妻，后担任湘粤赣边区游击大队分队长、西边山中心苏维埃政府妇青委员。1936 年 4 月，蔡会文壮烈牺牲。她含泪坚持战斗。与游世雄结婚后，积极投入抵抗敌人的"三光"政策，1937 年初春的一天，范惠香率游击分队在松坑与汝城保安团激战，由于敌强我弱，大部分队员被打散或壮烈牺牲，游世雄带领余部乘夜向东茅坳方向撤退，年仅 25 岁的范惠香及数十名游击队员伤亡。当时，范惠香身背一个不满三个月的小孩游怀春，行动迟缓，中弹倒地，压得婴儿大哭。敌人发现游世雄的妻子及孩子后，便将范惠香的头颅取下"示众"，将婴儿送郴县保安司令部邀赏，作为人质羁押，胁迫游世雄率游击队下山投降。但是，敌人的残暴吓不倒革命者，游世雄化悲痛为力量，带领余部 30 余人潜回营部，继续战斗。

范惠香的英雄事迹，感动了西边山众多热血青年。椿树坪郭名顺组织几名青年妇女，在山洞里秘密为红军游击队缝制军服 100 余套、"劳军鞋"数百双，被战士们誉为"做好事的同志嫂"。

"红小鬼"唐斌

唐斌，乳名仁奴，1921 年生于南洞乡西边山村椿树坪这个大山区的一个贫苦农民家庭，父亲早逝，母亲含辛茹苦把他们兄妹 4 人拉扯成人。母亲和哥哥当时都参加了红军，特别是母亲冒着生命危险为游击队缝制军服、军鞋的行动深深地教育了他。1935 年 3 月，红军长征后，因病因伤留下来的陈毅领导下的湘粤赣边区红军游击支队，在赣南军区司令员蔡会文和北山游击队的游世雄领导下转战来到西边山扩大根据地。年仅 14 岁的唐斌同红军部队密切接触，站岗放哨，送饭送信。同年 10 月参加湘南红军游击独立大队第二中队，从此走上革命道路。先后任湘南红军游击独立大队二中队勤务员、警卫员、副班长。1937 年 10 月加入中国共产党。同时，奉项英、陈毅指示，跟随西边山游击队下山到桂东沙田集中，整编为新四军，奔赴抗日前线。

三年游击战争时期，南洞还有邓连和、郭积良、张文古、罗爱前、何继元、郭美远、邓凤仔、张金古、钟进富、叶宗荣、何泗喜、张亮才、张丙元、何遵贤、欧阳奇杰、郑成仔、郑根科、肖攸庆、李万富、李叫古、郑福求、傅朋古、欧乐奴、李招珠、郑前寿、廖千奴、祝桂奴、肖珍元等游击队员英勇牺牲。

湘南游击队，在西边山顽强地抗击了敌人的疯狂进攻，一直战斗到 1937 年 8 月，保卫了西边山这块红色的革命根据地。9 月，游世雄集合了游击队和工作团人员，10 月 8 日开驻桂东沙田集训待命，游击队改名为"湘粤赣边区人民抗日义勇军"。1938 年 1 月，抗日义勇军改编为新四军，奔赴抗日前线，胜利地完成了党交给的"深入敌人后方，打击敌人，扰乱敌人，牵制敌人，疲劳敌人，建立敌后游击区和根据地，配合野战军北上抗日胜利"的伟大任务。

三、东边山革命根据地

东边山革命根据地，由汝城濠头、南洞东边山、田庄白泥坳、桂东沙田、东洛、崇义上堡等地组成，是井冈山革命根据地、南方二年游击战争革命根据地的重要组成部分。从大革命、土地革命，到抗日战争、解放战争，一直坚持斗争，21 年从未间断。濠头及其庙前属于东边山革命根据地范围。朱德、陈毅、王尔琢、聂荣臻、林彪、彭德怀、罗荣桓等在东边山留下了战斗足印。

蔡会文转战东边山

蔡会文 1934 年 4 月任粤赣省军区司令员。10 月，任中共赣南省委委员、省军区司令员。中央红军长征后，留在苏区坚持斗争。1935 年 2 月，掩护中央分局机关安全转移后，突围到上犹、崇义、汝城、桂东一带。1935 年 4 月，项英、陈毅在江西大余长岭主持召开了中央苏区分局会议，成立了南方游击总指挥部，直接领导湘粤赣边的游击战争。蔡会文任粤赣红军游击支队司令兼政委和中共湘粤赣特委委员。

会后，蔡会文奉命率两个大队约 300 人，从江西油山赴湘赣边境的东边山建立游击区。由于地域生疏，又没有向导，蔡会文部被敌人包围在境内的大山之中。在此情况危难之际，汝桂边游击队指导员赖鉴冰率队前往援救。他一面调集游击队到包围圈外的热水小水山接应，一面秘密派人送信给蔡会文，告知蔡会文向小水山方向突围。

一个大雨倾盆的下午，赖鉴冰到山前棚（小山村）令秘密联络员李熙成（汝城濠头人）火速把信送往被包围的蔡会文游击队。郑重告知此信责任重大，事关 300 多红军游击队员的生命安危。

去的路上到处是敌人的哨兵和便衣，为了安全及时送出密信，李熙成用油纸把情报包好插入一个大石蛙肚中，头戴斗笠，背着捉蛙的簸箩子出发。一路上，抄小路，走山道，尽量避开敌人岗哨，但在即将进山时，还是遇到了敌兵的严密盘查。因簸子里除了几只石蛙外什么也没有，敌兵只好放行。李熙成在山里奔波了 3 天，终于找到游击队，安全地把信交给了蔡会文。

当天夜里，蔡会文指挥红军游击队向赖鉴冰指定的热水小水山突围，在汝桂边游击队的接应下，突出了敌人的包围。这支 300 人的红军部队，以赤水仙、东边山、西边山为活动中心，在湘粤赣三省边界地区，发动群众开展艰苦的游击斗争，建立了湘粤赣边区游击根据地。当湘粤赣三省国民党当局调集数十倍于游击队的兵力，以东边山为主要目标，进行反复"清剿"时，蔡会文将游击队"化整为零"编成小分队，分散与敌军周旋。

东边山整编

1935 年 10 月，福建军区第二十四师政治部原主任游世雄也奉南方游击总指挥部命令，率百余红军战士来到东边山与蔡会文会合。至此，东边山游击区汇集了方维夏带领的红独四团余部、张通带领的红独五团一个连，以及第七十一团的一部和赖鉴冰带领的汝桂边区游击队等 5 支队伍。蔡会文将上述各支队伍整编为湘粤赣边红军游击支队，蔡会文任支队长兼政委，游世雄任副政委，罗荣任参谋长，李国兴任政治部主任。支队总部设东边山赤水仙，下辖 8 个大队，每个大队 50—80 人枪。

1936 年初，蔡会文率领部分战士向桂东县转移时，被叛徒引路的粤敌朱冠山铁甲兵教导团包围。突围中，两次负伤，昏倒在地，被敌俘获。苏醒后，怒斥敌人，用尽最后一点气力，高喊"共产党万岁！"然后扑向敌人。搏斗中，被敌刺破喉管，壮烈牺牲。在东边山革命根据地的斗争中，一批革命同志壮烈牺牲。

濠头庙前革命烈士墓志铭

猴古山高，樟溪水长。悠悠庙前，声名远扬。风起云涌，斗争高涨。太平天国，威武雄壮；农会大刀，红旗飘扬；土地革命，抗日解放；锤子镰刀，五星照亮。革命元勋，根植沃壤；开国将领，足印山岗；英雄鲜血，遍洒僻乡；庙前人民，信念坚强；家仇国难，奋勇担当；支援红军，直驱前方；解放据地，挥斥赣湘；烈士壮举，歌泣四方：

杨排长、李正彬、唐毛苟、唐细毛苟、李熙成、雷克仁、罗佳福、刘飞南、朱德奴、曹头古、郭孟平、李声彬、邓根福、邓祥瑞、何有明、余席才、何活明、黄云古、李顶攸……

缅怀英烈，哀吟低唱；勒石刻碑，铭记英魂；扶困济穷，立国兴邦；优良传统，代代褒扬；奉献老区，乾坤朗朗！

四、接受改编

第一轮谈判

抗战前，由于国民党的严密封锁，湘粤赣边游击支队一直转战在人烟稀少的崇山峻岭中，并与上级党组织失去了联系。1936年12月，游击队从地方报纸上知道西安事变的消息，听说活捉了蒋介石，战士们极为兴奋。1937年夏，国民党省政府派联络员李宗保（红独四团原团长）到沙田联络红军游击队下山。游击队负责人未予接见，只写了一封历数李宗保叛变投敌罪行的信给他。李宗保极为狼狈，灰溜溜地返回了省城。其后，特区委和支队派顾星奎、罗新成等秘密前往郴州，探听有关国共合作的消息。

1937年9月，中共赣粤边特委派交通员将项英、陈毅的指示信送到西边山，恢复了游击队与上级组织中断2年多的联系。信中说中央已制定抗日民族统一战线政策，决定同国民党合作抗日，指示西边山游击队就合作抗日问题与国民党地方政府进行谈判，并强调要提高警惕，不要轻易下山，一切待命行动。西边山特区委和支队立即召开了紧急会议。会上，有人认为这信可能是敌人的阴谋，不能完全相信。其时，顾星奎、罗新成回来了，但由于湘南特委机关遭破坏，他们未与湘南特委取得联系，只从报纸上看到了国共合作抗日的报道，因此，认为信的内容可信。为慎重起见，西边山特区委又决定再派顾星奎随赣粤边特委派的交通员前往江西探明情况。顾星奎在江西大余见到了南方游击队总部负责人杨尚奎，向他汇报了东西边山游击区和湘粤赣边游击队的情况。杨尚奎向顾星奎讲述了建立抗日民族统一战线的重要性，强调在改编谈判中不能放弃原则，不能让国民党把游击队吃掉。顾星奎返回西边山将上述情况汇报后，游击队才打消了疑虑。

遵照南方游击总指挥部的指示，湘粤赣边游击支队派游世雄、顾星奎、曾昭圩、肖国天等人为谈判代表，在西边山的桃寮与国民党湖南第八区（郴州）保安司令部少校郭大维和地方政府代表黄存善等人举行了第一轮谈判，双方达成了"互不侵犯、合作抗日"的协议。

第二轮谈判

1937年10月上旬，为解决国民党沙田驻军撤防问题，游击支队又组织了以游世雄为代表的谈判代表团，赴汝城县保安团部所在地县城高店，与国民党湖南第八区保安副司令胡凤璋及县长凌惕渊进行第二轮谈判。

国民党方面以国共合作应统一于一个政府为借口，要求将湘粤赣边游击支队就地编入湖南保安第八区第六团。游世雄严辞拒绝，要求汝城县政府全面履行国共合作抗日的方针，红军游击队只能编入新编第四军，要求汝城县政府立即停止武装"清剿"游击区，组织民众开展抗日救亡活动。双方进行了两天的协商谈判，终于签定了《游击队下山接受改编协议》：

（1）双方停止敌对行为，国民党方面让出沙田周围60华里地区，交由红军游击队接防，作为红军游击队的活动地点；

（2）红军游击队改编期间，由政府供应给养；

（3）释放被关押的共产党员、红军游击队员及群众；

（4）国民党方面派郭大维为代表常驻沙田，以便联络交涉。

协议签定后，汝城县政府召开大会，公布了湘粤赣边红军游击支队下山接受改编的消息，汝城社会各界举行宴会为谈判代表团接风洗尘，《汝城民报》对协议的内容进行了报道。《游击队下山接受改编协议》的公布，标志着抗日民族统一战线在汝城的建立。游世雄离开汝城返沙田时，胡凤璋、朱扬荣分别送给他一头骡子和一件狐皮大衣，郭大维送还了游世雄在西边山松坑突围中失散的儿子游怀春。汝城社会各界为谈判代表团举行了盛大的欢送大会。

开赴抗日前线

1937年10月中旬，湘粤赣边游击支队命令所属各队到汝城南洞料家坪集结。队员们一到料家坪，忙着换洗衣服，理发洗澡，消灭虱子，同时边休息边等候陆续下山的战友，至月底汇集游击队员约 200 余人。经一段时间的休整，队员们体力恢复，面貌一新。换发军装时，队员们一看是国民党的军装，心里很不是滋味，调侃地说："五角星同十二角星打了十年仗，现在要我们脱下红五星换上十二角星，心里难受。"有的队员还不肯替换。支队领导只得耐心说服教育。

其后，湘粤赣边游击支队奉命改名为湘粤赣边区人民抗日义勇军（简称抗日义勇军），下辖两个支队，游世雄任第一支队支队长兼政训员，方玉明任第二支队支队长，王赤任政训员。游击队下山后，附近的群众纷纷前来探望，学校和民众团体送来许多慰问品，仅"劳军鞋"就有数百双。许多刚从监狱释放出来的共产党员和红军游击队员，也纷纷前来寻找党的组织，周边进步青年积极要求参军，仅西边山就有廖掌元、张庚娇、罗尊古、朱满仔夫妇、李万珠、罗兰子等数十人参加了抗日义勇军，队伍扩大到 500 多人。

1938 年 2 月上旬，抗日义勇军编为五个中队、一个宣传队，由游世雄、王赤率领，13 日，游世雄接中央分局命令，率抗日义勇军从沙田出发，经崇义县迅速向江西池江开拔。那天，汝城、桂东、资兴、崇义、上犹等县政府都派来代表欢送。桂东县长颜宗鲁还向抗日义勇军赠送了嵌入游世雄之名对联的锦旗：

"世事艰难，相期共济；雄才大略，定建殊勋。"旁题："世雄队长吾兄，请缨抗日，卫国保家，鹏程万里。其志可嘉，于其行也，爰选联语，以志纪念。并代表桂东民众同伸贺忱。"

路旁挤满前来送行的群众，有的将鸡蛋、花生塞给战士，有的为战士们抬武器，搬行李。队伍起程时，锣鼓喧天，鞭炮齐鸣，军民眷眷握手，洒泪道别。部队一路经江西崇义、上犹到达池江，改编为国民革命军新编第四军（简称新四军）第一支队第二团第二营及第三营一部，在项英、陈毅的领导下，豪情满怀地开赴皖南抗日前线。

第十二章

大后方汝城的抗日活动

★

一、党组织工作受到省委表彰

党员发展成为全省先进县

1938 年 2 月至 1939 年冬，汝城县党组织建立了 4 个区委、37 个基层支部，有党员 460 多名、团员 50 多名，是湖南省委所辖各县中党员人数较多的县之一，受到省委书记高文华表扬。

建立资汝桂中心县委。1938 年 2 月 2 日至 6 日，中共赣南特委在大余池江召开特委第一次扩大会议。会议由项英主持，汝城县党组织负责人顾星奎参加了会议。会议确定了各级党组织今后的工作任务：开展和巩固抗日民族统一战线，积极发动抗日救亡运动，建立和恢复党的组织，广泛开展青年和妇女工作。

会议之后，赣南特委在西边山特区委的基础上组建了中共资（兴）汝（城）桂（东）中心县委，顾星奎兼任中心县委书记，彭寿其任副书记，刘芝禄、李书福、钟乐喜为委员。资汝桂中心县委开始隶属赣南特委领导，机关设沙田万寿宫新四军留守处内。

中心县委与新四军驻沙田留守处一套人马，两个机构，但工作各有侧重。新四军驻沙田留守处是公开的合法机构，公开发动群众开展抗日救亡运动。中心县委是秘密组织，负责党组织建设和地下武装活动；扩大抗日民族统一战线的影响，巩固抗日团体；宣传中共抗日政策纲领，发动爱国青年参军抗日；贯彻减租减息政策，改善人民生活，优待抗日军人军属，供应抗日物资；反对内战，反对分裂，反对向日本帝国主义妥协投降。

1938年冬，李明秋、刘芝禄奉湘南特委指示，在资兴黄草坪重组中共资（兴）汝（城）桂（东）中心县委，赖绍尧为书记，李明秋为副书记兼宣传部长，刘芝禄为组织部长。中心县委机关设黄草坪，负责领导三县党的组织建设和抗日救亡运动。

中心县委的成立，对汝城党组织的恢复和发展起了重要作用。

秘密发展基层组织。 1937年9月，赖绍尧从江西回汝城后，在热水秘密组织和恢复了伐木放排工人水陆平安会和造纸工人蔡伦先师会等进步组织，并输送了一批青年到沙田参加新四军。汝城临时区委成立后，赖绍尧于县城、田庄、外沙、热水等地联络了大革命、土地革命时期失散的党员何大修、欧阳昌、钟碧楚、刘光明、朱性清、朱道行、朱赤等人，研究恢复党的基层组织。首先，范卓在长安村恢复和发展了范达尊、范灿堂、范致远等22名党员，建立了中共长安支部。其后，热水、东岭、田庄、外沙等地党组织相继恢复。在城内，通过何大修、朱伟成、宋扬庭等人联络，发展党员10余名，建立了中共城市支部。

1938年2月，湘南特委书记王涛来汝城检查工作，听取了赖绍尧的工作汇报后指示：汝城党组织恢复建立后，有了一定发展，党组织与社会各方面建立了相当的关系，统战工作取得了一定的成效。但目前党员素质太差，应加强党员教育和发展新党员。

为了加强党在县城区的工作，1938年冬，县委书记何秉才组建了中共汝城区委（又称汝城市委或城厢市委），陈卓坤任区委书记，朱书诚任组织委员，朱琦（又名朱碧波）任宣传委员。汝城区委下辖工人支部、郊区支部、学生支部、街道支部，有党员50多人。

重组汝城县委。 1938年3月至4月，汝城临时区委正式成立，赖绍尧任书记，范卓、范致远任委员，兼管资兴、桂东两县的党组织工作。汝城临时区委原隶属西边山特区委领导，后特区委撤销，临时区委隶属资汝桂中心县委领导，管辖热水、东岭、横迳、长安、城内、永安、田庄7个支部，有党员60多名。

7月，中共汝城县委在资兴黄草坪成立，赖绍尧任汝城县委书记，何秉才接任汝城临时区委书记，范旦宇任组织委员，范卓任宣传委员。

同年冬，湘南特委调赖绍尧为资汝桂中心县委书记，命何秉才、范卓、范旦宇、范致远等人重组中共汝城县委。资汝桂中心县委组织部部长刘芝禄召集何秉才等4人在田庄开山庙开会，宣布何秉才任县委书记，范卓任组织部长，范致远任宣传部长，范旦宇任统战部长。汝城县委重组后，汝城临时区委撤销，县委机关迁县城星光书店。

举办党员骨干训练班。为提高党员的思想政治素质，1938年夏，湘南特委组织部长周里亲到汝城组织举办了两期党员和积极分子训练班。第1期在长安耕读村范卓家中举办，训期7天，朱汉樵、朱琦、郭力军、刘光明、何大仁等人参加了学习；第2期在附城东水村的水东小学举办，朱书诚、朱志元、朱善猷、朱英等人参加了学习，学习的主要内容为抗日民族统一战线、抗日游击战争、中国社会和中国革命前途、党的基本知识等，周里主讲党的建设。办班期间，发展了朱书诚、朱志元等10余名党员，建立了中共水东支部。通过学习培训，党员骨干的素质得到较大的提高，党员队伍迅速发展壮大。

1939年春，为尽快培养党的干部，资汝桂中心县委组织3县党员骨干前往郴州万胜旅馆参加湘南特委举办的训练班。汝城县委先后派范卓、钟碧楚、范鼎盛、雷乐云等人参加学习。学习的主要内容是社会发展史、中国共产党纲领和有关党建知识。同年夏，中共汝城县委以开办妇女文化补习班的名义，在土桥栽培江举办了青年妇女党员和积极分子训练班。何大群、朱家基负责，范莲仙、卢晓云、卢正秀、何凤梧等8人参加了训练班的学习。接着，在城郊厚坊村党支部书记何诗豪家也秘密开办了党员学习班，朱汉樵、曹永泰、朱训贤、何诗豪等人参加了学习，朱琦、何大群等授课，主要学习哲学、社会科学理论、党的基础知识、统一战线等内容。

建立地下交通联络站。为加强与湘南特委的联系，汝城县委在资兴黄草坪、滁口、旧市等地建立了交通联络站。1938年至1939年，县委书记何秉才与外沙支部书记朱性清来到黄草坪、旧市，以开豆腐店为名从事秘密活动，发展了杨师项、何良珠等12名党员，建立了中共黄草坪支部，杨师项任支部书记。其间，何秉才以星光书店为阵地，组织星光读书会，主编《星光半月刊》，开展轰轰烈烈的抗日救亡活动，并迅速恢复和发展中共汝城地方组织，积极培养和发展党员队伍，汝城为当时湖南省委所辖各县中党员较多的县之一，受到上级组织的赞扬。"平江惨案"后，国民党掀起反共高潮，何秉才转移至桂阳任桂阳县工委书记，以开办合利粉厂为掩护，从事地下革命活动。1942年2月，何秉才在汝城地下党员朱琦推荐下，担任广东仁化县城口楚南同乡会馆副馆长，并以做土纸生意为掩护在粤北仁化和始兴一带从事革命活动。

建立党费收缴制度。1938年12月16日，汝城县委针对部分支部不注意收缴党费，致使组织活动经费困难的问题，发出了《中共汝城县委关于征收党费的通知》。通知指出：党费是组织活动经费的主要来源，党员交纳党费，从物质上帮助党，是应绝对履行的义务，是党员的基本条件之一。要求凡有职业的党员，都应主动将其收入的一部分交给党组织；家中经济比较富裕的党员，更要多交党费，资助组织。各支部还要求党的积极分子和开明绅士向党组织捐资。同时，要求各地在开展组织活动时，必须勤俭节约，不要乱花党费。全县各地党支部组织党员认真学习了县委的通知，党员缴纳党费的意识得到加强。

1939年4月11日，湘南特委书记王涛在向湖南省委的《湘南报告》中对汝城党的工作进行了表扬："汝城党的组织，较以前实际、具体和巩固了，新的知识分子党员增加了，并且争取了两个高小的校长。支部能经常开会，出壁报，每晚与群众开座谈会谈时事，党的工作逐渐渗透到基层。"

共产党员竞选乡保甲长，受到省委表扬

选派党员、知识分子参加培训。1937年底，张治中主政湖南，强调乡、保长要由各地的校长、教员或其他知识分子担任，中共组织支持张治中这一做法。各地撤换了大批乡、保长，并在全省分区进行训练。为加强后备干部的培养，省政府开办湖南省地方行政干部学校，以实现从县到乡镇的人事更换。汝城县政府选派了大批青年知识分子参加培训班学习。汝城党组织也想办法派了一批党员和进步知识分子进入培训班。

把濠头乡长拉下马。何增智是汝城有名的恶霸地主，胡凤璋的八路诸侯之一，时任濠头直属乡乡长。他横行乡里，盘剥百姓，大革命失败后追随胡凤璋大搞白色恐怖，屠杀共产党员和革命群众。1938年8月初，何大群、郭力军带领濠头学友会会员向县政府发出请愿书，揭露何增智鲸吞公款、贪赃枉法、鱼肉百姓的十大罪状，请求县政府予以严惩。何增智得知后，上书县政府请求辩"诬"，并带领乡丁在圩场上围攻学友会会员，扬言报复，气焰极为嚣张。8月20日，何大群、郭力军等再次向县政府请愿，要求罢免何增智的乡长职务。同时向全县城乡发出"快邮代电"，公布何增智的十大罪状。社会各界纷纷声援，数百人到县政府门口集会，县长被迫表态同意调查。由于请愿书列举的证据确凿，年底，县政府下令免去了何增智濠头乡乡长一职。

竞选乡保甲长。"范致远当上保长了！共产党坐天下了！"中共党员范致远当选为土桥横迳村保长后，发动横迳村群众抗征苛捐杂税，揭露乡长何仲伟贪赃枉法的行为，在县城引起轰动。县政府下令免去范致远保长职务。横迳村党支部发动村民公推民意代表到县政府请愿：范致远当选保长，完全是严格按照《湖南省保甲法规》的条款，通过民意竞选产生的，强烈要求留任范致远。县长凌惕渊顶不住民意，哑口无言，县政府只得收回成命。

1939年7月，国民党汝城县基层政权换届选举。依据《湖南省保甲法规》，各地保甲长可通过竞选产生，参加了省地方行政干部学校培训的知识分子大多竞选上了保长。为加强党组织对乡村基层政权的影响，中共汝城县委发出"所有共产党员应尽一切努力和可能，打进国民党各级行政机构里去工作"的指示，各基层支部纷纷派出党员知识分子、党员教师去参加基层政权竞选。北乡、东乡、西乡均有相当数量的共产党员担任了乡、保、甲长等职。全县共有19名共产党员被选为保长。

汝城党组织发动党员竞选乡保长工作成效明显，得到了上级党组织的肯定。湖南省委书记高文华在向中共中央汇报时指出，"汝城去年7月时，还有19个共产党的保长同志"，"这是我们党在统一战线活动中依据的资本"。

二、党组织的转移和恢复

1938年10月，抗日战争进入相持阶段。1939年1月国民党召开五届五中全会，制定了"溶共""防共""限共"的方针，对外妥协、对内反共的倾向日渐明显。在汝城，国民党当局蓄意制造反共磨擦，强行查封抗日团体，阻挠民众抗日，直至搜捕、屠杀共产党人。在艰难复杂的形势下，中共汝城组织坚持抗日民族统一战线，坚持抗战，反对分裂，公开或隐蔽地开展斗争。抗战初期汝城县因发展的党员较多，是湘南特委组织转移工作的重点县。

县委机关被迫转移

转到"乃吾庐"。1938年夏，湘南特委派曹秋英到汝城开展妇女工作。她从郴州起程经资兴至汝城，到达资兴东江时，被国民党特务发现并一路跟踪。曹秋英进入马桥境内，就被国民党保安团带进马桥乡公所强行检查。所带文件被搜查出来，曹秋英随即被带到县城。因当时国共合作关系尚未破裂，县长凌惕渊对曹秋英不敢乱来，态度还算客气，但坚持要本县共产党负责人出面和县城的店铺担保才予以释放。与曹秋英随行的汝城籍党员唐柱国赶忙到永安村找到汝城临时区委书记何秉才汇报，何秉才和星光书店当即出面担保，曹秋英才得以释放，及时返回了郴州。但这样一来，何秉才、范旦宇以及星光书店的政治背景全被暴露，党的活动受到国民党的监视。县委机关被迫转移至附城乡上水东村朱善猷家的"乃吾庐"。

位于卢阳水东大朝门左侧旁，其中一座房屋的门楣上书有"乃吾庐"三个遒劲大字，寓意"我的陋室"。当时，乃吾庐成为文人向往的聚会场所。1938 年，乃吾庐传到朱毂后裔朱善猷家，在中共汝城县委领导下，朱善猷和父亲朱书诚、叔叔朱志元组织"乃吾庐读书会"，乃吾庐成为一个宣传革命和掩护革命的红色场所，留下了老一辈革命家王涛、周里、谷子元、范卓、钟碧楚、范旦宇、何秉才、朱汉樵等人的足迹。

湘南特委部署转移。在国民党掀起反共高潮时，为保护党组织和党员生命安全，上级指示各地有计划、有步骤地转移党的组织。1939 年 9 月，湘南特委负责人谷子元到汝城部署党组织转移工作，秘密召开了党组织转移工作会议，向大家介绍了国共合作形势逆转的紧急情况，传达了中央关于"隐蔽精干，长期埋伏，积蓄力量，等待时机"的方针，要求汝城县委迅速采取措施，组织未暴露身份的党员自找职业，就地潜伏隐蔽，转移已暴露身份的党员到外地工作，继续坚持长期斗争。谷子元当即决定将暴露了身份的何秉才、朱志元、范旦宇撤离汝城，指定朱琦接任中共汝城县委书记，雷乐云接任组织部长，何大群接任宣传部长。

党员就地隐蔽开展活动

汝城县委根据湘南特委负责人谷子元的指示，调整了基层党组织的布局和工作安排。由朱性清专门负责西区马桥和兼管资兴黄草坪、旧市、滁口等地的党组织工作；由何韬任支部书记，负责在濠头组建临时支部，安排该地区 27 名党员以教师职业做掩护进行隐蔽。在城区安排机关党员以同文书店为据点，白天在店里睡觉隐蔽，晚上外出开展活动。

1939 年 11 月，湘南特委派朱善猷回县继续部署党组织转移工作。

1940 年冬，中共湖南省工委再次派朱善猷秘密回汝城，通知那些已暴露身份的党员赶快转移。朱善猷回县后隐藏在水东村的李子园中，连夜通知朱上炯、袁国鑫、欧阳畅茂等开会，再次传达了中央关于"隐蔽精干，长期埋伏，积蓄力量，等待时机"的精神。会后，大家分头联系横迳、范家、濠头、土桥、香垣等地的基层组织，通知范莲仙、范名琛、何大熙、朱承清、朱逵等人迅速转移。最后，同意转移到外地的党员有20余人。因目标太大，为安全起见，朱善猷安排这些党员分批、分路转移。

1941年2月，朱善猷部署完隐蔽工作后，带领宋正经前往衡阳向湘南特委负责人谷子元汇报汝城工作。后因朱善猷多次往返汝城，引起了敌人注意，湘南特委把朱善猷调广西桂林工作。同年6月，宋正经再次赴衡阳汇报工作，但回县的第二天就被国民党逮捕。国民党县党部对宋正经多次审讯，宋正经守口如瓶，未暴露组织机密。因国民党未掌握宋正经过硬的证据，无法对他定罪，关押几个月后只得把他释放。此后，宋正经的行动受到国民党军警特务的严密监视，汝城县委同湘南特委的联系中断。

党员骨干转移至湘粤桂

抗战中期，由湘南特委组织转移到外地隐蔽的汝城籍党员骨干队伍共有4支，分别转移到湖南桂阳、宜章，广东始兴、广西桂林等地。

转移到桂阳——合伙办厂。1939年秋，汝城原县委书记何秉才及党组织负责人郭力军、范旦宇、范卓等由湘南特委安排紧急转移桂阳，何秉才任桂阳工委书记。何秉才到桂阳后，与桂阳县党员李斐合伙在县城开办合利米粉加工厂，以此为掩护组织当地群众开展抗日救亡活动。1941年冬，何秉才母亲病逝，他未报告组织就乔扮商人，从桂阳潜回汝城料理丧事，刚到家就被国民党特务跟踪，几次遭国民党特务追捕，在本村群众掩护下才脱险返回了桂阳，但何秉才的行踪已暴露。为了地下党组织的安全，湘南特委决定立即停办合利米粉加工厂，并迅速转移了原在此隐蔽的有关人员。何秉才回桂阳后也与桂阳工委失去了联系。1942年2月，何秉才在广东乐昌找到以开伙店为掩护的朱琦，朱琦把他推荐到广东仁化城口楚南同乡会馆任副馆长。此后，何秉才改名何求，以副馆长职务为掩护，兼做土纸生意，在广东始兴、仁化一带坚持革命活动。

范旦宇转移至桂阳后，被安排在爱国将领李木庵创办的桂阳战时中学任训育主任。1939年冬，桂阳战时中学因抗日色彩太浓，被桂阳县政府勒令停办。1940年3月，李木庵把范旦宇转移至广西桂林。范旦宇投笔从戎，在抗日名将蔡廷锴的第二十六集团军司令部任特派员。郭力军转移到桂阳后，被湘南特委调任为巡视员。

1940年，经湘南特委介绍参加了新四军。

转移到始兴——探秘脱险。1939年秋，参加过广州起义的范大光到广东始兴县找时任县长何康民。何康民系汝城土桥青龙村人，黄埔军校第七期毕业，曾任国民党少将副官处长。何康民与范大光系昔日同学，因钦佩范大光的才气和为人，先后安排他在始兴县任政府秘书、民政科长。年底，湘南特委安排何大群等转移到始兴隐蔽。通过范大光介绍，何康民得知何大群是受胡凤璋迫害而离开汝城的。因何康民与胡凤璋私怨很深，何康民于是把何大群视为知己，先安排他到始兴县抗日动员委员会工作，后任命其为始兴县督学。其后，何大群又向何康民介绍了何粹亭、欧阳俊、朱上炯、何学礼、钟昌前、何应民、何大熙等10余名汝城籍党员到始兴。何康民碍于老乡面子，接纳了这批汝城人，均安排到政府部门和学校工作。朱上炯被安排到始兴中学教书兼管图书、内务等。其间，国民党三令五申查禁进步书刊，校长赖卓洲隔三差五地来到图书馆催朱上炯烧毁禁书。朱上炯约了几个党内同志，用改头换面的方法，巧妙地保护了500多本进步书籍。后朱上炯、钟昌前、何大熙等人把这些书籍带回汝城，交由汝城县委保管。

大批汝城籍地下党员转移至始兴后，始兴县政府秘书潘某提醒何康民，范大光、何大群等可能是共产党，要注意他们的活动。但何康民则认为他们是受胡凤璋迫害来投靠他的，至于是否为共产党，他不想究问。

范大光自当上了始兴县政府秘书后，利用掌管政府文书、大印的有利条件，探听到了很多内部情报。国民党汝城县党部屡次传文始兴县，要求协助追查汝城隐蔽到该县的共产党员。但文件转到范大光手中后，他随即批复"查无实据"应付了事。何大群也利用抗日动员委员会干事的身份，配合当地共产党员陈培兴、刘彦邦、梁炎木、容民锋、王德昌、刘顺玉等人，积极开展反对"公开的汪精卫和暗藏的汪精卫"等活动，把始兴县的抗日救亡活动推向了高潮。

何康民对何大群、范大光、朱上炯等的做法心知肚明，睁一只眼闭一只眼。一是何康民虽为始兴县长，但是身为外地人，在始兴势单力薄，他需要这些能干的汝城老乡扶持；二是始兴县靠近抗日前线，抗日救亡气氛较好，何康民迫于形势，也不敢公开反对共产党。

1941年，国民党反共行动逐渐升级。同年春，朱上炯在处理学校内务时，收到国民党第七战区司令长官罗卓英发来的一份公文，上面除印有"机密"两字外，还在旁边划了"+++"。朱上炯偷偷把绝密信封启开，阅看了内容，得知是校内的军训体育教官向第七战区司令部密告了始兴中学的共产党活动，罗卓英命令校长赖卓洲快刀斩乱麻，将师生中的中共嫌疑分子统统清除。朱上炯立即将秘信交与刘彦邦、欧阳春、何大群等传阅，然后再封好转到校长室。同时，迅速派人将此情况转告了湘南特委。湘南特委迅速采取措施，避免了党的重大损失。

转移到宜章——改名教书。1941 年 4 月，始兴地下党的活动暴露，湘南特委指示何大群、朱上炯、朱碧波、朱善猷、聂真等人迅速从始兴转移到湖南宜章。宜章工委书记罗名良通过统战关系，将他们分别安排在栗源区长乐、镇南、竺岱等中心校当教师。为防国民党发现追踪，朱善猷化名李文化，何大群化名何明清，朱上炯化名罗大光，朱碧波化名朱祺，聂真化名杨斌。根据特委指示，他们的主要任务是隐蔽潜伏，只参加一般群众性的抗日宣传活动，广交朋友，暂不发展党的组织，只与宜章工委书记罗名良和姚志仁进行联系。一天，宜章督学陈安治来长乐中心小学视察，发现了隐蔽在此的何大群。陈安治也是汝城人，曾任过汝城督学，了解何大群等人的政治背景。虽然陈安治表面跟何大群说，大家都是汝城乡亲，他讲义气，绝不会出卖何大群，但何大群还是放心不下。经请示湘南特委同意后，何大群等人于 1941 年冬分批离开宜章转移到了桂林。

转移到桂林——成立特支。1939 年冬，朱志元等人转移至长沙、桂林等地。是年冬初，朱志元从汝城转移至耒阳，再从耒阳转移至长沙的《观察日报》工作。日军进攻长沙时，《观察日报》搬至广西桂林，朱志元随同《观察日报》到西南印刷厂工作。朱志元很快联系上了转移至桂林的汝城籍党员，并尽快开展党的地下活动。稍后，朱志元与湖南工委高文华接上了组织关系。奉湖南工委指示，以在桂林地区的汝城籍党员为基础，成立了中共桂林支部，直属湖南工委领导，朱志元任书记。

1941 年冬，汝城地下党员何大群、朱善猷、朱上炯、朱汉樵等也从宜章等地转移到了桂林，桂林支部扩大为桂林特别支部，何大群任书记，朱上炯、刘东安、邓钧洪、聂真等人任支部成员，朱志元调任其他工作。

抗战期间的广西是军阀李宗仁、白崇禧的地盘，他们与蒋介石矛盾较深，奉行既防蒋也防共的政策。当时，由于抗战气氛浓厚，桂林特别支部的活动基本安全。其间，桂林特别支部广泛团结进步人士，积极开展抗日活动。在桂林特别支部的领导下，雷天一、黄启程、肖绮萍等进步青年凑钱凑书，开办了平明书店，经销古旧书籍，出售进步书刊，开展抗日救亡宣传。何大群、朱善猷等人参加了田汉为团长的文化界抗敌工作团。

朱志元以假乱真，潜入日占区

朱志元（1911—1995）又名朱忠源，别名朱志远，汝城县附城乡东溪村人。朱志元擅长篆刻，抗战时期，组织上给了他两块银元，他开了个刻印铺，不仅养活自己，还给组织提供活动经费。

朱志元1938年加入中国共产党，同年参加汝城地下党在上水东村组织的"乃吾庐读书会"，与朱书诚共同组建中共水东支部，发展朱善猷、朱英、曹永泰、颜维邦等加入党组织，历任中共水东支部组织委员、支部书记、中共汝城县委组织部长。1939年，汝城暴露身份的地下党员奉命撤往广东始兴、广西桂林等地，以保存抗战火种，并组建直属湖南工委领导的桂林支部，朱志元任支部书记。1942年赴重庆八路军办事处，在周恩来领导下工作。同年随周恩来赴延安，被派往山西抗战日报社从事抗战宣传工作。

抗日战争时期，因朱志元擅长镌刻，部队首长安排他仿制敌人的各种证件，以便派人打入敌占区。他制作的证件惟妙惟肖，以假乱真，从未失误，并培养了一批精于镌刻的学生，为抗战胜利作出了一定的贡献。后来他曾作两首七绝诗回忆这段时期的生活：

四尺刀长宽二分，十年持此走风尘；
梁山好汉百零八，要占其中我一人。
翻天手段又何施，顽石拿来刻字奇；
莫笑雕虫皆小道，吕梁山上我为师。

返回汝城——恢复活动。 在桂林期间，朱志元、朱善猷等多次回湖南向周里汇报工作，也潜回汝城了解地下党组织活动情况。1942年9月，湘南特委和桂林特别支部活动经费紧张，派朱上炯回县筹集经费。朱上炯回县后即被国民党特务跟踪，活动受到很大限制，筹款计划落空。后朱上炯转至乐昌东头街，找到在此开杂货店的大伯，设法借得40担土纸，分别运往衡阳、桂林出售，经费问题才得已暂时解决。

1944年，抗日战争进入反攻阶段。日本侵略者为了扭转败局，疯狂打通粤汉铁路全线。湖南省工委指示各级组织要发动群众，开展抗日武装斗争。朱汉樵、朱上炯、朱善猷等奉省工委指示回到湘南开展武装斗争。不久，朱汉樵、王来苏、朱上炯受湘南特委派遣先后回到汝城恢复党组织，开展党的活动和抗日武装斗争。年底，隐蔽在桂林的汝城籍党员奉命陆续返回湖南，桂林特别支部停止活动。

党组织惨遭破坏

联保连坐遭暗杀。1941 年秋，国民党的白色恐怖达到高峰，而汝城比全国来得更早。1940 年底，上级特委派来汝城工作的两名共产党员，不久即被国民党汝城县党部特务暗杀。1941 年秋，中共汝城县区委负责人朱家基、曹明道、宋扬庭、朱伟臣、宋正经等 10 余人遭国民党特务秘密逮捕，后宋扬庭、宋正经等人被杀害于狱中。在反共高潮中，国民党汝城县党部、县政府为严厉限制青年活动，规定机关、学校 25 岁以下者一律加入三青团，并相继出台了《取缔集会演说办法》《调整小学分布办法》《改革县制办法》等限制群众言论行动的政策。规定乡设中心小学 1 所，保设小学 1 所，校长由乡保长兼任；各地聘请教员要 5 人联保，严禁共产党员和进步人士进入教师队伍。为此，原来隐蔽在学校中的一些共产党员身份暴露后被迫转移。同时，县政府还将原有的 20 个乡镇归并为 12 个乡镇、148 保、2095 甲。并在全县建立肃反网络，实行 5 户联保连坐的户籍管理制度。这些政策出台后，汝城地下党组织受到严密监视，活动难以开展。

何大仁、何子钧叛变。1942 年，中共汝城县委原书记何大仁在汝城县议会会长何其朗的引诱下，向国民党汝城县党部书记长郑德行自首。国民党省党部特务头子刘美全来汝城督阵，加大反共力度，大量拘捕和诱降共产党人和革命干部。3 月，县委原组织部长何子钧在桂阳陈家洞被国民党郴州保安司令部抓获，5 月被押回汝城。刘美全特从省城长沙赶来劝降。何子钧被捕后贪生怕死，背叛了革命，向敌人交出了汝城县党组织档案和党员花名册。国民党县党部按册抓捕了大量共产党人和革命干部，汝城党组织遭到毁灭性破坏。

宋扬庭牺牲。宋扬庭，1882 年出生于汝城县外沙乡荷塘村，曾任保靖县警察课员。1926 年，在朱青勋、李涛等的教育培养下，加入中国共产党，先后任汝城县农民协会特派员、中共汝城县委城厢支部宣传委员。1941 年秋，在白色恐怖下，接任中共汝城县委书记，积极开展党组织活动，与国民党反动派的倒行逆施进行坚决斗争，秘密保护共产党员。

1942 年，何大仁、何子钧背叛了革命，使敌人获取了汝城县党组织档案和党员花名册。国民党县党部按秘密名册抓捕了宋扬庭、朱家基、曹明道、朱伟臣、宋正经（宋扬庭之子）等 10 余人。

宋扬庭对党无限忠诚，革命立场坚定。在狱中一年多，受尽酷刑，遍体鳞伤，但他始终坚贞不屈，未暴露党的任何机密。当他奄奄一时，敌人将他遣回荷塘老家。

临终前，他郑重给儿子宋盛经等亲人留下遗嘱："经儿，你们要坚定信心，革命要革到底，共产党一定会成功的，国民党反动派的日子不久了，你们要等到神龛上都插了红旗才安葬我啊！"

1943年3月，宋扬庭壮烈牺牲。宋杨庭牺牲后，宋正经、宋盛经、宋训伦三兄弟按照父亲的遗嘱，紧紧跟着中共汝城县委，坚持革命斗争，一直到汝城解放。1949年6月25日，汝城获得解放；1949年10月1日，毛主席向全世界宣告中华人民共和国成立了，人民翻身作主人了。宋正经告诉叔叔伯伯，可以告慰父亲在天之灵了。

这一天，湘南地委、汝城县工委领导成员谷子元携夫人朱英，朱善犹、范卓、赖绍尧、朱汉樵等宋扬庭生前战友，齐聚荷塘，在存放宋扬庭灵柩的宋氏祠堂屋顶插上鲜艳的红旗，周围芙蕖、荷塘、外沙等地的乡亲们，人山人海，高举红旗，敲锣打鼓，吹号鸣炮，给烈士宋扬庭送行。

何秉才、范旦宇牺牲。中共汝城县委原书记何秉才与何子钧系姨表兄弟，1944年10月，何子钧得知表兄何秉才隐蔽在仁化城口楚南同乡会馆任副馆长，他便与刘美全计议，利用亲戚关系诱捕何秉才。何子钧写信给何秉才，谎称其岳母病危要他赶快回家探望，何秉才信以为真，匆匆赶回汝城。当天，何子钧便带领便衣特务到城郊厚坊村将何秉才密捕。

同时，范旦宇隐蔽在桂林的第二十六集团军司令部任特派员。一天，他到桂林松坡中学对在此教书的欧阳春说，他要回趟汝城。当时何大群也在欧阳春处，听后便说："你是汝城已经暴露了的共产党负责人之一，现在回去很危险。"范旦宇不以为然地说："我是陈立夫介绍加入国民党的，只要我打出这块牌子，他们就不敢对我怎样。"范旦宇不听劝告回了汝城。不久即在县城叶家门被国民党特务逮捕。

同年12月13日，国民党县党部谎称送何秉才、范旦宇去郴州参加训练，于途中的外沙鸡毛岭将两人杀害。由于何大仁、何子钧相继叛变，汝城境内共产党员和革命群众被关被杀者达300余人。在敌人严刑拷打和威胁利诱下，少数意志薄弱者被迫在《汝城民报》上刊登自首声明，宣布从此脱离共产党。汝城党组织暂时停止了一切活动。

三、抗日救亡运动有声有色

督促县长组建抗敌后援会

1937年12月，汝城籍学生范旦宇、何大群、郭力军、朱秋等参加了湖南省政府在长沙举办的全省民训干部训练班，受训半个月后，他们被任命为民训指导员或训练员，被派回汝城从事抗日救亡工作。他们回县后，配合汝城党组织，发动爱国学生开展抗日救亡宣传，组织汝城民众进行训练，大力培养民众骨干。在活动中，何大群、郭力军、朱秋等加入了中国共产党，并成为这一时期汝城地方党组织的主要负责人。

其间，他们督促县长凌惕渊召开了汝城县抗敌誓师会。范旦宇起草了《告全县人民书》，提出了四项主张：1. 及龄壮丁，踊跃应征，以听政府调遣；2. 贡献个人财力，以解国家急难；3. 肃清内奸，以绝敌人耳目；4. 维持地方秩序，以固后方安全。凌惕渊采纳了这些主张，大会选举成立了以凌惕渊为主任的汝城县抗敌后援会。

1938年上半年，县成立了民众训练总队，各乡分别成立了民众训练队，在启明学校、储能学校、津泰乡、文明乡等地分期分批培训青年，提高他们的军事素质，为前线不断输送人才。11月，成立了汝城县民众抗日自卫团，举办教导队训练班，培养教练骨干。然后分赴全县各地，组织青年学习军事知识，开展军事训练，早上出操，晚上点名，还演习集合、追击敌人、投掷手榴弹等。

1939年3月，南昌会战后，第九战区兵员损失严重。为补充兵员，汝城每月从民众训练总队的征兵员额从161名增至322名，汝城青年纷纷应征入伍，分赴前方抗战。

濠头率先组建抗日组织

1937年12月，何大群、郭力军、范旦宇等在长沙参加"民干训练班"回到汝城后，到濠头积极开展抗日救亡运动。

组织濠头学友联谊会（简称学友会）。何大群、郭力军等在濠头乡联络了进步青年何韬、何大柱（夏蓝）、何松波、何大鹏、何学韩、何作祥、朱国模等人，在官坑小学成立了濠头学友联谊会。制定、明确了学友联谊会的宗旨："广交朋友，促进学习，开展宣传。"大家筹钱购买进步书籍，一起看书学习，交流读书体会，开展抗战时政讨论。学友会将大家的读书体会汇编成宣传资料《波浪》，并以壁报形式张贴于濠头圩场。《波浪》发刊词大声疾呼："知识分子要掀起一个狂涛激浪，去冲洗社会上的黑暗。"《波浪》刊出后，社会反响强烈，青年学生纷纷围观抄录，启明学校的学生步行几十里去看壁报。

组建濠头抗战救亡剧团。演文明戏是当时宣传抗日救亡的主要形式，学友会吸收社会上有表演能力的青年，成立濠头抗战救亡剧团，大力排练演出抗日救亡的戏剧，宣传爱国民族统一战线。演出的主要节目有《义勇军进行曲》《打鬼子去》《松花江上》等，剧团演出时讲汝城土话，群众喜闻乐见。剧团除在濠头本地演出外，还到周边的土桥、田庄一带演出，受到群众热烈欢迎。

组建汝城青年巡回剧团。1938 年 8 月，濠头抗日救亡剧团转移至县城后即在县城演出，受到县城群众欢迎。县委决定以此为基础，组建汝城青年巡回剧团，在县城一带开展抗日救亡运动。并于县城张贴招聘演员广告，以扩大剧团规模。很多知识青年纷纷前往应试，最后录取了几十人。为有利于剧团演出和抗日救亡活动的开展，县委聘请国民党汝城县党部总干事欧阳胜任剧团团长，安排共产党员何大群、郭力军、朱琦等到剧团工作，并由郭力军任副团长。有了欧阳胜的参与，剧团演出活动就有了合法的地位。一次，到南乡西坪村演出，该村土豪劣绅指使流氓捣乱，欧阳胜出面制止。剧团在全县巡回演出了 100 多场次，主要演出《放下你的鞭子》《电线杆子》《义勇军进行曲》《大刀进行曲》等优秀节目，扩大了抗日救亡影响。幕间还开展抗日募捐活动，共募集捐款 2000 余元。

1938 年冬，县委指示何大群、郭力军在剧团内部发展抗日组织，秘密成立中华民族解放先锋队，何大群任队长，何韬、何学韩、曹永太等人为队员。随后，中华民族解放先锋队在全县各地相继成立，发展了大批队员，为党的抗日救亡运动积蓄了力量。

组建"惠民百货信托社"

在汝城半边街赵公庙的坐身右起大约第 5 间店，是卢阳镇新井村朱亚雄、朱亚林兄弟同津江村的朱寿臣 3 人于 1941—1943 年合伙开的一间"惠民百货信托社"。这间名为"信托社"的百货商店，实则是中共汝城地下党联络处，是汝城的革命火种。当时汝城县委的朱琦、朱秋常在此召开党组织会议，联络各地下党和吸收新的党员等。朱亚林是汝城地下党负责人之一，虽然朱寿臣、朱亚雄不是共产党员，但他们都维护共产党，他们俩供职于汝城县政府机关：朱寿臣是国民党县党部副书记长、县自卫队饷械筹监委员会主委和津泰乡乡民代表大会主席，同时又是三民主义青年团干事长和津泰乡、仁治乡乡长，与地下党的县委负责人朱琦、朱秋、朱亚林和衡阳地下党负责人汝城籍的朱汉樵等都是朱氏同族，更是老同学和过从甚密的老朋友。因此，共产党的地下党领导都把他看作是汝城国民党方面举足轻重的人物。朱亚雄则毕业于中央军校，抗日时任重庆某部队营长，归汝城后任汝城县警察二中队长，与朱亚林是亲兄弟，同朱寿臣一样也与朱琦、朱秋、朱汉樵等都是同学、好朋友。因此，在衡阳的朱汉樵每由外地回县活动都到惠民百货信托社落脚，他的安全受到了保护。

1944年，国民党第九战区薛岳司令长官部退驻汝城后，随军的军统特务刘美全、王彦炳在叛徒何子钧的协助下对地下党组织进行疯狂破坏。

有一次，朱汉樵回汝城执行党的重要任务时，被刘美全、王彦炳、何子钧等鹰犬所嗅出，立即派警察局的人马将朱汉樵住处紧紧包围，包围落空后，便四处跟踪搜捕。朱汉樵为了完成党交给的重要任务，在群众的掩护下，星夜退避到当时朱寿臣任乡长的仁治乡乡公所。朱寿臣严密地保护了朱汉樵的安全，直到他完成任务。在朱汉樵避难乡公所时朱寿臣向他提供了许多县里的重要情报，待风声稍敛，朱寿臣又赠送盘费，并亲自护送他出境脱离危险。

星光书店星光闪

1936年冬以来，在上海、武汉读大学的汝城籍学生范旦宇、朱秋、朱琦等放假回到家乡，为传播新知识、新思想，与进步人士范大光、何秉松、曹明道等，经过周密筹备，准备以集股形式开办一间星光书店，并在开明商人朱叔葵的帮助下预借资金邮汇上海订购书刊，于1937年10月在汝城县城的南门太平街上正式开了一间新的星光书店，店名寓意"黑夜里北斗星放出光芒，照亮汝城人民前进的方向"。股东除共产党员外，还有国民党汝城县党部委员朱兆基、县政府督学曹明道、政府秘书卢正杰、储能学校校长朱夔庭等。

书店得到了当时的国民党县长宁扬川和文化教育等部门负责人的赞同，他们在书店开业时送了书画喜联祝贺。书店除出售中小学教科书外，主要出售上海生活书店、开明书店出版发行的进步书籍和报刊。如邹韬奋主编的《生活周刊》，叶圣陶、赵景深主编的《中学生》杂志，《新华日报》，后来又有毛泽东的《论持久战》等，给处于闭塞偏僻的汝城积极追求进步的广大青年带来了曙光。他们积极宣传，联络星光读书会举办了"青年讲座"和"学生研究会"，定期到中山公园六角亭和假山上开展活动，通过开展介绍新知识、传播新文化的特别讲座吸引了广大青年和学校师生参加，不到一年时间就有200多名青年和学校师生参加了读书会，并从中接收50多人参加党的外围组织，从而使他们走上了革命的道路。

1938年2月，何秉才奉中共东南分局之命回湖南，后受中共湘南特委委派到汝城工作。不久，接任中共汝城临时区委书记职务，后任中共汝城县委书记。5月，在范致远的引荐下，他以星光书店为阵地，举办星光读书会，由朱秋、何海伦、朱琦负责，发展会员150余人。他还创办、主编《星光》半月刊，共办刊10期，印发近万份。他领导建立汝城县青年巡回剧团，成立民族解放先锋队，宣传革命理论，开展抗日救亡运动，发展党的组织，培养革命骨干，将汝城的革命斗争开展得有声有色。

后经何秉才了解考察，吸收了何海伦、何湘泉、宋柳古等人入党。1938年6月，成立中共星光支部，朱秋任书记，何海伦、何湘泉任委员。之后，中共星光支部利用书店团结了大批爱国青年与知识分子。

抗日战争爆发后，书店以读书会的名义在街道和公园张贴抗日救国的漫画、标语和墙报，揭露日本帝国主义的侵华暴行。八一三事变后，中共星光支部指示党员郭履俊、何秉才、何大群等组织领导抗日剧团，经常在公园和下乡到各圩场演出讲汝城土话的抗日剧目。

为了便于开展工作，何秉才将星光书店作为县委机关，积极开展抗日救亡运动。同时，团结和培养了大批进步知识分子，大力发展各区乡党组织，先后领导组建了3个区委、5个直属支部、37个基层支部，使汝城成为湘南地区党组织恢复发展得最快的县份，使得汝城抗战时期党建工作到达高潮，受到上级组织的表扬。

1939年八九月间，国民党汝城县政府查封星光书店，解散星光读书会，掀起反共高潮。

启明、储能师生走出校门演节目

启明学校是土桥何氏所创办的私立学校，距县城约5公里，坐落于环境优美的天柱山麓。长期以来，启明学校以其管理民主、学风严谨、教学优良闻名全县。1938年冬，原校长何秉松离职后，县委派共产党员何作崖参加校长选聘并获得成功。其后，何作崖分别聘请了共产党员何大群、郭力军为教导主任、训育主任，并聘请了一大批进步知识分子任教。根据县委指示，何大群、郭力军秘密建立了启明学校党支部，何大群任支部书记。在支部领导下，启明学校建立了"工学团""学生联合会"等群众组织。暑假期间，学校以开办毕业生补习班的名义培训党的积极分子，发展了教师朱家基、何粹亭、何学海，学生钟昌前等40多名共产党员。晚自习后，学生们常燃着火把进入天柱山中的清风岩岩洞开展组织活动，接受党的知识和学唱《国际歌》等。

在学校党支部领导下，师生们走出学校，面向社会，宣传抗战形势，张贴党的

《抗日救国十大纲领》，号召人民团结抗战，鼓励青年参军参战。每逢圩日，学校文艺宣传队还到圩场演出《救亡进行曲》《谁愿做奴隶》《棠棣之花》《王佐断臂》《保卫大中华》和郭力军编导的歌剧《师生碧血录》等抗日救亡节目。同时，学校还组织师生进行军事训练，学生们经常背着木制长枪上山训练利用地形地物打游击战的技能，并派进步教师到仁治乡指导抗日民众训练队进行军事训练。

储能学校是汝城津江朱氏家族的私立学校。1938年冬，选聘新校长时，地下党组织利用津江村人的家族势力，使原校长（国民党县党部委员）朱兆基落选，而由该村有省民众训练指导员身份的共产党员朱秋当选。朱秋任校长后，解聘了一些思想僵化保守的教师，聘请了一批年轻进步的知识分子来校任教。学校积极购买新书，排演新剧，大办墙报，公开代销《新华日报》，半公开售卖《论持久战》《论新阶段》等进步书刊，在学生中组织读书会、报告会、讲演会。在附近的农村开办农民夜校，免费辅导农民学习文化，宣讲抗战形势，开展抗日救亡活动。1939年2月，县委在学校秘密成立了中共储能学校党支部，朱书诚任书记，并在青年知识分子中发展党员。

津江办起全县第一家农民合作社

为解决农民生产生活的困难和更好地开展抗日救亡运动，1940年初，中共汝城县委决定在津江村搞试点，发动群众征集家族祖款筹办农民合作社，然后在全县推广。并指示储能学校支部书记朱书诚、校长朱秋等利用家族关系和师生关系进行串联，宣传办农民合作社的好处。通过宣传，办农民合作社获得了族人的广泛赞同。族中一些开明族董对少数豪绅长期掌控族款、中饱私囊的行为很反感，也支持筹办农民合作社。朱书诚很快拟订了《津江农民合作社章程》（草案）。该章程主要包括：合作社组织简章；社员入社条件和借款规则；本社业务范围及借款条例；本社农民垦植场优待条例；本社妇女机织厂优待条例。朱书诚将合作社章程刻印成册，发给族人征求意见。合作社章程印发后，全族农民叫好。3月，在朱氏宗庙内的群芳圃挂出了汝城县第一家农民合作社——"津江农民合作社"筹办处的牌子。

殿华游艺团自织幕布搞演出

1943年2月，广州沦陷后，中山大学文学院师生内迁至湖南省汝城县泉水镇殿华村。饱受战火磨难的师生们怀着强烈的忧国忧民之心，在当地党组织的领导下，张贴宣传标语，教唱抗日歌曲，宣讲救亡形势。师生们与村里青年组建了抗日剧团——殿华游艺团，经常在殿华村宋氏宗祠演出，宣传抗日。

当时，剧团演出没有幕布，有人提出凑钱到汝城县城或广东仁化买洋布，但遭到多数人反对，认为洋布是"日货"，要坚决抵制。经商量，大家决定组织村民用村所有的织布机来织幕布。经5个昼夜的工作，制成了一幅长10米、宽6米的幕布，幕布被染上蓝色，上绣白色"殿华游艺团1943.3.3置"字样。游艺团演出的节目主要有歌曲《义勇军进行曲》《大刀进行曲》《毕业歌》和话剧《放下你的鞭子》《重庆二十四小时》等。除在殿华村演出外，游艺团还经常到周边坪坡、首善、津泰等村庄和县城演出，师生们与当地人民群众的关系不断融洽。在频繁的活动中，中山大学教授朱子范的女儿与殿华村青年宋法古产生了爱情，结成了美好姻缘。师生离开时，带走了汝城一批青年，其中殿华村的宋和生、宋承俭等后来在中山大学学习，学业有成，走上了革命道路。

抗战胜利后，殿华村民宋毛生、宋叔登、宋成波、宋成贱、宋行英、宋桥英等先后用箱子将幕布珍藏起来，放在干燥的厨房屋顶。汝城解放后，收购废旧物品的贩子几次欲出高价买幕布，抗日老兵宋毛生、抗美援朝老兵宋叔登知道后，立即出面劝止。20世纪90年代初，该村党支部、村委会作出决定：幕布由村老龄委员会保管；展示时必须有两人在场，及时收回；注意防潮防虫；任何人不许变卖；作为宋氏宗祠的传世之宝，永久保存。因此，至今80年来，幕布依然被保存完好。

四、热血青年奔赴延安

1937年底至1938年8月，中共汝城县委分批输送了何大柱、范坚才、胡代炜、朱子奇、叶明珠、范明珠、朱萍、李忠、范大光、范大跃等20余名共产党员和进步青年赴延安抗日军政大学和陕北公学学习。

叶明珠（1919—1942），女，又名白皓，别名叶磊，汝城县城郊乡锦堂叶家村人。叶明珠到衡阳女子中学就读初中，考入长沙南华女子中学初三班。在读初中这三年期间，开始接触了一些进步人士，阅读了《新青年》《共产党宣言》以及鲁迅著作等许多进步书刊，逐渐懂得了一些革命道理。1937年下半年，叶明珠积极参加了"长沙寒假服务团""长沙歌泳团"的抗日救亡活动，积极宣传抗日救国，同年经舅父介绍，结识了八路军驻长沙办事处负责人刘恕和中共地下党员朱琦、朱秋等。1938年7月，叶明珠与汝城同乡朱萍、李忠两位女同志一道奔赴革命圣地延安。同年8月，组织安排她在陕甘宁边区枸县陕北公学高级班学习。12月19日在陕北公学学习时被批准加入中国共产党，1939年5月转入延安女子大学高级班继续学习深造。因她有较强的工作能力和组织能力，义化知识水平较高，曾调中央妇委工作过一段时间，受到妇委的表扬。

1941年初从延安女子大学毕业后，刚结婚的叶明珠在爱人朱子奇的支持下，为响应党中央知识分子下乡的号召，到绥德分区党委工作，担任区分部书记兼党委宣教科长。她工作认真，成绩显著，多次受到特委表扬，不久升任代理区委书记，被选为县委委员。当时，叶明珠工作的所在地区靠近国民党顽固派占领区，她既要进行抗日工作，又要对付国民党。由于她坚决贯彻执行党的路线方针，与敌斗争勇敢机智，国民党顽固派和反动地主十分痛恨她，扬言要杀害她，但她将自己的生命安全置之度外。叶明珠怀孕后，仍坚持繁重复杂的工作，积劳成疾，于1942年秋在赴绥德城特委汇报工作途中雨夜过永定河时，肺病复发，途中突然病倒，经送三五九旅医院抢救无效，不幸逝世。后被追认为"革命烈士"，被授予"模范共产党员"和"下乡知识青年榜样"称号。

朱子奇（1920—2008），1920年4月13日出生于汝城津江村。1937年参加湖南学生救亡团。1937年12月底，经朱琦、朱秋介绍和长沙八路军办事处徐特立推荐奔赴延安。1938年3月入抗日军事政法大学（简称抗大）学习，同年4月入党，1939年6月抗大毕业后在军委直属政治部负责编辑杂志《抗大生活》《部队文艺》，参与创办新诗歌社抗大分社、山脉文学社、鹰社等。

1938年8月，毛泽东到抗大讲课，曾观看他和魏巍办的诗墙报，赞扬说："抗大出抗日军人，也出抗日诗人，好！"

朱子奇在抗大获得"学习突击手"的称号，毛泽东曾在朱子奇的笔记本上题写了"打日本，救中国，青年在先"，予以勉励。毕业后留校从事政治工作，业余进行文艺创作。1940年调到军委直属政治部搞文化工作，创作了《学习突击歌》《反投降进行曲》《延河曲》《反法西斯进行曲》《我们是毛泽东时代的青年》等歌词。曾任抗大政治部科员，中央军委直属政治部宣传队队长、剧团团长，华北联合大学文艺学院秘书。

夏蓝（1919—2006），1919年生于汝城县濠头乡濠头村，原名何大柱，家中排行老二。抗战初期，插入郴郡联立中学学习，一年后转入衡阳广德中学，在校组织以郴州籍同学为主的"抗日救亡剧团"，开展抗日救亡宣传。假期，夏蓝回家参加何大群、郭力军等组织的反对恶霸何曾智的斗争。1938年8月，濠头革命活动遭国民党反动势力镇压，何大柱在何大群、郭力军的帮助下，经中共汝城县委推荐赴陕北求学，与汝城的范坚才、胡代炜、范大跃等人先后编入陕北公学学习，自此何大柱改名夏蓝，同年，加入中国共产党。

1939 年 1 月，转入抗大学习，毕业后，分配到中共中央晋察冀分局宣传部、政治部工作，一直从事报社编辑、通讯报道等工作。1943 年 1 月，夏蓝负责军队党报《子弟兵报》的编辑工作。1943 年冬季反扫荡中，夏蓝被派至晋察冀军区独立团，随部队转移、作战，参加过反"围剿"、反扫荡以及百团大战等战斗。抗战胜利后，部队改编为野战军，夏蓝被编入第二兵团。

范大生（1916—1943），汝城县土桥乡宽量村人。1931 年九一八事变后，范大生因参加抗日救亡运动被学校开除。其后，范大生先后进入明德中学和岳云中学读书，又因参加学潮而遭学校开除。七七事变后，经八路军驻湘办事处介绍，范大生赴延安抗大学习。其间，他系统学习了马克思主义、毛泽东著作。1937 年，范大生加入中国共产党。1938 年 8 月，被分配到晋东南抗日根据地黎城机关工作，历任冀鲁豫支队指导员、党总支书记、黄县独立团副政委、华北抗日民一团党总支书兼团政治部主任等职。

胡代炜（1920—2000），汝城县马桥乡石泉村人，中共党员，文艺评论家。1938年参加革命工作。胡代炜在延安时期开始从事文艺创作，1940 年，萧三和诗友柯仲平、公木、贺敬之、塞克、郭小川、艾青、朱子奇、胡代炜等成立了"延安诗社"，组织出版了《新诗歌》。1944 年肄业于延安大学财经系。历任陕甘宁边区银行会计科长、业务科长，中原军区文工团指导员等职。

五、积极支前与安置难民

救济和安置难民

1944 年 6 月，长沙、衡阳相继失守，国民党湖南省党部、湖南省政府机关及第九战区司令长官部、省直机关转移至汝城后，湘、粤、赣边的难民大量涌入汝城，高峰期达 120 万人。

为安置入境的大量难民和维护社会秩序，县政府一面组织全县紧急筹集粮食，于各地大量设立粮食收购站和难民收容所；一面组织民团加紧维护社会治安。当时，汝城只有 15.32 万人口，却要安置上百万人口的衣食住行，承受着巨大的压力，做出了巨大的牺牲。余月后，汝城县政府奉命为难民紧急筹粮 1 万大包（即 100 万公斤），全县粮仓全部调空，粮食格外紧张，饥荒遍及乡里。省政府和第九战区司令长官部只得加紧向周边县市调集粮食和物资。在湘粤赣边界、县城各地设收容所 11 处，挤出上万栋民房安置大批难民。

1944 年 7 月 1 日下午，汝城县政府举行第六次常委会会议，讨论第七、九战区后方紧急应变信号：开枪 2 响或发出警钟 2 声，即示发现敌人便衣队或匪盗；开枪 3 响或发出警钟 3 声，即示发现敌降落伞部队。

7 月 21 日，汝城县县长贺钦下达训令（汝克民财警行字第 1378 号，令县商会筹建难民收容所及发放难民款米事项）：

湖南省民政厅五午豪电开：该县应速择适当地点设所收容难民。凡难民到县，即查验证件，送入收容所。给养每日食米大口五市合（说明：1 市合为 0.1 升，约 100 克或 2 两，五市合就是 1 斤，当时汝城民众平均每人每天食米只有半斤），小口三市合，另每月发现款贰拾元，款米垫发。并须电同党团士绅及军政工人员发放，分别取具指摹（模），清册加盖发放人、监放人、县长私章，县印，专案报凭拨付，等因奉此，自应遵办。除分令外，合行令仰遵照，会同本府警察局办理，具报勿延为安。此令。

10 月 16 日，汝城县政府举行第九次常委会会议，研究难民安置问题。

筹集钱物支援前线

抗战期间，在共产党汝城县委的督促下，国民党汝城县党部成立了由县长凌惕渊为主任的汝城县抗敌后援会，各区党部相继设立分会，主要职责是组织抗日宣传，开展募捐活动，筹集钱物支援前线。每年七七、五卅等重要抗战纪念日，城区均召开抗日纪念会，组织学生演出抗日剧，慰问出征军人和阵亡烈士家属。

1937 年，全县共筹集稻谷 18.9 万担（一担 130 斤，合 2457 万斤）支援前线，人均 163 斤以上。1938 年 7 月，国民党汝城县党部纪念全民抗战一周年，在全县开展"七七抗战献金"活动，县政府规定，政府职员献金不少于月薪的百分之五，其他人士自由乐捐；各乡镇也积极开展劝募活动。富有爱国精神的汝城人民节衣缩食，慷慨解囊，有钱出钱，有力出力。县模范学校民众干部训练班的学员们将一日三餐减为两餐，每餐仅吃两小碗饭，省出粮食支援前线。

1942 年，为筹措粮款支援第九战区将士抗战，汝城县政府成立征购粮食监察委员会，并组织征粮队下乡督征。为了完成任务，全县民众想方设法，有的甚至变卖家产换粮。

1943 年，国民政府发行战时公债，汝城任务为 11 万元，全县人均 0.73 元。县政府设立了劝募委员会。原估计极为贫困的汝城难以完成任务，但广大爱国青年和知识分子自行发动，组织了 28 个下乡劝募队，到全县各圩场、乡村进行讲演劝募。汝城如期完成了任务，受到省政府嘉奖。

营救盟军"飞虎队"飞行员

1944 年 6 月 17 日，日军获悉第九战区和湖南省政府机关南迁汝城，日战机奉命腾空而起，跟踪追击。两架盟军（美国）"寇蒂斯 P-40"战斗机随之起飞，与日机空战而被击伤，其中一架迫降于汝城城东教场坪，一架撞毁于汝城长宁乡（马桥）单岭头。接国民政府电令，汝城县政府及时组织营救。负伤的盟军飞行员被汝城人民及时救治，并被安顿在县政府院内得到很好的照顾。数日后，汝城县政府组织人员将飞行员、飞机残骸、秘密文件、飞行员随行用品等送至距汝城 130 公里的韶关，移交给有关部门。长宁乡公所第六保垫付守护挖掘盟机及伙食等费用 227250 元，垫付守护降落本县境内两盟机及两次派员警护送盟军飞机旅杂等费用共计 55257 元。

第十三章

浴血奋战的抗日斗争

★

一、第九战区司令长官在汝城指挥抗战

移驻汝城

抗日名将薛岳，原名薛仰岳，字伯陵，乳名孝双，1896 年 12 月 17 日生于乐昌九峰小坪石。

1944 年 6 月 18 日，国民党湖南省党部、湖南省政府、国民党第九战区司令长官部等机关由耒阳迁往汝城，驻汝城近一年。1945 年 5 月，薛岳率领第九战区司令长官部迁往桂东。

薛岳为什么选择汝城为驻地？

一是为保家卫国。薛岳故乡乐昌九峰小坪石与汝城相邻，长沙会战三战三捷，薛岳声名远播，然而 1944 年长衡会战失利，又让他承受了空前压力。

在国民党高级将领中，与他长期有隙的白崇禧趁机向蒋介石进谗，挑拨离间，意图调薛岳部队移驻湘桂线两侧，第九战区司令长官部则移至洞口县，以保广西大

门。薛岳坚决不同意。他据理申述：兵力西移，湘南、粤北空虚，日军正可以轻易打通粤汉线；长官部如到湘西，与湘南、粤北、赣南隔阻，粮食弹药供应必然断绝；第九战区相当一部分指战员是广东人，誓死保卫家乡，如调到湘桂线，必影响情绪，削弱战斗力。蒋介石觉得很在理，同意了薛岳的意见，但抽走第九战区5个军的兵力保卫成都、重庆。

薛岳心目中，广东是他的根基，粤北、湘南则是他血脉所在的家乡，决不许沦于敌手。他坚信：依托家乡的民心、民气和民力，利用湘南、粤北、赣南险峻的山区地形，打击困扰日军，消耗日军，终将陷敌于灭顶之境。

他重新整训军队，又争取到了好友陈纳德将军的支援。陈纳德亲自驾机率美援华空军"飞虎队"轰炸长沙、衡阳、南昌等敌占城市、交通要道和重要军事据点，有力地配合了薛岳在湘南、粤北和赣南进行的大规模游击战。

二是因汝城安全。当时，汝城是大山区，没有公路水路，全靠步行，利用汝城舟车不通的优势，为抗击日寇积蓄力量。日军只有靠飞机作战。加之汝城保安团团长胡凤璋是薛岳的好友。1910年2月，他俩曾在广州一同参加孙中山领导的同盟会及广州新军起义。

部署抗战

薛岳移驻汝城之前，就已陆续安排了湖南省第三行政督察区专员公署、省银行、军政部兵工厂、教育厅、财政厅、邮政局、盐业局、公路局、电讯局、纺织厂等数十个单位迁往汝城。汝城便成了湖南军政要地和抗战总后方。

薛岳到汝城后，为战略考虑，把司令部设在土桥启明学校，那里的抗日气氛特别浓厚。中共启明支部就设在该学校。这里周边群众基础好，粮食等军需充沛，后面的天柱山清风岩还成了省政府和司令部的天然防空洞。

汝城县城中心及周边、仁治各大村庄——分驻第九战区所属机构、兵站分监、分监总监、担架兵团、后勤机关、军法执行干部调查室、军警联合稽查处、美国陆战部队、空军、特务团、兵工厂、运输部队等。

汝城西大门——文明，薛岳派出重兵驻守界牌岭、长垅、上章一带，严防日寇从粤汉铁路的宜章白石渡、乐昌坪石偷袭汝城。

汝城南大门——仁化城口、乐昌九峰，则派黄埔军校燕塘分校学生汝城横巷人欧阳泗死守，防止日寇从南面入侵汝城。

为有效指挥湖南军民抗战，薛岳向全省发布的命令和颁发的规定，由汝城党政战斗指挥所代电。为抗战的需要和争取抗战的胜利，薛岳把全省分成七大行政区，汝城、桂东和资兴属于第三行政区——汝桂自卫区。

薛总官坐阵，电令全省，各自卫区设自卫区司令，由最忠勇的县长或专员或特派人员兼任，以专员公署或县政府为司令部。各县政府还设国民抗敌自卫团，县警察局及其警察被编为警察大队。县城设自卫大队，大队以下的各乡设自卫中队。对公枪、民枪造具清单编号，以保证战时能集中使用，协力作战，并要求各级负责人，尽职尽责。在指挥上，由长官司令部管行政区，行政区管县，县管乡。上级对下级均用令行使职权。

薛岳还规定，乡自卫中队的人员平时照常工作和耕种，不给主、副食补偿；战时调动时，由县筹监会按人、枪发给主、副食补助，张榜公示，提高透明度。各自卫组织的武力要经当地军政首长同意，并确系为国为抗战，才可动用。不得假冒抗战名义，骚扰民众。

金山、永安、土桥古祠堂、学校等公众墙上，曾有第九战区士兵写的国民公约："湖南省，特务团；打日本，复国土；苦抗战，已八年；惨痛重，实空前；国不保，家不安；任务重，大家担；守军纪，最当先；莫奸淫，莫酗酒；莫赌博，……犯了事，必惩办；用军纪，无情面；受连坐，理当然；兄弟们，听我言；求进步，在敬业；营连排，要比赛；我官兵，志须坚；学技能，勤训练；考成绩，听好话；有空闲，织草鞋……"

修建机场

为便于指挥作战，1944 年 6 月，国民党第九战区司令长官部在土桥傅家一带修建一个小型飞机场，命令汝城县政府迅速组织人力、物力加紧修建，要求一个月内完成任务。汝城县政府迅速调集民工开工建设。中共汝城地下组织为了民族大义积极配合，动员全县民众有钱出钱，有力出力，并开展了各种募捐活动。短短几天，全县调集上万民工开赴工地。当时，正值炎夏酷暑，高温难耐，但民工们为了抗战胜利，发扬了不怕苦、不拍累、不怕流血流汗的爱国精神，日以继夜，奋力修建。整个工地通宵达旦，人山人海，号子声、呐喊声响彻云霄。历时 30 余天，简易临时机场建成，可以起降小型军用飞机。其后，机场多次起降了小型飞机。

至 1945 年 3 月，日军因从乐昌九峰、仁化城口两次进攻汝城皆失利后，极为恼怒，派出飞机飞往汝城侦察轰炸。当发现汝城建有临时机场后，连续两次派飞机进行狂轰滥炸，致使机场瘫痪无法使用，并炸毁周边民房 30 余间，炸死大牲口 60 余头，炸伤当地农民多人。

其后，移驻汝城一年多的湖南省政府及其部分机关、第九战区司令长官部迁回长沙。逃至汝城的难民大多也逐渐搬走，少数后来定居汝城。

二、游击队和民众的抗日斗争

十分之一人口参军抗战

1933年，国民政府颁布《中华民国兵役法》。1935年开始实行征兵制，规定"三丁抽一，五丁抽二"和"孤独子缓征"，在民众中抽丁服役，被群众叫"抽壮丁"。凡年龄在18—45岁的男性青壮年均要服国民兵役；凡年龄在20—25岁的男子应征入营，服役3年。

1939年颁布新兵役法，组建了庞大的兵役机构，各省均设立了军管区司令部，其下设若干师管区司令部，下又设若干团管区司令部，以专管壮丁征调和新兵训练工作。但由于兵源不足，原按比例抽丁及孤独子缓征的规定也无形中被取消，代之以"拉丁""抓丁"，最后发展到壮丁可以买卖。有钱人贿赂乡、保长出钱"买壮丁"顶替；贫穷百姓远逃他乡"躲壮丁"，或得钱替役"卖壮丁"。征兵任务无法完成时，乡政府就派出武装四处"抓壮丁"去抵役。

汝城县政府实施兵役法有这些办法：

（1）抽壮丁。在规定应抽范围的男丁，年满20—25岁都要参加抽签，抽中即行入武。

（2）买壮丁。一些家庭用10—30担稻谷请一个人顶替儿子的名字入伍。有穷人专门出卖自己的男丁顶替别人当兵，叫卖壮丁。

（3）抓壮丁。为补充兵员，征兵者竟在农村市场或进村或沿路强抓青壮年入伍。

抗战期间，汝城输送壮丁的数据统计：1939年6月以前，每月抽壮丁161名。从1937年1月起至1939年6月，共30个月，抽丁有4830名。南昌战役后，增至每月322名，计算到1945年8月日本投降止，共38个月，应抽丁12236名，全面抗战期间，计有17000多名壮丁。据抗战老兵何秉松、杨甲林，黄埔军校学生何储能介绍，1942年，全县有上千知识青年投笔从戎，踊跃投入远征军。当时逃兵现象也很普遍，逃兵起码占20%，因此，留在部队的壮丁至少有13000多名。当时全县人口只有15万余人，8年间，壮丁人数约占全县总人口的十分之一。

朱宇章的抗战家书

2015 年 8 月，在纪念中国人民抗日战争暨世界反法西斯战争胜利 70 周年之际，汝城县史志办发现一份珍贵的抗战家书。在发黑的牛皮纸信封上，邮戳已经模糊不清，邮票破烂不堪，信封的正面字迹却清晰可辨。收信人写着："湖南汝城文明乡沙洲村敬请烦交""朱明章先生安启"，寄信栏写着："由澧县津市军邮十四局戍字一五四号信箱附一九号丁字"。这封信是范全才 10 年前从县城旧书摊中购得并一直珍藏的，但他对信中的人和事不了解。正值抗战胜利 70 周年之际，他希望史志办能将信的来龙去脉考证清楚，以告慰抗战英灵。打开信封，里面有两封信，一封写给父母，一封写给妻子。

其中，给父母的信是：

"双亲大人膝下：跪年者儿，忆离家后，因奔驰不定，迟未修书问安。缅维：福躬康绥，合家清善为颂。儿自离家抵师管区，时经一月，于今年元月初间由师管区拨入第七三军第七七师第二三一团迫炮连服务。于昨二月廿日间由长沙开来澧县津市附近。现儿身体无恙，勿劳远念。在军自当谨守营规，努力学术。值是抗战之当局，吾辈青年应效忠党国，所谓倭奴未灭，寝馈何安！信到之日，请□回玉。来信请寄澧县津市军邮十四局戍字一五四号信箱附一九号丁字交便是，至别未他字。□□谨敬请 康健 男宇章谨启 于三月初七日"。

给妻子的信为：

"贤妻知悉丈夫在外是常思念于你，希望贤妻在家好好教养儿女，着管家务，一切为以丈夫在外卫国抗敌，消灭日寇，国家平安之后，丈夫还家，在一处如□光荣□阴如不言日本不消灭家中□也能安。"

信中内容朴实无华，但一位普通士兵的报国之心跃然于纸上，感昭人心，有重要的历史价值。

从信中第七三军驻扎津市和写信月日"三月初七日"的情况看，此信写于 1943 年 4 月 11 日，鄂西会战前夕。鄂西会战被誉为中国的"斯大林格勒保卫战"，是抗战期间全国 40 多场著名战役之一。此次会战从 1943 年 5 月 4 日开始，6 月 14 日结束，历时一个多月。战线东起湘北滨湖之华容，西止长江西陵峡口之石牌，绵亘千里。中国三军将士同仇敌忾，浴血奋战，歼灭日军 4000 人，使不可一世的侵华日军遭到空前惨败。

经查证，写信人叫朱宇章，汝城县文明瑶族沙洲瑶族村人，生于宣统年二月初五。收信人朱明章是朱宇章的堂兄,信由朱明章转交朱宇章父母和妻子。朱宇章去当兵时,他的女儿刚出生一个多月,妻子因家中缺少劳力,坐月子下地劳作,积劳成疾,一年后病逝,女儿也在几个月后夭折。

朱宇章的侄女朱冬皇,19岁时嫁到岭秀宝南村宝坑尾。据84岁的朱冬皇回忆,朱宇章为了糊口曾多次替人当壮丁,之后都逃了回来,最后一次是轮到自己家"三抽二"当壮丁。按理,那次也能逃回家,但国难当头,他毅然舍家为国,奔赴战场,被授予一等兵,在鄂西会战中光荣牺牲。

汝城保卫战

血战砖头坳。1944年冬,日军得知湖南省政府及第九战区司令长官部迁到了汝城,便部署兵力欲向汝城大举进攻,妄图一举消灭湖南省政府及第九战区司令长官部。因文明一带有重兵把守,第四军军部和两个工兵营就驻扎在上章黄家。当时他们派了一个连轮流住在龙王仙,观察粤北敌情。日寇不敢贸然进犯。

12月下旬,日军调集一个旅团的兵力,改从广东乐昌沿九峰崎岖山路进犯汝城。12月25日凌晨,第九战区命令第一六〇师主力第四七九团赶往汝城与乐昌交界的九峰山一带阻敌。出发时,司令长官薛岳下达了死命令:"如果九峰失守,日寇进入了汝城境地,军法从事!"

九峰是薛岳的家乡,第四七九团全体官兵连夜沿着崎岖山路急速行军,于当日上午十时许赶到九峰一带山地,抓紧构筑工事,并砍去了工事前面50米范围内的茅草,防止日寇烧山。日军赶到九峰山后,发现中国军队早已占领了山头有利地形并构筑了工事,便迅速组织兵力向山上冲锋。四七九团居高临下,英勇杀敌。至下午三时许,日军组织了多次冲锋,但未攻下山头阵地。双方死伤严重。下午四时,日军先用强大炮火向山头阵地猛烈轰击,再组织大量士兵蜂拥而上。由于力量悬殊,四七九团决定退至汝城延寿与乐昌九峰交界的砖头坳一带山上继续阻敌。日军以为中国军队抵挡不住败退,急速沿尚未修好的延九公路向汝城境内进犯。其时,四七九团一营奉命担任后卫掩护部队撤退,在营长欧阳泗(汝城横巷人,早期参加汝城工农运动)的指挥下,虽是孤军作战,但战士们临危不惧,沉着冷静,灵活机动,凭借熟悉的地形和茂密的树林边打边撤,迅速巧妙地甩掉敌人退至砖头坳。该地系广东乐昌进入汝城的第一道隘口,地形更为险要,易守难攻,两边高山耸立,怪石嶙峋,中间一条狭长小道穿行而过,可谓"一夫当关,万夫莫开"。战士们迅速占领有利地形,抓紧构筑工事,严阵以待,誓死守护汝城的西南大门。营长欧阳泗鼓舞战士说:"弟兄们,报效祖国、报效家乡的时候到了,我们要誓死守住阵地,决不让日寇铁蹄踏入汝城半步,决不让汝城变成硝烟战场!"日军赶到砖头坳后,即行发起猛烈进攻。但因砖头坳地势险要,大部队无法展开进攻,日军只能呈单列队形冲锋,重武器也发挥不了威力。中国军队却居高临下,凭险阻敌,越战越勇,日军多次进攻无果。

捍卫南大门。1945年1月,驻守韶关的国民党部队撤至与汝城交界的仁化县。日军迅速尾追至仁化城口,并直逼汝城。第九战区司令长官部、汝城县政府立即召开紧急会议,研究应变措施。会后,一面令第一六〇师第四七九团急赴汝城三江口、仁化城口一带阻敌;一面迅速疏散县城机关、难民,并急征民夫运送军需物资至城口。四七九团战士赶到城口一带后,迅速占领五里牌、六里坳等有利地形抓紧构筑工事,准备在此与敌寇决一死战。1月4日,日军从仁化县城出发向城口进攻,妄图继而进攻汝城。日军行至城口南面7公里的恩村后,与一六〇师四七九团发生激战。四七九团全体官兵不负汝城人民期望,凭险狠狠痛击了进犯之敌。四七九团以欧阳泗为营长的一营为主攻,激战3小时后,日军溃退仁化董塘,中国军队一鼓作气乘胜追击,日军节节败退,四七九团将士在友军和当地民众的支援下,一举收复了仁化县城。城口之战,大大消灭了日军的有生力量,打击了日军占领粤汉铁路全线后的嚣张气焰,鼓舞了地方民众的抗战决心和信心。

抗战英雄谱

欧阳泗:舍命保家乡。1907年出生于汝城县卢阳镇横巷村。1926年国民党汝城县党部成立,欧阳泗任仲裁委员。1927年7月,参加工农革命军第二师。8月15日,二师遭反革命武装围攻,撤往濠头后方营,先后改编为国民革命军第四军补充团、工农革命军二师一团,何举成任团长,欧阳泗随部在江西崇义、上犹及桂东县打游击。9月28日、29日,奉命进攻汝城县城,参与成立汝城县苏维埃政府。

1937年8月部队奉命参加淞沪会战,欧阳泗调升四七九团二营五连连长。1938年3月开赴湖南攸县后,调任六十六军军部特务连连长。1939年5月,在广东翁源升任一六〇师四七九团一营营长。在数年军旅生涯里,曾参加了南浔、湘北、粤北、桂南各战役,其间父母双亡亦未回家奔丧,在战斗中作战勇敢,数次负伤,颇有战绩。

1944年11月,日军沿粤汉铁路烧杀抢掠,占领广东乐昌后,企图沿乐昌九峰崎岖山路入侵汝城,进攻驻汝城的湖南省政府机关和国民党第九战区司令长官部。

欧阳泗与汝城军民同仇敌忾，奉命率部先后在砖头坳、城口英勇抵御日军入侵县境，确保父老乡亲免遭日寇蹂躏。1949 年 12 月，在四川大邑被解放军包围，欧阳泗随部缴械投诚，加入人民解放军。1959 年 1 月转业，任湖南省人民委员会参事室参事。1985 年去世，享年 80 岁。

叶震宇：以身许国。1906 年出生于汝城县卢阳镇锦堂村叶家。黄埔军校毕业后分配任见习军官。由于机智勇敢，带兵有方，屡立战功，不久升任步兵连连长，驻兵赣南、吉安、樟树等地。

1937 年，八一三事变发生时，当时已升任上尉营副兼机关枪连连长的叶震宇随所属部队九十八师二九二旅五八三团第三营开赴上海宝山抗日前线。9 月 7 日，担任上海宝山城防的姚子青率叶震宇等全营 600 官兵，全部壮烈殉国。这一战，史称"宝山保卫战"。

袁贤瑸：死守吴淞口。袁贤瑸，汝城县井坡云先人，黄埔四期毕业。1931 年，任营长。1932 年参加上海"一·二八"抗战，1935 年，属部奉命进驻江阴、常熟一带，参加国防线建设，任副团长。

1937 年 7 月，日寇发动卢沟桥事变，其后，大举向上海调兵遣将。8 月 13 日，震惊中外的上海淞沪会战打响，当时，袁贤瑸属部奉命死守吴淞口八字桥一带阵地。该地为上海东大门户，系日寇重点进攻突破口。战斗第四天，一颗炮弹击中团部，团长当即身负重伤被抬下火线。袁贤瑸奉任代理团长，继续率领全团将士浴血奋战。后阵前督战负伤，欲以身殉国，经战士送医院救治，回乡后不久含恨去世。

袁贤瑸牺牲后，被国民政府（部队）追认为抗日烈士，家属享受抚恤。

何作梯：腾冲英魂。1917 年 8 月 11 日生于汝城土桥镇土桥村后户组，住吟梅阁，又名作林，中央陆军军官学校（黄埔军校）第十七期第一总队炮兵第一队毕业，军委会军令部参谋班第六期学习，均历阶循序毕业，任第五十三军（军长周福成）一三〇师参谋。1944 年奉命参加远征军赴云南、缅甸抗日，阵亡于云南腾冲。

何映甫：忠贞不屈。汝城益道村西垣人。少年从军，1926 年入黄埔军校三期潮州分校。他作战英勇，带兵有方，1944 年升为第十军官佐。在艰苦卓绝的衡阳会战中，第十军抵御数倍于己的精锐日军，在援军不继、弹尽粮绝的情况下城破，何映甫被俘。在俘虏营中，他机智地从厕所逃回中国军队。后任团长，继续奋击日寇。在耒阳县县长任上，掩护了中共衡阳地下党负责人何大群等，又支持汝城在乐昌地下党的工作。汝城解放后，曾任汝城县土改委员会委员、郴州参事室参事。

　　张书太："为民立功"。1923 年 4 月出生在河北邯郸涉县索堡镇曲峧村。二十世纪五六十年代就任汝城县人事科长、县总工会主席。

　　他参加过抗日战争、解放战争。在淮海战役中立了大功，村里老百姓敲锣打鼓给他送来一块沉甸甸金匾"为民立功"。2018 年 10 月，涉县老百姓不远千里将这块金匾送到汝城，怀念已故的抗战英雄。

　　抗日战争时期，张书太在村子里当过儿童团长、民兵分队长，背起红缨枪英姿飒爽地在高粱地、玉米沟、枣树林里放哨站岗。

　　1944 年 4 月，张书太参加八路军，被编入八路军一二九师五分区三十五团，跟着大队伍到河北磁县去打"鬼子"。1945 年 9 月，太行军区为歼灭平汉铁路新乡以北拒降之敌，以 4 个团及警卫总队组成太行独立第一支队，发起磁县战斗。张书太奉命端掉日军炮楼，扫除攻打磁县的障碍。这天傍晚，他和 3 名战士乔装成煤矿工人，利用酒菜吸引"鬼子"哨兵，用匕首将两个"鬼子"干掉，夺下冲锋枪，迅速占领敌炮楼，掩护主力越过敌封锁区，火速包围磁县县城。

　　独立第一支队继歼磁县四关守敌之后，于 10 月 2 日，向该城之敌发起攻击，全歼守城伪军 3000 余人，解放磁县城。张书太及其所在队部功不可没。

三、纪念抗日英烈

龙王仙抗日碑

　　龙王仙抗日碑藏在深山古刹——龙王仙遗址处，至今保存完好。

　　龙王仙位于汝城县文明瑶族乡长垅村西北面，与粤北乐昌黄圃镇交界，海拔 889 米。山上有一座在 20 世纪 50 年代末就被拆毁了的古刹，占地 300 多平方米，处于山隈平地，形如太师椅。遗址坐西南朝东北，前有两棵高大的古栗子树，在遗址中部右边，有一块抗日石碑矗立。

　　此碑高 115 厘米，宽 65 厘米，虽然历经 70 多年风雨侵蚀，字迹有些许侵蚀，但保存基本完好，原文抄录如下：

补修龙王仙记

　　民国卅三年冬，倭寇陷粤汉路，我第四军寔钳之于路之侧，使之不克尽其用。主其事者，沈君久成也。翌年春仲，予访沈君于汝城之上樟（章）。每残阳方敛，列坐中庭，引睇西岭之巅，似有异境在焉，辄相与神往者久之。一日，偕军参谋长罗君涛汉，跋陟以探之。则古刹龙王仙，隐处极顶之隈，不为下方所见，而其左楹已颓且圮矣。喘息既定，出刹四顾，五岭之山亘数百里，而蜿蜒至肆者。兹山固已儿抚而孙蓄之，盖其气禀寔殊，非自视之高而然也。归与沈君言之，因巫谋集资以新之，俾能与山势相映。发乡人士之拜优，以祈穷响者，其以懔懔于寇祸之酷，而知所以自振也哉。工既竣，因记之，以诒来者。

中华民国三十四年乙酉春三月湄潭苟中一撰并书

1939年秋，日寇进攻长沙，第九战区司令长官薛岳率部浴血奋战。由于日寇在三次长沙会战以及衡阳战役中严重受挫，迟滞了南下的步伐。1941年冬，日寇出兵占领香港。之后，一路北上，企图南北夹击，打通粤汉铁路全线。薛岳指挥国军在韶关打了几次漂亮战，遏制了日军的攻势，双方形成相持态势。

龙王仙地处汝城、宜章和广东乐昌三县市交界处，是周边群山的最高峰，又扼守湘粤要道，为了侦探日军动静，国军在此设立观察哨。之所以建在山顶上，主要是便于观察敌机的空袭。从碑文可知，设观察哨的是国民党军第四军，军长叫沈久成，军部就设在文明乡的上章村。

沈久成，又名沈恒先，1887年出生于贵州遵义县鸭溪镇，毕业于贵州陆军讲武堂步科、陆军大学特别班第三期，是国民党抗日第九战区司令薛岳的亲信，军事参议院参议，1944年8月任国军第四军军长，中将军衔。1946年退役，1951年病逝于昆明。

"这是郴州目前发现的唯一一块记载抗战的碑，它见证了一段全面抗战、全民抗战历史，也是了解当时郴州抗战情形的珍贵实物资料，具有非常重要的历史文物价值。"郴州市文物处原处长刘专可说。

抗战阵亡将士纪念碑

1945年8月15日，日本天皇宣布无条件投降，中国抗战取得全面胜利。为表彰和纪念汝城军民英勇抗战的悲壮事迹和抗战以来的汝城籍阵亡官兵，湖南省政府主席、第九战区司令长官薛岳和汝城县政府在县城西关口建竖《抗战阵亡将士纪念碑》，司令长官薛岳亲为作序。同时，在县城文庙内建立忠烈祠，供奉烈士灵牌，以昭后世，春秋永祭。2008年8月15日，在县城北正街主街上（原中国银行门口）出土了一石碑文物。此文物为长方体（但上下二个相对的面为正方形）石碑，长和宽皆为40厘米，高约为420厘米。其中一长方形面上书有"抗战阵亡将士纪念碑"9个大字，其他长方形面上书有阵亡将士姓名，但由于年代较久和泥土的遮盖，小字已很难看清了，殊为可惜的是，此石碑已断为二截。

抗日英烈名录(图、表)

自全面抗战以来,汝城数千热血儿女积极参军参战,浴血疆场。邓驹、叶震宇、袁贤瑸等204名英雄儿女为国捐驱,1200多名勇士受伤致残。

1997年版《汝城县志》将122名为国捐躯的国民党军将士载入《汝城籍抗日阵亡将士名录》。该表资料是从南京国民政府旧档案中抄录的,其史料的真实性是可靠的。另外,县文史研究员曹应谱先生等经多年调查采访,发现和补录了表外的一大批抗日阵亡将士82名。合计204名。

在此,特将204名汝城籍抗日阵亡将士姓名一并补录于下表,永久纪念。

汝城籍抗日阵亡将士名录（据统计调查部分）

姓名	职级	阵亡地点	姓名	职级	阵亡地点
谢香清	一等兵	湖北阳新	刘连章	中士	江西南昌
朱 宾	上等兵	江苏宝山	黄仁梁	上等兵	荥阳
何长春	二等兵	江西瑞昌	欧阳俊	上等兵	上海
朱头生	二等兵	江西瑞昌	宋盛华	中士	江西九江
叶纯兴	上等兵	山西柳林	邓得胜	上等兵	江西九江
朱宾元	上等兵	山西柳林	唐珍民	一等兵	江西九江
李志义	一等兵	山西柳林	黄飞	下士	江西九江
欧阳利	一等兵	山西柳林	胡开泰	上等兵	江西九江
王洪德	一等兵	湖北贺胜桥	何建贤	上等兵	江西九江
刘德福	二等兵	山西柳林	何攸生	一等兵	江西九江
朱福田	二等兵	山西柳林	黄得雄	一等兵	江西九江
黄有信	二等兵	山西柳林	孙标	一等兵	江西九江
李新发	二等兵	山西柳林	周德雄	二等兵	浙江富阳
王长山	二等兵	江苏昆山	胡昭俭	二等兵	浙江富阳
何发良	二等兵	安徽潜山	何名益	中尉排长	河南
袁新仁	二等兵	安徽潜山	傅良友	二等兵	湖北京山
欧常生	二等兵	湖北江陵	陈华忠	一等兵	湖北江陵
朱星灯	二等兵	湖北江陵	曹得胜	中尉排长	江苏嘉定
龙家胜	二等兵	湖北江陵	袁新德	一等兵	上海
郭俊淮	中士	湖北江陵	李轮生	一等兵	江苏新泾桥
黄仁松	一等兵	湖北江陵	曾得才	二等兵	马当

续表

姓名	职级	阵亡地点	姓名	职级	阵亡地点
朱樵夫	一等兵	湖北江陵	杨得昌	下士	湖南长沙
李南	下士	江西武宁	朱答得	上尉营副	江苏罗店
钟位福	一等兵	江西	曹邓秋	一等兵	江西南昌
宋承法	上士	湖南长沙	张玉林	一等兵	浙江长兴
袁佑清	下士	安徽广德	邓万标	上等兵	湖南长沙
黄仁善	下士	上海淞沪	朱尧	二等兵	江西武宁
陈苏古	上等兵	浙江吴兴	胡春祥	上等兵	江西湖口
何达明	上等兵	浙江吴兴	邓林飞	下士	河南信阳
何德明	一等兵	江苏武进	林桂生	二等兵	湖南湘阴
周鸿标	中士	湖南平江	赖苟心	二等兵	湖南长沙
何仿斋	下士	湖南平江	罗苟林	一等兵	湖南长沙
黄初登	上等兵	湖南平江	何日明	一等兵	湖南湘阴
叶震宇	上尉营副	江苏宝山	何志明	一等兵	湖南长沙
朱标	二等兵	上海	曹益勋	一等兵	湖南湘阴
胡志思	一等兵	江苏武进	何福养	二等兵	湖南湘阴
何北斗	一等兵	江苏武进	朱家谋	上等兵	湖南湘阴
范宗奎	上等兵	安徽广德	赖喜仁	二等兵	湖南湘阴
朱龙	二等兵	江苏罗店	何皆明	上等兵	湖南湘阴
祝渐喜	上等兵	安徽贵池	袁然林	一等兵	湖南湘阴
何德胜	一等兵	江苏武进	康细毛	二等兵	湖南湘阴
唐国彬	一等兵	江苏武进	范连登	二等兵	湖南湘阴
欧阳标	一等兵	江苏武进	朱仁奴	二等兵	湖南湘阴
李秀亮	一等兵	江苏武进	钟善胜	二等兵	湖南湘阴
邹锦昌	一等兵	安徽贵池	周强	一等兵	湖南湘阴
张万胜	二等兵	江苏武进	赖东吉	一等兵	湖南湘阴
张玉延	上等兵	江苏武进	周家吉	下士	湖南湘阴
李好古	一等兵	安徽贵池	黄德新	上等兵	江苏嘉定
李光明	上等兵	河南虞城	蒋崇明	一等兵	湖南平江
范东久	上等兵	湖南长沙	黄德才	二等兵	安徽潜山
朱忠厚	一等兵	湖南湘阴	何作士	一等兵	安徽合肥

续表

姓名	职级	阵亡地点	姓名	职级	阵亡地点
朱彬州	一等兵	湖南湘阴	胡正寿	二等兵	湖南长沙
肖清平	一等兵	广东召山	范大来	一等兵	湖南湘阴
范仁杰	中尉排长	江苏南京	李生同	上等兵	湖南长沙
何宾	一等兵	安徽怀宁	朱华山	一等兵	湖南岳阳
范大林	一等兵	湖南岳阳	朱尚荣	上尉营副	江苏罗店
袁达	一等兵	湖北黄陂	朱义鸿	二等兵	江苏宝山
彭均宝	二等兵	安徽合肥	何荣华	二等兵	上海
罗克松	一等兵	湖北蕲春	叶清	二等兵	上海
黄德亮	二等兵	湖北蕲春	袁贤瑛	中校代团长	上海
欧锡成	一等兵	安徽合肥	罗仁德	一等传达	江苏武进
何作梯	副团	云南腾冲	何达明	上等兵	
何若福		云南腾冲	张玉林	一等兵	长兴
胡志思	一等兵	江苏武进	周德雄	二等兵	浙江富阳
李秀亮	一等兵	江苏武进	周昭俭	二等兵	浙江富阳
曾得才	二等兵	江西马当	张万胜	二等兵	江苏武进
何发良	二等兵	安徽潜山	张玉延	上等兵	江苏武进
宋盛华	中士	江西九江	罗仁德	一等传达	江苏武进
邓得胜	上等兵	江西九江	范仁杰	中尉排长	江苏南京
袁新德	一等兵	上海市区	何作士	一等兵	安徽合肥
欧阳俊	上等兵	上海市区	欧锡成	一等兵	安徽合肥
唐珍民	一等兵	江西九江	彭均宝	二等兵	安徽合肥
何优生	一等兵	江西九江	黄得才	二等兵	安徽潜山
黄得雄	一等兵	江西九江	黄飞	下士	江西九江
孙标	一等兵	江西九江	胡开泰	上等兵	江西九江
王长山	二等兵	江苏昆山	罗克松	一等兵	湖北蕲春
陈苏古	上等兵	浙江吴兴	谢香清	一等兵	湖北阳新
何建贤	上等兵	江西九江	王洪德	一等兵	湖北贺胜桥
袁新仁	二等兵	安徽潜山	朱宾元	上等兵	柳林
邓飞	下士	河南信阳	欧阳利	一等兵	柳林
徐瑶亮	一等兵	鄂西会战	朱福田	二等兵	柳林

续表

姓名	职级	阵亡地点	姓名	职级	阵亡地点
朱宇章	一等兵	鄂西会战	李新发	二等兵	山西柳林
叶纯兴	上等兵	山西柳林	朱尧	二等兵	江西武宁
李志义	一等兵	柳林	曹邓秋	一等兵	南昌
刘德福	二等兵	柳林	朱头生	二等兵	江西瑞昌
黄有信	二等兵	山西柳林	郭俊淮	中士	湖北江陵
刘连章	中士	江西南昌	朱樵夫	一等兵	江西瑞昌
何长春	二等兵	江西瑞昌	欧常生	二等兵	江西瑞昌
李光明	上等兵	河南虞城	何皆明	上等兵	湖南湘阴
黄仁松	一等兵	江西瑞昌	朱彬州	一等兵	湖南湘阴
朱星灯	一等兵	江西瑞昌	袁然林	一等兵	湖南湘阴
陈华志	一等兵	江西瑞昌	赖东吉	一等兵	湖南湘阴
朱家谋	上等兵	湖南湘阴	何福养	二等兵	湖南湘阴
曹益勋	一等兵	湖南湘阴	黄初登	上等兵	湖南平江
何日明	一等兵	湖南湘阴	何仿斋	下士	湖南平江
周强	一等兵	湖南湘阴	杨得昌	下士	湖南长沙
周家吉	一等兵	湖南湘阴	范东久	上等兵	湖南长沙
钟善胜	二等兵	湖南湘阴	罗苟林	一等兵	湖南长沙
林桂生	二等兵	湖南湘阴	胡正寿	二等兵	湖南长沙
赖喜仁	二等兵	湖南湘阴	赖苟心	二等兵	湖南长沙
范连登	二等兵	湖南湘阴	蒋崇明	一等兵	湖南平江
周洪标	中士	湖南平江	宋承法	上士	湖南长沙
邓万标	上等兵	湖南长沙	李生同	上等兵	湖南长沙

第十四章

八路军南下支队进军汝城

★

一、受毛泽东派遣

1944 年 7 月 19 日，毛泽东根据当时的抗战形势做出分析：1. 国民党军队在河南、湖南作战中大溃败。2. 国民党政府直接包围陕甘宁边区的军队并未减少，封锁依然存在。3. 国民党政治、军事、经济、文化机构的腐败达到极点，酝酿着极大的危机。4. 我党在华北、华中、华南三个敌后战场，近几个月有新发展，消灭许多敌伪军，夺回许多土地。5. 我党的敌后战场和国民党的正面战场之间的区别，越来越明显。一个在进攻，在发展，在巩固；一个在退却，在萎缩，在充满危机。但我党的困难仍是很多的，决不可粗心大意。同年 9 月 18 日，毛泽东又指出，中国抗战形势发生了显著的巨大的变化。豫湘桂战役，敌人如入无人之境，情形极为严重。中国不亡，是由于有了我们共产党、八路军、新四军，主要由我们支持了抗战局面。在接下来的 10 月 3 日举行的中共六届七中全会主席团会议，专门讨论了河南工作大发展与调部队和干部去河南、湘赣问题。

　　为了不断把国民党军队丢失的国土再夺回来，扩大解放区，早日打败日本，党中央在 1944 年 7 月计划派遣一批干部南下开展工作。但南下之路情况复杂，需要一支过硬的部队护送。毛泽东首先想到了三五九旅。1944 年 7 月下旬，毛泽东找王震谈话。毛泽东告诉王震："因为路途遥远，沿途情况复杂，想从你们三五九旅抽一名团长带一个加强营护送这批干部南下。今天找你来，就是想先跟你商量一下，听听你的意见。"王震回去和几位团长商量后，决定自己率部队护送。毛泽东回答："你去嘛，我就另有打算，党中央研究一下，再谈。"刚刚过了一天，毛泽东又找王震谈话。显然，关于南下问题，党中央已经作出了新的部署。

　　毛泽东首先详细分析了国际国内的形势，然后阐述了党中央的战略部署。毛泽东说："我们要抓紧时机，到日本军队后面去收复失地，发动群众自己解放自己，推翻敌伪的残酷统治，建立抗日统一战线的民主政权。"接着毛泽东把对三五九旅的新安排通知了王震，新的安排不是只抽一个营护送南下干部，而是安排整个三五九旅南下，再加上一批地方干部，包括从广东、广西等地来延安学习的干部，分成两个梯队。他要王震带领第一梯队先走，等第一梯队与广东的东江纵队汇合后，第二梯队再出发。

　　1944 年 10 月 25 日，毛泽东在延安中央党校大礼堂，对即将去前线的干部作报告。他指出："国民党反共，抗战不积极，贪污腐化，没有一点希望了。中国人民要解放，中国要得救，只有共产党才有办法，全国人民都仰望着我们。我们对国民党的方针，自国共合作以来，就是改良的方针，不是打倒它，因为日本人还在我们面前。我们要尽量发展自己的力量，抗战以来，中央就是这个政策。从现在的环境看，还需要大大的发展，广东、湖南、河南都可以大发展。"

　　1944 年 10 月 31 日，中共中央六届七中全会主席团会议讨论了三五九旅主力南征的区域和组织机构问题，决定由王震和王首道率领的干部和部队在湖南以衡山为中心建立根据地。11 月 1 日，南下第一支队在延安机场举行誓师大会，毛泽东和其他中央领导亲临讲话和送行。毛泽东说："你们这次到南方去，到敌人的后方去插旗帜，开辟新的敌后抗日根据地，这是一个光荣而又艰巨的任务。你们会遇到许多困难，但是前途是光明的。你们要以最大的毅力去克服困难，上下一心，团结一致。要像'王者之师'那样，遵守三大纪律八项注意，真正做到纪律严明，秋毫无犯。要同群众打成一片，忠实地为人民服务。"最后他祝全体指战员身体健康并取得远征的胜利。

11月9日，毛泽东、朱德等中央领导检阅了出发前的南下第一支队。

二、挺进南洞

1944年11月，受毛泽东派遣，王震率八路军第一二〇师第三五九旅主力组成的国民革命军第十八集团军独立第一游击支队（简称南下支队）5000余人挺进湘鄂赣边，史称第二次长征，开辟新的抗日根据地。1945年3月，南下支队进入湖南。8月15日日本投降，中央电令南下支队"迅速到达湘粤边与广东部队会合，坚决创办根据地，准备对付内战"，南下支队改向湘粤赣边进军。

南下支队挺进华南，国民党视为心腹大患。1945年8月中旬，蒋介石电令第七战区司令长官余汉谋和第九战区司令长官薛岳组成联军，在湘粤赣边严密布防。其后，余汉谋、薛岳命令第二十七集团军总司令欧震迅速向汝资桂边境集结。欧震接到命令后，急调第四十四军直驱八面山"围剿"；调第四军控制汝城至八面山的通道，堵截南路；调暂编第二军占领资兴东北的有利地势，堵截西路；调第五十八军到江西宁冈布防，堵截东路。妄图实施三面包抄、中间开花的战术，歼灭南下支队。其中，第四十四军行动迅速，很快将八面山包围起来。

8月17日傍晚时分，担任前卫的南下支队第二营第五连进入桂东四都圩。正准备在此宿营，不料，国民党工兵第五团已先期到达该地，双方发生激烈的遭遇战。前卫部队虽击毙敌团长等数十人，暂取得胜利，但却暴露了南下支队的行动意图。敌四十四军和暂编第二军迅速包围过来，南下支队被迫连夜撤出四都圩，进入林海茫茫的八面山中。

国民党军发现支队主力后，急忙调动8个团的兵力围追堵截，南下支队一时陷入困境。一方面是敌人重兵压境，包围圈逐渐缩小；另一方面是远离根据地作战，无后勤保障。支队进山后，一直阴雨绵绵，战士们缺乏雨具，只得冒雨打着赤脚行进在泥泞的山道上。加上所带粮食吃光，处境很是艰难，战士们只好摘野菜、树叶、野果充饥。

8月18日下午，南下支队到达秋坪、彩洞。当夜，王震在缓坡上冒雨召开支队负责人会议。经研究决定，部队翻越帽子峰，向汝城南洞突围。

19日黎明前，大雨滂沱，天黑如漆，南下支队顽强地向帽子峰挺进。由于疲惫，掉队的战士越来越多，王震司令员不断鼓励战士们咬牙跟上队伍。

天亮后，南下支队进入了汝城南洞境内。前卫队到达板寮时，突遇国民党第九十师前卫排。前卫队冒充国民党第四十四军前来换防的部队,慢慢靠上前去,乘敌尚未觉察,战士们冲上前去迅速缴了敌军的武器。经审问俘虏,获悉南洞圩早有第九十师的两个团把守,离此地只有五里之遥。为不惊动敌军,支队首长决定避走南洞圩,绕道塘口、上堆、下堆,向田庄进发。

19日晚,支队赶到汝城田庄白石带桥,正遇田庄乡公所"挨户团"20余人在拆桥。战士们猛扑上去,乡丁们全部做了俘虏。南下支队胜利通过白石带桥后,王震命令稍事休息,疲劳的战士们倒地便呼呼入睡。山区的夜晚寒气袭人,没睡多久,衣着单薄的战士全被冻醒。白石带桥旁边有个堆头村,但没有一个战士去敲门惊扰百姓。

三、突破防线

南下支队从俘虏口中得知:国民党第四军第六十师已在4天前进驻田庄一带,分别在洪流、塘丰、泉塘、鸡嘴洞等地组织了两道严密的防线,严防南下支队经田庄转移广东。南下支队决定乘敌尚未觉察,快速前进,突袭田庄。8月20日拂晓,前卫队突袭鸡嘴洞凉亭的第一道防线。防线守敌疏于防范,还在梦中。前卫队几发迫击炮弹打过去,敌军仓皇逃窜,退至第二道防线。

敌军第二道防线布防在石角湾、塘头洞一带。这里两边山高林密,坡陡如梯,前面潭深谷险,无路可行。敌军弧形的封锁线纵深数里,火力极强。王震在鸡嘴洞召开紧急战地会议,决定避开正面强敌,从鸡嘴洞左边突破防线。王震斩钉截铁地对战士们说:"我们要勇敢地冲破田庄封锁线,敌军是石磨,我们是豆子,一定要从石磨下穿过去!"战士们一个个摩拳擦掌,誓与敌人血战。

王震命支队一部牵制鸡嘴洞右边敌军三座碉堡内的守敌和阻止南洞增援的国民党第九十师南进。他亲率主力强攻鸡嘴洞阵地的左侧之敌。国民党第六十师阻挡不住南下支队的凌厉攻势,仓皇败退田庄黄家,纵深数里长的防线终于被撕开了一道口子。王震指挥部队迅速穿过敌军的火力网,挺进毛坪,直逼田庄黄家村。

田庄黄家村是国民党第六十师师部驻地,村子四周工事坚固,重兵把守,火力极强,两军激战呈胶着状。当天下午,国民党第九十师的两个团急从南洞赶来增援,路上遭到支队的顽强阻击,战况激烈。另外两路敌军也从汝城和沙田赶来田庄,企图南北夹击,一举歼灭南下支队。王震决定亲率一部在正面牵制敌人,命令政委王首道、参谋长朱早观率大部队翻越千坳岭,向濠头方向突围。王首道率部用马刀开路，披荆斩棘，沿着一条被洪水冲成的水槽向上爬行。千坳岭哨卡守敌未料南下支队会从此处突围，几乎毫无戒备。战士们一拥而上，山上枪声骤起，正在吃饭的守敌措不及防，仓皇逃跑。南下支队主力胜利通过千坳岭，向濠头方向挺进。担负阻击任务的部队，待主力通过千坳岭后，来了个反冲锋，敌军仓皇逃窜，溃退至火潭渡口渡河时，船翻人亡，淹死20余人，其中敌连长1人。

四、开仓济民

在濠头白袍村，有一座保存完好的古寨。该寨筑于白袍村东面400余米高的峻峭山顶，山下是湘赣古道。1934年11月，中央红军过境汝城，国民党曾用此寨当碉堡阻击红军。彭德怀率部将此寨攻下，为主力红军扫清障碍。

1944年6月，第九战区司令长官部在此囤积粮食武器，作为战时仓库，存放着大量的大米、面粉、食盐等，以备抗日。1945年8月21日，王震命令打开白袍盐仓和上河粮仓。除支队每人带足7天粮食3斤食盐外，其余的都分给了当地群众。当地群众奔走相告："当年的红军又回来了！"

五、王震讲话

8月21日，南下支队来到濠头圩。前卫队发现圩场左边店背山上驻有敌人，侦察得知是国民党第九十师的部队。前卫队继续冒充四十四军，骗敌人下山。敌连长信以为真，将一连人带到圩场集合，南下支队进行围堵，成功将其全部缴械。此后，濠头境内暂无敌情。支队驻濠头白袍洞、淇江垅等村，进行短暂休整。

汝城籍长征红军何远久、参与过东西边山游击队战斗过的红军战士刘芝禄、抗战期间赴陕北公学读书的胡代炜，均在南下支队中。他们对濠头极为熟悉，向王震介绍了濠头革命老区的情况，王震非常高兴，盛赞濠头人民的革命精神。其后，王震在游家、白袍等村召开群众座谈会，鼓励濠头人民继续革命，坚持斗争，王震满怀信心地说：

"抗日已结束，我们胜利了。不要两三年，全国就要解放，三座大山就要推翻，你们是老革命根据地的同志，要坚持革命到底。"

王震的话更激起濠头人民的斗志和对八路军的拥戴。通过密切沟通，座谈会加深了部队与群众的关系。群众主动为部队舂米、送菜、挑水、煮饭、带路。岭子头村陈春古母亲将自己的床铺让给南下支队伤病员，并热情协助八路军护理、医治伤病员；黄泥江村民陈子南把家里精心加工的 3 斤淇江鱼子干送给王震司令员。

22 日，赖鉴冰、何选贤、张攸发、何好善、陈子南等组织 150 多人运送物资，作向导。部队从白袍经潭冲、黄家土、木樟棋、下山、上山、牛仔塘到江西崇义县白石坳，而后兵分两路，一路由张攸发带路，一路由何好善、陈子南带路，分别向上堡、丰洲进发。至此，南下支队成功突破国民党设在八面山和汝城田庄的阵地，顺利通过汝城。

六、营救难童

抗日战争爆发后，日本帝国主义丧心病狂残害中国儿童。

1938 年 6 月 5 日，湖南成立了中国战时儿童保育分会，省政府主席张治中对分会成立给予了支持。

迁徙汝城

1944 年初夏，日寇为打通粤汉路，向湖南内陆步步逼近。很快长沙沦陷，这时湖南第二、第四保育院合并，难童已达 1000 多名。他们离开茶陵的第三天，日军先头部队就到达了茶陵，从当地政府树立的死难者纪念碑上可以看到，日军来到此地，屠杀了众多来不及转移的百姓，但这 1000 余名难童逃过了一劫。

是年 6 月中旬，茶陵陷入危难，湖南保育院又一次开始了苦难的迁徙。他们沿着一条山间小河向大山深处的汝城转移，一路上的艰难险阻令他们终身难忘。一路上求医、求药、求粮，躲避日军紧逼。直到是年 9 月，才到达汝城。

保育院刘建本老师回忆道：当时老师都是向当地的老百姓或政府讨一点东西，大一点的孩子就用裤子把米捆好塞在身上，走在前面的老师就做饭，有时候还有一点米可吃，有时候米不够了就煮稀饭，等后面的老师带着年纪小的或者生病的孩子从后面赶上来。

夜赴"鸿门宴"

汝城地处湘南山区，是胡凤璋的天下。1944 年 9 月间，湖南保育院 1000 余名师生长途跋涉赶到汝城。

他们进入汝城县境马桥石泉村，远远望去，有一栋白色大屋，大喜，互相庆贺说："有宿营地了，我们可以休息几天了。"然而，走近才知道是大地主、"活阎王"胡凤璋的窝巢。胡凤璋不知道保育院的来头，碰巧当时有批国民党军队也要占住他的房子，他为了拒绝这批来者不善的"国军"，宁愿让手无寸铁的流浪儿童住进了他所管辖的国民小学与中心小学。

1000 多名保育生在胡凤璋的小学安顿下来。令人意外的是，胡凤璋派人来请教员吃饭，胡凤璋这样热心，不能不令齐新疑惑其目的。齐新为了让 1000 多个疲惫不堪的孩子多休息几天，便带领几个人去赴这个"鸿门宴"。席上，胡凤璋见保育院打的是"省主席薛岳夫人管辖"的牌子，加之齐新等老师不卑不亢，面无惧色，对答得体，才平安终席。返回后，齐新听当地老百姓反映胡家常常拐卖儿童，便提心吊胆地日夜守护儿童，生怕出事。

不久，问题出来了。一天傍晚，7 个男孩在河边玩耍，一会儿不见了，经多方查找，认定是被胡凤璋的儿子拐走的。

齐新不顾个人安危，领着老师们一起到胡凤璋儿子的"土匪窝"要人，在刀光剑影中，她慷慨陈词，晓以大义，对方无言以对。胡凤璋的儿子不知保育院到底是什么机构，便放了 7 个男孩。

齐新意识到，此地不能久留。次日半夜，两院师生以紧急集合为由，借口保育院的学生在表演《小小画家》，以晨操队型整队向土桥方向转移。

然而风波并没有就此停息。

不久后的一个深夜，汝城县政府突然发来紧急通知：据一个被捕土匪招供，晚上胡凤璋的土匪要抢保育院的孩子卖到云南。时间如此紧迫，向几十里地之外的驻军求救已不可能，齐新决定与土匪周旋到底。

她叫来教务主任李融中，俩人分头叫醒孩子们，点燃所有的煤油灯、煤气灯。

这时，田野中闪出一路火把，老师们已看得清土匪的身影。

黎维新回忆说："要求助吧，县城离我们 8 里路，那时通讯工具也没有，我们自己都是孩子，只有一个搞总务的老师是男的，其余的全部是女老师，大家都不知道该怎么办。"

忽然有人提议，大家唱歌，高唱《战时儿童保育院院歌》：

"我们离开了爸爸，我们离开了妈妈，我们失掉了土地，我们失掉了老家。……我们自己求新学问，我们自己创新的家。"大家整队站在礼堂里，各班老师带领各自的学生高声合唱。土匪看到保育院通明透亮，以为大家早有准备，甚至布有军警，便走了。

此事影响了 1000 多名孩子的成长，他们知道只有勇敢面对困难，才能战无不胜。那段时间，粮食奇缺，加之胡凤璋经常骚扰，保育院似陷入绝境，女生班只好在老师的带领下，靠给军队缝制衣服勉强度日。

不久，湖南保育院在汝城地下党组织和民众的支持下，奇迹般生存了下来，他们在汝城办起了农场，开垦的土地达300多亩，并成立了服装厂。

参加八路军

1945年8月18日，八路军南下支队所属的一支部队经过汝城，在保育院驻地住了一夜，次日即开拔。

到晚上点名时，发现4个男孩不见了。齐新很是担心，便要摇上课铃的饶师傅到附近山上摇铃寻找。汝城山大林密，晚风吹得呜呜作响。饶师傅摇铃壮胆，手执木棍，防狼偷袭，边走边喊："某某同学，快回来啊，齐院长，李院长想你们哩!"呼唤声在林海久久回荡，但这4个学生仍没有音讯。

不久，这4个学生给齐新院长寄来了信，告诉院长：那天晚上，他们躲在草丛里，听到了摇铃声，和饶师傅的叫喊声。他们都哭了，深深感动，但不敢作声，因为他们在汝城找到了共产党的队伍，参加了八路军，走上了一条光明之路。请齐院长放心、理解。读到这里，齐新大为高兴，她庆幸她的难童、学生，长大成人了，找到了一条光明大道。这些年辗转历险，付出的艰辛和心血，值得!

七、中央慰问

八路军南下支队过境汝城历时4天，在中共汝城地下党组织和人民群众的帮助下，以惊人的毅力，顽强的斗志，冲出八面山，突破田庄封锁线，创造了远离根据地孤军作战、战胜强敌的奇迹。

8月25日，毛泽东致电给王震以表彰和鼓励："你们艰苦行军，到达仁化、汝城间，中央甚为怀念。望依三省边大山休息，恢复疲劳。"8月29日，南下支队开始北返，留下湖南省工委的周礼、张春林等人继续开展地下斗争。10月17日，中央和毛泽东致电王震，给予南下支队南征北返高度评价，"中央对全体指战员深表慰问之忱"。

王震率队出发后，一路按预定计划开进并不断取得战果。1945年8月15日，日本投降，形势正如毛泽东事先分析的那样，起了重大变化。南下支队受到了国民党部队的围追堵截，未能与东江纵队会合而被迫北返。北返路上历经国民党部队的重重阻击，后与李先念的中原部队会合。

2008年4月11日，中国人民解放军副总参谋长刘镇武将军在纪念王震同志诞辰 100 周年座谈会上指出："1944 年王震同志任八路军南下支队司令员，率部深入敌后，历时两年，途经 8 省，征战 2 万多里，战斗 300 余次，冲破敌人 100 多条封锁线，胜利返回延安，被毛泽东同志誉为'第二次长征'"。

第十五章

迎接汝城解放

★

一、恢复中共汝城党组织

深受"三征"之苦

内战一开始，汝城地方政府秉承国民党的独裁政策，疯狂镇压革命力量，打着"勘乱建国"的旗号，变本加利地欺压汝城人民。

1946年10月10日，国民政府明令恢复征兵，"三丁抽一，五丁抽二"。汝城人民深受"征兵、征粮、征税"之痛外，还受地租、高利贷的盘剥和涨价之苦，灾年尤盛，很多贫苦农民被"卖青苗""驴打滚"等盘剥手段逼得倾家荡产、家破人亡。加之国家"通货膨胀"，法币贬值，物价飞涨，百姓更是无法承受。

国民党汝城地方政府在政治上加压统治，经济上加紧掠夺，千方百计地大肆盘剥汝城人民。他们大量增加田赋，滥发货币，巧立名目摊派，各种苛捐杂税多如牛毛，除正赋外，还要加收"乡保费""捐献费""壮丁费""勘乱费""教育附加费""筑路附加费"等十数种苛捐杂税（费），汝城人民税赋负担为全省之最。以抗战胜利前后物价为例：日本投降前夕，物价比日本入侵时上涨了 1800 倍，1947 年 4 月上涨至 6 万倍，1948 年上涨 312 万倍，"法币"失去了交换作用。当时老百姓手中的法币变成了废纸，买不到任何东西。国民党为转嫁经济危机，进行币制改革，发行金元券，1 元金元券兑换法币 300 万元。不久，金元券同样不值钱。汝城受涨价之风影响，大刮抢购之风，食盐、粮食等主要生活必需品价格如断线风筝，无法控制。加之官商勾结，控制了全县主要物品，囤积居奇，人民群众苦不堪言，卖儿鬻女或饿死道旁者时有发生。

反独裁，反"三征"

抗战胜利后，汝城地方政府秉承国民党政府独裁统治意旨，加紧在政治上独裁反共，经济上盘剥压榨人民。其后，汝城地下党组织利用人民对国民党"三征"（征兵、征粮、征税）政策的痛恨，秘密发动群众抗兵、抗粮、抗税，以逃跑或拖欠等方式破坏国民党的征兵计划和田赋政策。

1946 年 4 月，汝城地方政府成立粮食调剂委员会，表面上制定"禁止粮食出口和蒸酒、熬糖、制粉"等政策，实质是粮商官户相互勾结，借机囤积粮食，随意停售大米，哄抬物价，盘剥汝城人民。次年春，很多百姓无粮度荒，以树叶野菜充饥，县内饥荒为全省之冠。这时，汝城地下党组织秘密发动 200 多名饥民到县政府大闹，抗议政府的限粮政策和粮商的为富不仁。其后，愤怒的饥民冲到城内一家粮店破门而入，抢走大米数担，后警察介入，闹粮风波才得以平息。

丁维倒戈反蒋。1946 年 7 月，汝城成立以县长向诚为团长、以党政军三头脑为成员的"汝城县清剿工作团"，大肆"清乡""清党"，捕杀共产党人和革命群众，镇压革命力量。汝城地下党组织再次遭受洗劫，仅存城关、西乡、濠头几个秘密联络点。是年春，国民党第三十七军第一七八团一部不满蒋介石独裁和内战，副营长丁维率百余人枪从南昌开向赣南边境，于 8 月进入汝城热水大水山一带，联合当地农民进行反蒋活动。县长肖森急调湘警大队长邓权、周雷率军警数百人"围剿"大水山，后以谈判为名诱骗丁维等下山，上士班长以上 13 人被擒，全被处决。丁维反蒋斗争虽然失败，但是，汝城地下党组织和汝城人民并没有被国民党的高压政策所吓倒，而是充分利用一切有利场合和机会，继续坚持斗争，反对国民党的独裁统治。

揭露"国大代表"选举丑剧

1947 年秋，国民党推行所谓"民主宪政"，准备召开"国民代表大会"，各地大张旗鼓地选举"国大代表"，汝城地方政府上演了一幕"假民主、真独裁"的丑剧。地下党组织利用这次选举机会，对国民党的假民主丑恶嘴脸进行了揭露与斗争。是年9月，汝城地方政府成立以县长肖森为首的选举委员会，各派势力明争暗斗，粉墨登场。胡韶，"湘南王"胡凤璋之子，代表汝城民社党；周绍源，青年党主席，代表汝城青年党；大地主朱雄万代表"民方"；袁同畴由国民党中央内定，代表官方。最后经权衡各方利弊，确定民方代表朱雄万和官方代表袁同畴两人为汝城县"国大代表"竞选候选人。

为确保袁同畴当选，国民党中央早已下令汝城地方政府"只许成功，不许失败"。但选举时，全县各界不负朱雄万苦心，大多投了朱雄万的票。可是，选举结果却大出民众所料，朱雄万落选，袁同畴当选，朱雄万目瞪口呆。原来汝城地方政府为确保选举"成功"，做了手脚，前一天下午六时，县选举委员会调集心腹要人，组成"换票突击队"，秘密将全县12个选区的票箱集于县党部，四周重兵把守，"换票突击队"从票箱底部取出选票烧毁殆尽，然后大多换上袁同畴的选票，第二天照样装模作样地唱票、监票、计票，显得"民主公正"。

围绕这场选举丑剧、闹剧，汝城地下党组织进行了一系列有理、有利、有节的斗争。选举前，秘密组织力量，揭露国民党的假民主，到处散发写有"反对国民党的假民主、真独裁""反对袁同畴当选国大代表""朱雄万也不是好东西"等传单标语。同时派地下党员朱亚林、朱忠典打入地方政府内部，随时了解情况，通报信息。为加深国民党内部矛盾，地下党组织又有意发动群众投朱雄万的票，逼地方政府出丑。选举时，发动群众，在选票上或画乌龟，或写上"不要你的臭钱！""谁知你是东凑（畴）还是西凑"等内容，利用选票进行巧妙斗争。选举后，地下党组织又及时把汝城地方政府"大换票"的丑闻告白于世，把国民党假民主、真独裁的丑恶嘴脸揭露得淋漓尽致。

恢复濠头等支部

1946年12月，朱汉樵、朱上炯根据湖南省工委书记周里的指示，先后秘密回县，依靠群众，广交朋友，了解抗战时期地下党组织遭受破坏的情况，访问在抗战期间被迫自首或虽未暴露但已与组织失去了联系的同志。通过秘密考察，严格审查，积极发展党员，逐渐恢复党的地下工作。其间，朱汉樵被特务发现围捕，经群众掩护安全脱险，一度离开汝城。

汝城濠头与桂东和江西崇义交界，居东边山、西边山之间，是大革命和土地革命时期的老根据地，原发展党员较多，群众基础较好。

1946 年 12 月，朱上炯回县后最先到濠头活动，秘密宣传发动群众，组织进步青年农民、学生学习党的纲领和主张。通过实际考察，发展了何松波、何大鹏、何大文、何作玉、陈名栋、何燕伶、陈名学、康安巍等人入党。

1947 年 2 月，成立中共濠头党小组，何大文任组长。

1948 年 3 月，经湘南工委批准，在濠头藻塘花村正式成立汝城解放战争时期第一个基层地下党支部——中共濠头支部。何大鹏任书记，何松波任副书记兼宣传委员，何大文任组织兼经济委员，何作玉任军事委员。支部建立后，在濠头一带积极开展地下活动，发展壮大党员队伍，又发展了何述志、何宇青、何曼英、何作金、罗英才、陈名俊、李太军、何选能等进步青年和知识分子入党，共发展党员 19 人。为便于工作，在何松波家建立濠头地下工作联络站，联络工作由何大文、何松波、何大鹏等人负责。其间，濠头支部派何松波、何大鹏两人秘密外出联络，辗转衡阳、耒阳等地，找到湘南工委书记谷子元、副书记何大群，向他们汇报了汝城地下党组织恢复和发展情况，带回了湖南省工委关于"积极扩大党的组织，积极准备开展武装斗争"的指示。

建立城区党小组。1948 年春，朱汉樵、朱上炯在县城区又发展了朱亚林、朱忠国、朱忠典 3 人入党，建立城区党小组，并安排朱忠典打入中统汇报室，专门收集国民党地方政府的内部情报。1948 年底成立中共城区临时支部，增设县城和井坡大村联络点。

建立庙前坳、汝东支部。1948 年秋，广东五岭地委派李同文等一批干部进入东边山活动，与先期在此活动的李康寿、孙立、郭名善等人一起负责湘赣边区的党组织工作。12 月，李同文、孙立经考察恢复了大革命时期共产党员赖鉴冰的组织关系，并发展何维祺、何选贤、张攸发等人入党，成立了中共庙前坳支部（亦称培英支部），赖鉴冰任支部书记。年底，濠头支部、庙前坳支部共恢复发展了党员 30 余人。为便于统一领导，在李同文的提议下，1949 年初，将两支部合并为"中共汝东支部"，后仍称"中共濠头支部"，何松波任书记，隶属汝城县工委，曾一度直接受湘赣边工委书记李同文领导。

1948 年 3 月 18 日，湘南地委副书记、解放军湘南支队副政委李同文偕孙立、郭名凤集合到庙前坳等地，来共同工作。赖鉴冰为扩大革命队伍，遂至濠头下河村，邀集以前共同革命的老同志何选贤、何举恩、何维祺、何辅邦、何廷忠、张攸发、何选臣、何举栋等至庙前坳，与李同文、孙立、郭名凤三人会合，共同讨论如何建立和发展革命根据地和扩充武装游击队伍，并命濠头地方革命同志组织汝东支部，以何维祺为秘书、何选贤为组织干事、何举恩为组织股长、何选英为宣传干事等，工作分配后即分头出发联系群众向各地筹运粮食、搜罗枪械，发动农民参军等工作。

建立汝乐港交通线

建立广东乐昌"永和"商号交通站，打通汝城与五岭地委、湘南工委、湖南省工委的联系。

建立"永和"商号。汝城地下党组织恢复发展后，受湘南工委和五岭地委双重领导。地下党组织经常派人外出与之联系，北上郴县、衡阳、长沙，南下韶关、广州、香港，均要经过广东乐昌火车站。汝城距乐昌70余公里，当时未通公路，全靠步行，一般需要两天时间，赶急时一天也可到达。

1946年冬，朱上炯到长沙会见湘南工委副书记何大群，提出在乐昌建立地下交通站的大胆设想，此设想得到了何大群的认同，两人共同商量了建站事宜。后经汝城地下党组织考察研究，于同年12月在乐昌东头街汝城井坡大村人朱上轼的"永和"商号客栈建立了乐昌地下活动交通站，由朱上炯具体负责。从此，汝城地下党负责人外出时常以跑单帮、做生意等名义到该交通站落脚，湘南工委、五岭地委的重要指示也经交通站传递，汝城游击队所需的一些军需物资也常由交通站代购。

"过客"南来北往。为加强交通站的党组织领导和更好的开展地下工作，1947年7月，湘南工委指定朱上炯负责在"永和"商号交通站建立地下党小组，隶属汝城县地下党组织领导。1948年3月，朱上炯调回汝城，交通站工作由袁国鑫负责。

为便于出入和及时传递情报，朱上炯首先在家乡井坡大村建立联络站，以长途贩运和小买卖为掩护，走乡串巷，各处联络，在濠头、城区党支部建立地下交通联络站，考察、恢复抗战期间失散和被迫自首办理退党手续的地下党员。

交通站地下党组织建立后，积极开展党的地下工作，迅速接通长沙、广州方面关系，并在坪石建立联络点。其后，交通站为迎来送往、掩护同志、传递情报做了大量工作。其间，湘粤赣边人民解放总队（简称边总）负责人黄业、张华、金阳、欧阳方、袁鉴文等常经交通站转赴香港，特别是主力团长叶昌妻、妇女骨干麦雅贞、边总政治部主任高子杨妻陈瑞明，以及刘玉兰等孕妇待产时，在交通站歇憩后再转送香港。交通站，为边总建立了汝城—乐昌—韶关（南雄帽子峰）—香港（华南分局）的安全交通线。

1948年9月，边总司令员黄业去香港治阑尾炎时到交通站住宿，刚好楼上住着国民党从东北退下来的青年军所属营部，营长怀疑黄业不是经商之人而进行盘查，店里伙计范庆源赶忙掩护，不慌不忙地说黄业是铺主亲戚，并连夜护送黄业安全转移。

1949 年 3 月，桂东游击队到广州购买了一批消炎药品，被乐昌火车站扣留。交通站立即寻找关系，出具担保，领回药品交游击队带走。

6 月初，"湘南王"胡凤璋经长沙监狱释放后，到广州拜见薛岳，与之密商"剿共"事宜，受封"湘粤赣边区剿匪副司令"头衔。胡凤璋回汝城时停留于乐昌"永记"客栈数天，"永记"就在"永和"附近。交通站党组织派范庆源前往密探胡凤璋的情况，并利用同乡会名义召开欢送会，探清胡凤璋的归期与路线。其后，连夜派人把情报送至汝城游击队，汝城游击队及时组织力量，埋伏在胡凤璋回汝城的路上，准备于路上擒获胡凤璋。

增设 10 个联络点。汝乐韶港安全交通线建成后，接着建立汝城通往湘赣边区工委、五岭地委、边总司令部与华南分局（设香港）之间的交通线和确定联络站（点）负责人。经商定：全县共建立濠头藻塘花村、井坡大村村、城区朱亚林的"志丰"商店和广东乐昌"永和"商号客栈 4 个联络站，分别确定何大文、朱上炯、朱亚林、袁国鑫 4 人负责；建立濠头庙前坳、城区井头朱忠国家、横巷欧阳河家、得靖朱忠典家、水东朱成清家，南乡李屋、王屋、三星庵，乐昌"意忠和"行栈和周万宜家 10 个联络点，除何松波、何大文 2 人共同负责濠头地区的联络工作外，其余 9 个联络点的联络工作分别由朱忠国、欧阳河、朱忠典、朱成清、李联成、朱曲成、朱大普、朱尚古、周宜万 9 人负责。

各联络站（点）建立和接通后，汝城地下党组织形成了一个较为严密的联系网络，然后通过交通站，南向联系韶关风渡路大光明药店张黎明和鸡鸭巷老陈家（连山工委书记）与边总、五岭地委和南方分局接通关系，北向可经郴县、衡阳、长沙等地与湘南工委、湖南省工委联系。

形成了党组织网络。1949 年春，全县地下党基层组织网络基本形成。东区有濠头支部，负责人何松波、赖鉴冰；中区有城区临时支部，负责人朱亚林、朱忠国；北区有田庄支部，负责人钟碧楚、刘光明；南区、西区虽未建立支部，但仍恢复和发展了党员负责这两个地区的工作，南区大村、古塘等地恢复了抗战时期入党的袁国鑫、欧甘棠、欧阳畅茂等人的组织关系。至此，全县先后恢复和发展党员 50 余人，这批党员像革命的火种在全县各地燃烧，成为后来汝城开展武装斗争和民主建政的骨干力量。

恢复建立地方工委

1947年7月，根据中共湖南省工委指示，在衡阳成立中共湘南工作委员会（简称"湘南工委"），谷子元任书记，何大群任副书记，雷天一、王来苏、朱汉樵任委员，领导湘南各县的党组织活动。汝城地下党组织在湘南工委的领导下，迅速恢复和发展壮大。

桂汝崇资工委。为更好地开辟湘南、赣南游击区，1947年冬，五岭地委决定成立中共湘赣边工委，金阳为书记，叶昌、李康寿为委员。其后，金阳、叶昌率边总主力第一支队到湘南、赣南一带活动，协助北上先遣队进行武装斗争。次年2月，根据形势发展需要，撤销湘赣边工委，成立中共桂（东）汝（城）崇（义）资（兴）工委，书记李康寿，委员孙立、郭名善，统一领导湘南桂东、汝城、资兴和江西崇义、上犹等地的党组织发展和武装斗争。

1948年1月，汝城地下党组织派濠头支部负责人何大文、何大鹏两人两次进入庙前牛仔塘一带联系游击队，终与金阳、叶昌领导的北上先遣队取得联系。2月14日，朱上炯、何大鹏又在选垅村会见了北上先遣队教导员胡耕。4月12日，中共五岭地委交通员杨湘带领朱上炯到江西文英会见了五岭地委书记张华及地委委员金阳，沟通了五岭地委与湘南党组织的联系。5月8日，朱汉樵、朱上炯带五岭地委负责人张华、金阳辗转广东、香港、湖南等地，于长沙会见了湖南省工委书记周里。经周里同意，并请示中共中央华南分局获得批准，湘南工委受湖南工委和五岭地委双重领导，配合五岭地委开展湘粤赣边区的武装斗争。

崇仁汝工委。1948年10月，中共五岭地委在仁化长江泥湖村召开湘粤赣边境活动的部队党员骨干会议。会议传达了五岭地委在帽子峰召开的会议精神："坚持老区，发展新区"，不断扩大武装斗争；成立了中共崇（义）仁（化）汝（城）工委，任命颜申为书记，劳火为副书记，陈仲舒（陈达伟）、黄枫、陈少华、徐道金等为委员。同时，部署调整了下属3支武工队力量和活动区域，并把20名党员、200名直属武工队员分派至3支武工队中。第一武工队（队长黄枫）主要在仁化、崇义、大余边境活动；第二武工队（队长陈少华）主要在仁化城口、长江，汝城热水、东岭一带活动；第三武工队（队长陈仲舒）主要在仁化城口、汝城南乡一带活动。

汝城县工委。1948年秋，湖南省工委派湘南工委委员朱汉樵回汝城负责党组织的恢复发展工作，筹组汝城县工委。8月，在汝城井坡大村朱上炯家吊楼上，五岭地委委员金阳代表五岭地委传达地委指示，宣布成立中共汝城县工委，任命朱汉樵为书记，朱上炯为组织兼民运委员，武装保卫工作由陈少华负责。并宣布汝城县工委受五岭地委和湘南工委双重领导。10月，汝城工委划归五岭地委领导。年末，五岭地委派劳火参加汝城县工委。10月下旬，五岭地委在油山西坑召开扩大会议，着重讨论湘南地区开展武装斗争的相关问题，汝城县工委书记朱汉樵参加了会议。会议决定将湘南划为三线：第一线为桂东、汝城边境一带，与粤北支队配合开展武装斗争，由五岭地委委员刘亚球和李林领导；第二线为汝城、桂东以西至粤汉铁路以东，主要任务是发动群众开展武装斗争，反对国民党"征兵、征粮、征税"，从人力、物力、财力上支援第一线，由湘南工委书记谷子元负责；第三线为粤汉铁路衡阳至广东韶关段沿线城镇乡村，重点是开展工农和学生运动，为第一、二线培养、输送干部，收集、传递情报，由湘南工委副书记何大群负责。在实际斗争中，各线密切配合，互相支持，共同发展。

1949年3月，劳火调回部队，五岭地委派陈仲舒参加汝城县工委。6月，湘南地委委员唐麟在汝城殿华村宣布，汝城县工委、县军管会由朱汉樵、朱上炯、陈少华、朱亚林组成。7月，陈少华调至粤北，金波参加汝城县工委。同月，汝城县工委转归湘南工委领导。

二、五岭地委移驻东岭

1945年6月16日，中共中央发布《关于华南战略方针和广东区党委工作的指示》，1945年7月15日，中央军委发出《关于创造湘粤赣桂边根据地给区党委的指示》，1947年3月，中共五岭地委在南雄百顺乡凌溪村云影庵（现属仁化县长江镇）正式成立，并将所属部队统一整编，建立了粤赣湘边人民解放总队。因武装斗争的需要，8月间，领导机关办公地点从凌溪村云影庵临时转移至汝城东岭仙溪一带，最后迁至南雄帽子峰乾村。

占领东岭乡公所

据老游击队员朱会恩（又名朱仔，附城德靖朱家人，1932年生）回忆："1947年8月间，……乡公所突然来了一拨人，一把抓住乡长、副乡长。乡长外号刘斗斗，东岭下里人；副乡长钟有守，东岭寨下人。当场将乡长、副乡长枪毙在东岭圩。"

该行动发生在攻占汝城及桂东游击队突袭集龙警察所之前。

五岭地委移驻九龙江

朱会恩说："原来，这拨人就是五岭地委的唐瑞（李康寿）、刘冠英（即叶昌）带领的游击队。他们从仁化长江凌溪——五岭地委所在地打到东岭，一举占领了乡公所。他们见我年轻勤快，要我跟随他们去凌溪。我就跟随刘冠英做勤务兵，参加了游击队。五岭地委设在长江凌溪学校，刘冠英当校长。他要我去读书，学地理。我以为是看风水的地理，不愿去。刘冠英说，学点地理常识，今后就会绘制军用地图。我明白了，读了一个月书。1947 年 9 月，国民党军进剿凌溪，一把火烧了学校。唐瑞、刘冠英没有组织回击，我很疑惑为什么不反攻。他们说，一打就会暴露目标，敌人会派飞机来轰炸，损失更大。接着就转移到汝城东岭九龙江一个沙坝里，附近有座石山，打了墩厂，盖上杉皮，就成了五岭地委的指挥部。"

桂东共产党员到九龙江请示

朱会恩接着说："一天，来了 3 个人连击 3 声掌声，唐先生也连击 3 声掌声。他们说桂东口音，与唐瑞秘密接头，交头接耳，唐先生要我回避。当天，唐先生就与这 3 位桂东人离开了九龙江，往桂东去了。至于搞什么行动，由于保密，我不得而知。五岭地委在九龙江住了一个月。"

原来，这就是 1947 年 10 月 29 日那日，在五岭地委安排下，汝城、桂东游击队在集龙打响湖南解放战争第一枪之前，郭名善等人与五岭地委唐瑞的秘密联络。

汝城对五岭地委的支持

1948 年 3 月坪石会议后，汝城各地迅速开展武装斗争，纷纷建立武工队、游击队。

汝城东岭、热水一带有丰富的竹木、土纸等资源，均运往广东仁化城口，再通过水运销往广州、香港、澳门和东南亚国家。

是年秋，五岭地委和边总为解决部队给养及边总干部进出汝城或华南局（香港）的问题，在汝城三江口、高排两地设立经济点（收税点），派陈仲舒、陈少华、陈月等 7 人到经济点工作。

汝城党组织密切配合，安排朱上炯具体负责接洽联系。陈仲舒等在经济点边收税边宣传发动群众，并在周边乡村积极开展武装游击活动。后活动范围不断扩大，常在夜间到汝城南乡大坪李屋、平（井）坡大村、泉水西坪等地摸情况，搞宣传，扩队伍，并把平坡大村定为汝城南乡游击队活动的中心联络点。朱上炯与之密切配合，并借边总游击队活动东风，在平坡一带宣传发动群众，建立南乡地下武装队伍。

三、打响湖南解放第一枪

抗日战争胜利后，为了争取和平，避免内战，在中国共产党的坚持和斗争下，国共两党于 1946 年 1 月 10 日正式签订了停战协定。中国共产党严格履行这个协定，但国民党对停战毫无诚意，蒋介石在完成了内战的准备之后，不顾中国人民的和平愿望，一手撕毁了停战协定和政协决议。1946 年 6 月 26 日，国民党调集 30 万军队围攻中原解放区，向中央解放区发动了全面进攻。全面内战爆发了，全国解放战争正式打响。

夜袭集龙

抗战胜利后，郭名善和全国青年学生一样，激情荡漾，热血沸腾。

郭名善，1925 年 10 月 5 日生于桂东县沙田镇龙头村。1943 年，在广东乐昌坪石读中学时就接受了马克思主义思想。随后受共产党广东地方组织派遣，回到桂东组织抗日革命武装。他变卖家产，秘密购置枪支弹药。1945 年春，郭名善组建湘赣边抗日革命军，并自任总指挥。后因日本宣布无条件投降而未举事。

1947 年 7 月，就读于中山大学的郭名善，利用暑假前往香港华南分局寻找党组织，汇报准备于桂东汝城发动武装起义的计划，要求组织派人领导。分局领导指示他找五岭地委联系。8 月，五岭地委通知在湘粤赣边活动的李康寿（唐瑞）等人，告知桂东有人搞武装斗争，密切注意桂东、汝城方面的动静，设法与之联系。郭名善回桂东后，向郭垂炎汇报赴港情况，并前往广东南雄寻找五岭地委和游击队。途经汝城东岭九龙江，恰好遇到湘粤赣边人民解放总队负责人李康寿，接上了与五岭地委之间的关系。

10 月 27 日，李康寿、黄强等随郭名善前往桂东沙田龙头村排里，准备举行起义。经分析研究，汝城集龙圩地处湘粤赣三省交界之处，有利于扩大影响，就近与边总司令部联系，且距汝城县城较远，敌难增援。因此，起义部队决定首先攻打集龙警察所。

29 日晚，李康寿、郭名善率两个机枪班、两个步枪班和一个短枪突击队共 67 人。队伍从龙头村出发，沿着汝城濠头扶竹洲、宝沙、黄家土，穿过庙前、集龙刘村、柴山里、园岙、庚龙、集龙圩，一路摸黑，沿着山间羊肠小道，急速向集龙圩进发。在当地游击队员李家仁、陈名俊、陈名栋等的配合与支持下，半夜时分，部队到达集龙圩，郭名善指挥起义军迅速包围了驻江西会馆的警察分局。

集龙战斗，游击队共毙敌 1 人，俘敌 20 余人，缴获长短枪 32 支，弹药数箱，没收全部的光洋等财物。这漂亮的一枪，正式打响了华南湘粤桂赣琼 5 省解放战争的第一枪。

次日，正逢集龙赶圩，一时间"游击队消灭了警察局！"的喜讯迅速传遍大街小巷。

集龙首战告捷后，游击队立即奔赴仁治乡公所，俘房乡长何学凭，缴获 10 多支长短枪。游击队除留郭鸣凤、郭超等继续在桂东、汝城秘密活动外，其余开往五岭地委和边总司令部驻地南雄整训，以提高起义部队素质。

组建北上先遣队

1947 年 11 月 12 日，队伍开赴五岭地委和粤赣湘边区人民解放总队驻地——广东南雄洞头进行整训。11 月中旬，五岭地委和粤赣湘边区人民解放总队将这支队伍命名为粤赣湘边区人民解放总队北上先遣队，俗称湘边队，简称北上先遣队，任命郭名善为队长，李康寿为政委。12 月中旬，整训结束后，队伍返回桂东、汝城开辟游击根据地。五岭地委派边总第一支队队长叶昌率两个大队随同北上，先遣队一起赴汝城、桂东开展武装斗争，统一受中共湘赣边区工委领导，在汝桂两县迅速扩大游击队伍。

遭受三省"进剿""戡乱"

郭名善发动的汝城起义，声势浩大，震慑了湘粤赣三省的反动军警。湖南省政府急令湘南各县加强戒备，并令驻汝城湖南保安第十一团周大东营 400 余人"进剿"沙田，北上先遣队一部"围剿"周部于汝、桂边境的狮子岭，激战数小时后撤出战斗。

汝城县国民党政府也急忙调集县自卫总队 500 余人枪，在副总队长何康民的带领下，随时准备"进剿"北上先遣队。其后，三省共调集 15 个团的兵力，对汝、桂边境游击区进行疯狂的"反围剿"，北上先遣队陷入困境，减员严重。湘赣边区工委决定暂时放弃圩镇，先遣队转入农村，成立农民协会，发动群众打土豪，分浮财，不断扩大队伍，与敌周旋于桂、汝边境的崇山峻岭之中。

12 月，湖南省政府、省参议会先后召开会议，决定立即派兵对北上先遣队进行"清剿"。国民党政府派出湘、赣两省保安部队，并纠集桂东、汝城、资兴、酃县、崇义、上犹、遂川、大余、仁化等县的自卫总队及警察进行围剿。12 月 25 日，湘警大队长周大东率 400 余人从汝城开往沙田。

1948 年 1 月 1 日，湖南省二区专员杜骏伯率省保警部队进入桂东县城。7 日，三区专员文益善率千余湘警抵沙田。1 月上旬，湖南省主席王东原在郴县召开湘南各县县长会议，部署"清剿"北上先遣队，随后，省保警第一总队队长周先仁率部抵桂东。1 月 18 日，省保警副司令李树森抵桂东"督剿"。并陆续将部分北上先遣队队员的家属关进监狱，郭名善的 7 名家属全被关押。

四、十八罗汉威名扬

耿俊猛与回龙仙

1949 年 2 月，在文明岭秀的浙江山到资兴黄草乐洞一带，常看见有个戴着斗笠、挑着货郎担的中年男子，走村串户叫卖着，他就是后来威震汝城，名声远扬的湘南支队参谋长耿俊猛（耿飚之弟，又名耿豹）。人们都称他"老耿"，受上级党组织的派遣，他的任务是前往汝城一带侦察，为组建游击队打好基础。

当时，有两兄弟住在回龙仙，老大叫罗先高，老弟叫罗先新，由于父母早逝，家境贫困，只好住在回龙仙料理仙殿内的日常事务和在周边开荒种地维持生活。

老耿告诉他俩："我们是共产党领导下的队伍，是为穷苦人打天下的，要在这里住上一段时间，请你们不要对外张扬。"接着又将许多革命道理和汝城即将解放的形势讲给他俩听。几天后，他们在回龙仙举行了成立汝城游击队宣誓会。

由于回龙仙是在大山顶上，隐蔽条件较好，能守能退，这一住就是一个多月。他们每天都夜出早归，晚上出去活动，白天回来休息。在岭秀永乐洞，收缴了地主陈丹书长枪 4 支，罚款 200 元；在黄草坪，破仓分粮，救济贫苦农民。先到附近访贫问苦，然后去乐洞和文明一带劫富济贫，收集枪支。途径多处，慢慢地又联系了很多愿意跟着共产党一起干的人加入他们的队伍，后来又带着他们与另一支队伍解放了文明地区，然后往两水口方向转移，几个月后就组建了一支庞大的队伍向汝城集结，成为最终解放汝城、活捉胡凤璋的主力军。

"十八罗汉"大闹汝城

1949 年 2 月 11 日，金阳、李林、耿俊猛等率一支 17 人游击小分队（简称"小分队"），携带轻机枪 1 挺、长短枪 14 支，由汝城地下党员朱忠国、朱亚林带路，冒雪进入汝城境内，晚十一时许抵达南乡大村朱上炯家。从粤北仁化进入汝城后，这支中国人民解放军湘南支队的前身在井坡大村朱上炯家吊楼上部署行动计划。最终决定以南乡为根据地，以西乡文明岭秀及浙江山一带为主要活动区，首先在南乡一带积极开展武装斗争；组建汝城独立大队，游击小分队17人加朱上炯共18人，号称"十八罗汉"，意在除暴安良，解放民众；逐渐向西、向北发展，联合各路武工队、游击队，最后控制整个湘南地区。

次日晚9时，小分队离开大村，经泉水进入马桥、岭秀之交的浙江山，在回龙仙住下。汝城工委书记朱汉樵也于当日赶到马桥、岭秀与之接洽。

小分队进入浙江山两水口后，按照五岭地委要求，"多支多点，星罗棋布"，迅速与北上先遣队取得联系。为尽快打开局面，扩大影响，游击队神出鬼没，四面出击，采取"征借、没收、武装偷袭"等办法，筹集枪支弹药和部队给养。在岭秀永乐洞，收缴了大地主陈丹书长枪4支，罚款200元；在黄草坪，破仓分粮，救济贫苦农民；在泉水、延寿等地，配合地下党组织进行宣传发动，动员群众参加游击队。3月16日，小分队在雄狮武工队的配合下，夜袭平坡乡公所。当晚三更时分，李林、耿俊猛率朱汉樵、朱大甫、朱曲成等七八人从大村出发，迅速来到平坡乡公所。队员朱大甫把4米长的楼梯靠在大门墙边，悄悄爬进院内打开乡公所大门，全体战士一拥而进，夺下坐着打瞌睡的哨兵的步枪，接着队员们分头冲向乡长和自卫队员的宿舍。游击队未费一枪一弹，缴获长短枪10余支，子弹600余发，俘乡长以下职员七八人。

夜袭平坡乡公所胜利后，小分队声威大震。不久，小分队与北上先遣队第一大队会合，边总从北上先遣队又抽调14人加入小分队，组成了一支30余人的队伍，正式命名为"汝城独立大队"。此后，汝城独立大队在湘赣边工委和湘南工委的领导下，积极活跃在汝、桂、资、宜边境。至1949年5月，队伍发展到800多人，成为后来湘南支队的一支主力。

湘南支队虽然组建只有半年，但战斗力强，先后作战10多次，队伍由18人发展到近3000人。1949年6月，李林担任整编后的湘南支队副司令员。

"雄狮武工队"破仓分粮

1949年初，受湘南工委谷子元委派，朱上炯赴长沙联络国民党第三十九军两个团投诚，遭国民党特务跟踪。朱上炯及时识破敌特阴谋，机智地跳火车摆脱了特务的追捕。

国民党地方政府深感大势已去，逐渐收兵县城，并到处抓兵拉伕，把城区附近粮仓储粮抢运至县城，准备据城顽抗，而对离城偏远的山乡仓库储粮则大量高价出售，捞取现金，以饱私囊。

4 月中旬，南乡地下党组织、雄狮武工队在平坡大村召开了周边乡村党员和积极分子会议，研究破仓分粮之事，以粉碎国民党的囤粮计划和帮助群众度荒。会后，与会党员和积极分子分头到各村秘密发动群众，阻止、破坏国民党调运粮食进城和粜粮换现的阴谋。

5 月 15 日，经朱上炯、陈仲舒、黄峰等研究，决定把平坡乡下青粮仓稻谷分给周边群众。

5 月 16 日，南乡地下党组织朱上炯秘密通知平坡、太白两乡周边 5 个村的基本群众，于是夜到下青粮仓分粮。当天下午，武工队通过内线告知国民党平坡乡公所自卫队，当晚不得外出干扰武工队活动。同时，组织上百民兵配合武工队行动，边总也从广东长江北二支队调来一个武装班配合支援。入夜，全体武装人员悄悄进入下青四周，布置岗哨，把守路口，并派兵前往下青北面的城头、星村、付水等地埋伏，防止县城敌人增援。同时，令队员朱曲成、朱如川锯掉电杆，割断电线，切断南乡与县城的联系；朱大甫、朱皆成等负责联络，随时通报各地情况。是夜十时左右，武工队一切布置就绪，四周上千群众挑着箩筐、麻袋等工具，在地下党员和基本群众的带领下，陆续来到下青粮仓集合。武工队负责人当众宣布分粮纪律和注意事项，并告知群众，所分粮食一半归自己一半寄存各户，留于今后支援大军过境。十一时许，分粮开始，武工队打开四个粮仓大门，分四路发放粮食。群众有条不紊地办理登记、签字（画押）等手续后，赶忙挑着粮食回家。凌晨二时许，下青粮仓共 5000 多担储粮全部分存到附近各村农民家中，分粮结束，各路护粮武装回到原地。

为迷惑敌人，武工队故意把粮仓保管员捆绑在仓库走廊的柱子上，并朝县城和平坡乡公所方向分别鸣枪。听到枪声，平坡乡公所知道分粮完毕，便装模作样地派人到下青粮仓勘察和向县城报警。天亮时，县地方政府急令自卫总队两个中队"追击"。走到距县城 5 公里的城下后，因怕武工队埋伏，队伍不敢再继续南进，只在当地骚扰了一阵后便缩回了县城。

第二天，适逢井坡圩赶集，为扩大影响，武工队又派人进圩场宣传，故意声张说昨夜粤北游击队来了上千人，全副武装，把三分局下青粮仓的粮食全部运走了。县政府无可奈何，此事不了了之。其后，雄狮武工队又相继把南乡营田（即云先）、岭脚排、李屋、谭屋、鲁塘、上禾洞等村地方政府的储粮全部分存到农民家里。驻扎腊岭、高排等地的土匪刘成仔也派人冒充武工队破仓抢粮，武工队及时派人向他们提出警告，要求他们不得再做此事，否则派兵歼灭。刘成仔停止了抢粮活动。

下青破仓分粮为过境解放大军筹备了军粮。朱上炯等率武工队于南无庵接受平坡乡自卫队起义，并赴井坡圩沙洲湾将队伍正式改编为"乐汝仁雄狮武工队"，任命陈仲舒为大队长，陈少华为副大队长，朱上炯为教导员，袁探文为参谋长，黄峰为政治指导员。下编三个分队，陈月、赖九、陈映泉分别任分队长。至此，雄狮武工队发展至160余人，有长枪90余支，短枪10支。

濠头游击队迅速壮大

在历次革命运动中，位于东、西边山之间的濠头地区，均为革命的发起地和根据地。解放战争时期，濠头地下党组织又在全县率先恢复和发展，建立了濠头、庙前坳两党支部，后合并为"汝东支部"。

1947年秋，郭名善、李康寿领导的北上先遣队经常到濠头一带开展武装活动，濠头地下党组织派何大文、何大鹏与之联系，密切配合。

是年冬，湘粤赣边总司令部派李同文、孙立到濠头地区开展活动，在庙前坳小学召开了地下党组织会议，部署研究武装斗争事宜。他们指示濠头地下党组织尽快做好如下几项工作：1. 宣传发动群众，开展武装斗争；2. 与粤北先遣队互通情报，支援先遣队粮食给养；3. 秘密收集武器弹药，随时准备武装起义。

汝东支部发动群众支援游击队，积极收集散落于民间的枪支弹药。同时，安排地下党员何作玉打入濠头乡公所，刺探情报，策反敌伪武装。经一段时间活动，地下党组织共收集民枪和收缴敌伪人员枪支40余支。

1949年5月4日，汝东支部在庙前坳召开紧急会议，具体研究部署开展公开的武装斗争。会议决定：各村地下党员迅速通知所联系的秘密游击队员于次日晚赶到庙前坳集合。5月5日晚，各村地下游击队员90余人、携长短枪40余支，没有枪者携梭镖、鸟铳，陆续来到庙前坳小学操场集合。李同文宣布正式成立濠头游击队，任命何维祺为队长，何作玉为副队长，何松波为指导员。

濠头游击队成立后，队伍迅速扩大。时值县地方政府调集各乡仓库粮食，濠头乡公所强拉挑夫，组成了一支30余人的运粮队。5月7日，运粮队正准备起运濠头仓库粮食时，游击队及时赶到粮仓，解除押粮自卫队武装，遣散运粮队伍，保护了濠头人民渡荒和后来支援南下大军的粮食。游击队声威大震，队伍如滚雪球，迅速增至300余人。

5月12日，游击队开往高原整编，途中到高原旗竿垅接受濠头乡原乡长何增智投诚，改编其自卫武装，获长短枪 37 支和弹药若干。整编期间，游击队清退了老弱及不稳定人员上百人，队伍保留 200 余人，战斗力大大增强。李同文、孙立亲临高原指导整编，宣布濠头游击队更名为湘南支队直属中队。何维祺为中队长，何作玉为副中队长，何松波、何大鹏为指导员，罗英才、陈名栋、康安巍为政治鼓动员；下设 3 个分队，何大金、何德舟、陈四林分别为分队长。

5 月 16 日晚，游击队在粤北支队的支援配合下攻取了濠头乡公所，乡长宋承懋在何作玉的宣传策反下予以配合，顺利地解决了自卫队 30 余人枪武装。为掩人耳目，天亮游击队撤退时，故意将宋承懋捆绑押走，押至千坳岭才将其放回。至此，濠头游击队基本控制了濠头地区局势。同时，宣布濠头解放。

马桥游击队渗入敌心脏

进入 1948 年，在汝城地下党组织的领导和发动下，全县武装斗争迅速开展，各地纷纷组建武工队、游击队，以武装形式反抗国民党地方政府的统治。是年冬，何述慧（地下党员）、曹学诗到长宁乡中心学校找进步青年教师胡代焯、曹明道商量，准备秘密组建武装队伍和上山寻找游击队。其后，胡代焯、曹明道在长宁乡一带秘密活动。

1949 年春，北上先遣队和汝城独立大队到长宁乡一带频繁活动，坚定了胡代焯迅速组织游击队的决心。他找村里曾当过兵的胡荣庭商议武装建队，与胡荣庭一拍即合，当即决定分头联络过去当过兵、打过仗的人员，以护村为名组建一支游击队伍，并密商到胡凤璋处搞枪。3 月，胡代焯、胡荣庭借保卫下湾村（胡凤璋家乡）名义成立护村队，动员族老向胡凤璋借枪，原打算借 20 支，但胡凤璋只同意借 10 支。搞到枪后，胡荣庭、曹明道把原先联络好的 10 余人秘密带到长宁铁桥仙开会。会上，胡荣庭宣布成立马桥游击队，并焚香歃血，表示决心。10 余天后，朱锦古带来长枪 5 支、手枪 1 支，南乡一队员也带来手枪 1 支，队伍发展至 30 余人，长短枪 17 支。6 月上旬，游击队驻扎长宁乡罗汉岭。其间，攻取了长宁乡公所，缴获自卫队长枪 6 支，收缴民枪数支，宣布长宁乡解放。

文明——湖南最早解放的乡

1948 年上半年，朱汉樵以联络西乡文明秀水朱氏宗族参加朱氏宗祠理事会的名义，经常出入文明，秘密了解情况，发展游击队骨干。他先到文明沙洲等地发展了朱性灵、朱忠衡，后发展了钟国家等人为骨干。同时，朱汉樵又到延寿发展了李荣田、陈昌言等游击骨干，指示他们在延寿地区发动群众，组建一支游击武装队伍。

朱性灵、钟国家、李荣田、陈昌言、朱忠衡发展了110余人的游击队，他们相互配合，在西乡地区宣传群众，收缴土豪枪支，袭击地方自卫武装，带领群众破仓分粮，周边群众积极响应。

文明乡横江村车田钟国家，1946年冬由资兴县委书记陈传春、宜章欧阳镜等人介绍，加入了中国共产党，从此参加党的地下工作，串联发展党的外围组织，宣传和发动群众，调查与搜集民间枪支弹药，建立游击队。他几次被敌人发现、包围，但都机智脱险，出色地完成党组织交给的任务。1949年春，奉上级李林的指示，钟国家率领汝（城）、宜（章）、资（兴）边区集结的游击队200多人，长短枪60多支，成立了汝宜资边区武工队，并任队长，开展游击活动，扰乱了敌人的后方，打击反动地方武装。武工队队伍日趋壮大，实力也越来越强。6月，武工队被编入湘南支队第一大队，以耿俊猛参谋长兼任大队长，钟国家先后任排长、连长等职。一年来，他身先士卒，战斗在最前线，与敌人搏斗，在湘粤赣边区开展游击战50多次，直到华南地区完全胜利、解放。

1949年4月4日，汝城独立大队从宜章撤回汝城驻文明军铺。朱汉樵令钟国家率40余人枪，朱性灵、朱忠衡率20余人枪汇入独立大队，密切配合，他们熟悉文明的情况，加强了独立大队力量。谷正、谭立率活动于当地的50名游击队员加入汝城独立大队，队伍达250余人枪。

5月1日，独立大队挥师汝城文明圩，并占领乡公所，文明首获解放。

接着，独立大队乘胜前进，开往岭秀长洞，部署攻打延寿乡公所。5月3日，开赴延寿，李荣田、陈昌言率延寿游击队密切配合。延寿乡公所人员闻风而逃。独立大队顺利攻取延寿乡公所，活捉县参议员陈忠鉴，缴获恶霸陈相周驳壳、左轮手枪各1支，发动群众开仓放粮，平粜稻谷。宣布延寿解放。接着独立大队大杀"回马枪"，袭击了良田、邓家塘、瑶岗仙等地。在良田与敌激战数小时，活捉乡丁数人；在瑶岗仙钨矿受到几百工人敲锣打鼓欢迎。后又经几次战斗，缴获步枪50余支、机枪2挺、子弹五六担，队伍发展至600余人。

李荣田、陈昌言率50余名游击队员与朱汉樵会合，队伍扩大至80余人枪。适逢驻县湘警李可才团从省饷械委员会运回军用物资一批，朱汉樵得到消息后，及时组织游击队在山店坳伏击，押运军警逃之夭夭，游击队缴获军衣300余套，轰动县内。

5月16日，游击队移驻磻溪，湘南地委负责人刘亚球亲自到队部召开会议，宣布该队为汝城武工队，直属朱汉樵领导，队长李荣田，副队长陈昌言。其后，武工队在文明、延寿、回龙仙、浙江山一带活动，队伍不断发展壮大。

五、不见硝烟扩武装

部署策反工作

1948 年 3 月中旬，中共湘南工委召集乐昌坪石会议，研究做好统一战线工作，要求利用各种关系，广交敌伪中上层人物或基层骨干。汝城县党组织加快了武装斗争步伐，一面在各地积极发动群众，建立人民武装游击队伍；一面派人打入敌人内部，加紧策反国民党地方武装起义。

金山会议。1949 年 3 月，李同文、朱汉樵在土桥金山秘密召开了地下党及各游击队负责人会议。会议着重研究汝城武装斗争，特别是策反敌军的有关事项。会议分析了当前汝城形势和敌我双方力量：表面上敌强我弱，但国民党武装除省保安李可才团 1000 余人属正规部队外，其余县自卫总队、警察中队及各乡自卫队总计 2000 余人，皆为地方武装，大多是土生土长的汝城人，恋土恋家思想严重，且未受过专门训练，很多是临时人员，在全国解放战场节节胜利的高压态势影响下，大多数人对国民党统治失去了信心，都在考虑自己的身家性命和命运前途，为地下党组织策反创造了有利条件。经分析，只要把自卫总队、警察中队策反起义了，乡自卫队均会顺势起义。会议还对策反工作进行了具体分工。朱汉樵、朱亚林负责城区（朱汉樵兼负责西乡），朱上炯负责南乡，各乡地下党组织及游击队负责各乡的策反工作。同时还对策反自卫总队、警察中队进行了具体部署安排。特别是对争取县警察中队的武装起义问题，党组织更是进行了认真细致的研究，一致认为派人打入敌人内部进行策反为上策。但人选问题却是一个难题，当时研究考虑了很久，地下党和警察内部一时难以找到适当人选，后朱亚林提议能否去做他哥哥朱亚雄的工作，让他回汝城打进县警察中队开展策反工作。大家认为这个办法很好，如果朱亚雄愿意进去工作有很多有利条件：一是他是行伍出生，有较强的组织能力和指挥能力，在汝城有一定影响，在汝城县警察中队内部也有一些旧朋好友；二是他有对国民党政府不满的思想基础，有正义感，可以信任；三是他在国民党陆军中任过要职，现可以中间人物的身份出现，敌不易怀疑；四是他是地下党员朱亚林的哥哥，打进警察中队内部后，便于地下党组织随时联系，及时掌握内部情况。最后决定由游击队员叶始华、叶文俊做自卫总队副总队长何义标的策反工作；同意朱亚雄打入警察中队任职，配合地下党负责人朱亚林策反县警察中队。

何义标"谎报军情，告急求援"——县自卫总队武装起义

何义标，汝城土桥人，黄埔军校潮州分校三期学员，与汝城范明玉、宋同仇、朱绍武是同学，曾任国民党正规军团长职务，作风较为正派，有一定正义感。1940年国民政府军事委员会任命何义标为陆军十三师步兵三十九旅第七十八团上校团长，后为副师长。1947年2月1日，国民政府主席蒋介石为何义标颁发"陆军少将"退役证书。1947年2月，县组建团制自卫总队，县长汪澄兼任总队长，何康民任副总队长（后何义标），下辖2个常备中队、1个特务队、1个"清剿"大队，共450余人枪。

金山会议后，经汝城地下党组织多方工作，何义标认清了形势，同意武装起义。5月，何义标亲自到濠头柴山找游击队联系，李同文热情接待了他，并与之促膝交谈，打消其疑虑。同时，商谈了起义的具体事项。因当时自卫总队分驻两地，总部、特务队和"清剿"大队驻县城，常备中队驻大坪。县城部队受省保安李可才部严密监视，如果公开起义，必遭李可才部追剿镇压。起义关键问题是：1. 如何把几百人的队伍从李可才部的眼皮底下拉出县城；2. 常备中队驻大坪，县城队伍拉出后又如何与两支队伍会合。根据兵分两处的实际情况，李同文和何义标制定了"谎报军情，告急求援"的起义计划。李同文令何义标起义时，把县城、大坪两地部队先带至泉水杉树园村集结，然后转至土桥金山起义，以便接应。何义标从濠头回到县城后，秘密召集驻大坪常备中队中队长范振帮到县城面授机宜。

6月2日，范振帮突然告急，谎称南乡自卫队刘芳瑞部叛变，要求总队迅速派兵救援。何义标接讯后，马上报告县政府，并集合所属部队向大坪方向进发，队伍行至城头后，即转向泉水杉树园村，与从大坪出发的常备中队范振帮部会合集结。队伍在杉树园休整了一天，4日清晨，何义标、叶冠雄等率自卫总队450余人从杉树园出发，经附城泰来绕过县城，开赴土桥金山待命。

同日，湘边支队负责人李同文、孙立率直属中队何松波、何作玉、何大文、何大鹏、陈名栋、朱治国、李太军、罗英才等10人，从濠头赶到金山，接受了何义标部队起义，并改编起义部队为湘南支队暂编团，团长何义标，副团长叶冠雄。湘南支队暂编团下辖三个营，第一营营长朱张飞，第二营营长朱龙飞，第三营营长范振帮。部队改编后，以营为单位在永丰至大坪一线驻扎活动。第一营驻土桥金山，第二营驻永丰涧布，第三营驻大坪山口。

6月13日，暂编团开赴泉水殿华整编，仍被授湘南支队暂编团番号，团长何义标，政治委员孙立，副团长叶冠雄，下设三个营一个警卫队。后参加解放汝城、围

歼李可才部战斗。

朱亚雄 "调虎离山，骗出县城" ——县警察中队武装起义

朱亚雄，城关新井人，黄埔四分校 17 期毕业，曾任国民党驻武汉部队某部参谋，因有正义感和对国民党政府不满情绪，1948 年春退役，退役后滞留长沙。金山会议后，朱汉樵、朱亚林亲自前往长沙做朱亚雄工作，要他认清形势，回汝城做番事业，为汝城解放做点有益之事。朱亚雄欣然应允。后经党组织多方活动，朱亚雄顺利回汝城担任了县警察中队第二中队中队长。

朱亚雄打入县警察中队后，在地下党组织的密切配合下迅速开展工作。首先他以打牌、喝酒等名义，经常邀集第二中队的旧朋好友，做通他们思想工作，然后以他们为骨干去串联第二中队的其他人；然后再以第二中队为基础，又去联络其他中队及乡下分驻人员。当时，由于全国解放战争形势发生巨大变化，县警察中队内部很多人也早已人在曹营心在汉，都在考虑自己的命运与前途。经朱亚雄宣传鼓动，大多数人愿意举事起义。其间，朱亚林也常以看望哥哥为名，出入县警察中队，把共产党的宣传资料，特别是对起义投诚人员既往不咎等优待政策文件带进警察中队，让警察们秘密传阅。

1949 年 6 月初，起义之事准备就绪，只待地下党组织的命令。6 月 4 日，县自卫总队何义标起义，国民党政府加强戒备，急令省保安李可才部严密监视县内地方武装，只要有风吹草动，即调兵镇压。6 月 5 日，朱汉樵召集朱亚林、朱亚雄等研究决定，县警察中队必须尽快起义，并部署了起义的具体事项，但最关键问题是如何把这支队伍安全带出去，他们最后商定："调虎离山，骗出县城。"第二天，地下党组织故意在县城放出消息，说地下党要去大坪最大的粮仓——下祝粮仓开仓放粮。县地方政府得到消息后非常着急，立即命令朱亚雄率队前往下祝粮仓保卫"枭粮换现"工作。

6 月 8 日清晨，朱亚雄手持县长王有诗保卫"枭粮"的命令，率县警察中队 7 个分队 308 人枪向大坪下祝进发。同日，在南乡活动的陈仲舒、朱上炯也奉命率雄狮武工队开到下祝北面松山上接应县警察中队起义。9 时许，两支队伍在下祝会合，县警察中队宣布起义。陈仲舒、朱上炯代表湘南游击队正式接受了这支起义队伍，并率领这支队伍开往平坡古塘、平塘一带集结待命。

6 月 13 日，县警察中队开赴殿华整编，编入湘南支队第三大队，大队长朱亚雄，教导员刘计，副大队长朱孝广。6 月 21 日，胡凤璋从广东乐昌回汝城，三大队

奉命于三田坳、磻溪一带伏击。三大队后成为解放汝城战斗的主力，于予乐湾一带阻击李可才和赴马桥下湾上古寨围歼胡凤璋，汝城解放后进驻县城。

乡警"认清形势，识时务者为俊杰"——乡镇自卫队起义

至 1949 年 6 月，全县除县自卫总队、县警察中队武装起义外，各乡镇自卫队也先后相继举行武装起义，脱离了国民党地方政府。

城厢警察所武装起义。1949 年 6 月 9 日，城厢警察所所长陈镇廉率该所 20 余人枪武装起义，并从警察所救出地下党负责人廖伯石。全所 21 人携带长短枪 23 支、子弹 2000 余发、手榴弹 40 余枚起义。其后，队伍被编入湘南支队第三大队第四中队，陈镇廉任中队长，胡昭仁任中队副队长。

首善、津泰两乡镇自卫队武装起义。1949 年 6 月 18 日，朱寿臣、朱奉琛率首善、津泰两乡镇自卫队武装起义。朱奉琛集合 30 余人枪的队伍，趁乱离开县城，开赴得靖朱家宣布起义。后首善、津泰两乡镇自卫队被编入县大队第二中队，朱奉琛任中队长，朱志云任中队副队长。

东屏（热水）乡自卫队武装起义。1949 年 6 月 28 日，曾梓林、熊俊伟接朱汉樵劝告信后，把队伍 20 余人带往县城。朱汉樵代表军管会对他们的起义表示欢迎，并命熊俊伟、赖九（湘南支队汝城县大队负责人）赴东屏乡组建人民政府办事处，熊俊伟任主任，赖九任副主任。

南乡：继袁探文率平坡乡自卫队武装起义后，驻大坪、东岭一带的刘老成大队也随即起义，重回革命队伍。

东乡：5 月 8 日，集龙乡自卫队队长廖全忠率 20 余人枪宣布起义，后被编入湘南支队第二大队下属一个分队。

西乡：5 月 18 日，经朱汉樵、朱忠国秘密串联发动，文明乡自卫队李子涛（地下党员）、朱性玉率 20 余人枪起义。起义后继续留守文明、岭秀一带活动。

北乡：6 月 8 日，在北上先遣队和西边山游击队的配合下，驻田庄自卫队 3 个班武装起义；朱龙飞率自卫总队驻田庄机动队 40 余人枪武装起义，被编入湘南支队直属第二中队。

至 1949 年 6 月中旬，除县城、长宁乡还被李可才、胡凤璋分别控制外，其余各乡镇自卫队均举行了武装起义，未起义的地方乡镇也已被人民武装力量所控制。

第十六章

解放汝城和接管政权

★

一、推翻国民党统治

组建湘南支队

磻溪会议。1949 年 6 月上旬，刘亚球、唐麟、李同文等根据中共华南分局指示，通知汝城、桂东、宜章、郴县等地活动的游击队负责人朱汉樵、朱上炯、陈少华、郭名凤、陈传春、陈克等到汝城外沙磻溪村开会。会议在村宗祠楼上举行，传达了华南分局关于成立湘南地委的决定：书记刘亚球，副书记兼组织部长李同文，委员：李林（军事部部长）、金阳（宣传部部长）、谷子元（统战部部长）、唐麟（湘南支队政治部主任）。会议具体研究决定了五件大事：1. 成立湘南地委、湘南支队，初步确定领导人选；2. 继续扩大湘南各县武装起义规模，大造声势，加大策反工作力度，牢牢控制国民党地方武装；3. 胡凤璋回汝时，派部队于路上伏击，免得他回汝城捣乱；4. 确定汝城、桂东、资兴、宜章四县军事管制委员会（简称军管会）建制和负责人人选；5. 整编县游击武装、起义队伍为湘南支队序列，并保留由县工委领导、指挥的县大队建制。

磻溪会议对殿华整编，解放桂东、汝城等地，建立人民政权，做出了重要部署，是一次非常重要的会议。

殿华整编。1949 年 6 月 13 日，根据磻溪会议决定，中国人民解放军湘南支队在汝城县泉水镇殿华村禾塘坪正式成立并整编。汝城各地人民武装 3000 余人枪全部开向殿华村结集；活动在桂东境内的大部分人民武装也开赴殿华会合；周边的郴县、资兴、宜章等县派代表前往参加；湘粤赣三省边界各县工委负责人也到殿华参会。那天上午，殿华村红旗招展，歌声嘹亮，锣鼓喧天，游击队员个个威武雄壮，斗志昂扬。周边乡村群众蜂拥而至，竞相听会、观看。会场热烈而隆重。

湘南地委、湘南支队有关负责人纷纷来到殿华。

会上，湘南支队司令员兼政委刘亚球宣布中国人民解放军湘南支队正式成立，并宣读了关于湘南支队所属各部、各大队建制和负责人的任命。

湘南支队：司令员兼政治委员刘亚球，副司令员李林，副政治委员李同文，参谋长耿俊猛，政治部主任金阳，副参谋长李明成、叶忠赞（叶冠雄）、陈厚，政治部副主任谷子元（未到职），秘书漆添鸿，供给处主任朱忠国。

湘南支队下辖三个大队、一个暂编团、一个司令部警卫队和宜章路东办事处武工大队以及汝城、桂东、资兴、宜章四个县大队。

第一大队：大队长耿俊猛（兼），教导员廖康，下设 3 个中队，约 350 余人枪。

第二大队：大队长郭垂炎，教导员郭名龙，副大队长郭超，下设 3 个中队，约 280 余人枪。

第三大队：大队长朱亚雄，教导员刘计，副大队长朱孝广，下设 3 个中队，约 300 余人枪。

暂编团：团长何义标，政治委员孙立，副团长叶忠赞（兼），下设 3 个营，约 600 余人枪。

司令部警卫队：队长黄由俊，100 余人枪。

整编会上，宣布了汝城、桂东、资兴、宜章四县军事管制委员会、县大队负责人名单。汝城军管会主任朱汉樵、副主任朱亚林，县大队大队长陈少华（后调广东，朱汉樵兼），副大队长李荣田。

当天下午，湘南支队所属各队分别开赴各自驻地。桂东第二大队回汝桂边的田庄白泥坳驻扎，部署研究解放桂东的战斗。

殿华整编,是汝城解放战争敌我双方力量变化的转折点,是人民武装斗争由地下到公开、由防御到进攻的里程碑,为解放桂东、汝城做好了组织上、军事上的充分准备。

推翻国民党统治

文明建政。1949 年 5 月 1 日,李林、耿俊猛、朱汉樵等率汝城县独立大队挥师汝城文明圩,并占领乡公所,文明首获解放。游击队部驻老白冲的秀水小学,在一阵阵鞭炮声中,朱汉樵和耿俊猛将"汝城县军事管制委员会文明办事处"的牌子高高挂在秀水小学大门右侧,庄严宣布"汝城县军事管制委员会文明办事处"成立!任命谷正为文明办事处主任,李子涛为副主任,工作人员周山。这是在全县,乃至湖南省第一个建立的地方人民政权。随后,谷正率办事处人员筹建"汝城县文明农民协会",并在当地破仓济贫,减租减息,受到广大群众的热烈拥护。

围城逼李。殿华整编后,湘南支队与汝城工委迅速部署解放汝城的战斗,研究攻取县城的作战方案。鉴于当时敌我双方力量,若强攻,虽有取胜把握,但守城的李可才部毕竟是省保安一个正规团 1000 余人兵力,且训练有素,装备精良,又做好了"困兽斗"的准备,势必造成人员重大伤亡,尤其是城区居民必受巨大损失。为此,湘南支队和汝城工委制定了一个"围城逼李"的作战方案,准备用包围之法,造攻城之势,把李可才部逼出县城,于途中伺机打击歼灭。这样,既可以保存有生力量,打击敌人,保护人民,又可以有效地保护千年古城。

6 月 23 日,各路武装纷纷向县城运动,并故意大造攻城之势,四面包围。

北面:第一大队由驻地泉水顺耒水沿河而下,开往高村、梅木一带驻扎。

西面:第三大队从大坪、井坡出发,绕过县城前往外沙磻溪一带集结。两个主力大队到达指定地点后,迅速做好战斗准备,形成对县城的西北两面包围之势,又为把李可才团逼出县城后作伏击准备。

东面:湘南支队命令何义标暂编团把战线缩短,由永丰至大坪一线缩至土桥至附城一带,形成对县城东面的包抄之势。

南面:命令县大队除留部分兵力驻守大坪等地、防广东方向来敌增援县城外,其余主力(原雄狮武工队等)则从南乡逐渐向县城靠拢,移驻城下、城头一带,形成县城南面的钳制之势,也防李可才团南窜。

东北面:令湘南支队第二大队(桂东郭垂炎部)由北向南运动,形成攻打县城东北之势,并电告资兴、宜章和粤北等地,要求他们密切配合,随时准备增援。

县长王有诗一面紧紧拉住驻汝省保安李可才部，一面急令胡凤璋密切配合，倾力保卫县城安全。省保安团长李可才深感形势严峻，败势已定，只得一面调集所属兵力全部退守县城，准备于县城负隅顽抗；一面急向省保安总部和粤北方面告急求援。

逼出县城。李可才深感孤城难守，准备弃城逃走。6月23日晚，李可才密令所属各部做好准备，24日晚突围撤退。支队司令部立即发出围歼李可才团的战斗。命令第一、第三大队迅速逼近县城周围设伏，占领有利地形，构筑工事，一旦李可才团退出县城，则于路上伺机歼灭之。第一、第三大队各部人马连夜向指定地点集结，分别于四拱桥、予乐湾、高村坳、廊木坳、梅木、外沙等地设伏，等候李可才部撤离县城后进行伏击。命令县大队（原雄狮武工队）迅速占领县南排子头、泰来圩、陈家屋背、叶家坳等地的有利地形，堵住李可才部南逃路线。

25日凌晨4时许，李可才率部从县城南门撤出，准备过四拱桥，经予乐湾向长宁（马桥）下湾靠拢，妄图在胡凤璋的接应下，于下湾与胡凤璋会合后再做打算，县长王有诗也随之逃窜。

四拱桥交火。天刚蒙蒙亮，李可才部人马在尖刀排的开路下向四拱桥方向逃跑，中间还夹着骑马坐轿的家属。他们一到四拱桥，便争先恐后地蜂拥而过。此时，朱亚雄正率第三大队在桥西设好埋伏，准备打其后卫，然后封锁桥面，不让李可才团再回窜进城。当李可才团大部人马过桥后，朱亚雄一声令下："打！"霎时枪声大作，李可才团担任后卫的一个排尚未过桥，见前面遭受伏击，赶忙调头向桥东山上仓皇逃窜。战士们边打边冲上桥头，高喊"缴枪不杀！"李可才团士兵四散奔逃，未跑掉的乖乖举枪投降。

桥头伏击战很快结束，毙敌多人，俘敌50余人，缴获长短枪70余支。第三大队战士也有伤亡，分队副队长胡眉寿不幸牺牲。战斗结束后，大队长朱亚雄重新组织力量，变伏击战为追击战，除留一个分队守四拱桥外，其余队伍迅速赶追过桥之敌。其时，埋伏在予乐湾一带的部队也与李可才团接火，李可才团腹背受击，只得在重武器火力的掩护下边打边退，拼命向北逃窜。一路丢盔弃甲，衣物、箱笼、箩筐、轿子、扁担遍地皆是。

包围下湾。与此同时，于梅木、西览等地设伏的耿俊猛第一大队也迅速向高村方向堵截李可才团，快到高村时，遇李可才团未过桥之逃窜后卫排，后卫排转头逃跑，恰遇朱亚雄率第三大队追击，两面夹攻，后卫排缴械投降。一、三大队会合后，又向前追击李可才部，但胡凤璋已派兵前来接应，李可才部仓皇逃入胡凤璋下湾老巢苟延残喘，急调该团驻资兴的周大东营回马桥增援。

湘南支队重新调整战斗部署。湘南支队命第一大队驻守长宁罗汉岭一带，第三大队驻守马桥圩、单鱼岭一带，县直属中队守高村一带，形成大包围圈，把胡凤璋老巢下湾团团围住，并急调桂东郭垂炎第二大队前来参加战斗。

下午，湘南支队获悉李可才部周大东营已从资兴黄草坪赶往长宁增援，其先遣连已到长宁烟竹。副司令员李林急令朱亚雄率第三大队赴单鱼岭至烟竹的要道隘口阻截。周大东部到达该地后，多次向第三大队发起冲锋，三大队战士击退敌人进攻，毙敌排长及士兵数名，伤数十名。周大东见此地强攻不下，急忙改道罗汉岭向第一大队猛烈进攻，因第一大队力量较弱，第三大队奉命支援，双方又展开激烈战斗。后由于周大东部武器精良，火力猛烈，最终突破了阻击线而进入下湾与李可才部会合。

6月27日，李可才组织力量反攻，妄图突围逃跑或窜回县城。胡凤璋之子胡韶也组织了一支100余人的敢死队，由胡昭奎带队，配合李可才部向高村等地反扑。湘南支队第一大队大队长耿俊猛率部顽强抵抗，多次击退李可才部攻击。下午，李可才部突围无望，不得不退回下湾。其时，桂东郭垂炎第二大队也赶到了距下湾四里的石子坳待命。

追击出县。李可才重新败入下湾上古寨后，感到困守孤寨不是长久之计，于是重新部署兵力准备突围，向资兴、郴州方向逃窜。为集中力量围歼胡凤璋，支队司令部决定故意放开资、郴方向口子让李可才部逃窜，于途中伺机伏击，消灭敌之有生力量。

7月5日凌晨，李可才率省保安第十一团全部人马从罗汉岭、胡家山等地分两路强行突围，一路逃往郴州，一路逃往资兴。逃往资兴的一路被湘南支队第一、第三大队追击。一、三大队尽量避开与敌正面接触，以减少部队伤亡，只是尾追伺机打敌后卫部队。途中共打死打伤李可才部30余人，缴获步枪30余支、子弹4箱。当追击李可才部至资兴黄草坪时，第一、三大队迅速将其包围，并困敌一天一夜，后李可才部摸黑从后店山羊肠小道逃窜资兴。至此，"围城逼李"计划实施完成，驻汝省保安李可才第十一团全部逃离了汝城。

活捉胡凤璋。胡凤璋为湘南一霸，号称"湘南王""土皇帝"，1874年生，汝城县马桥下湾（石泉）村人。数十年为恶乡里，双手沾满了共产党人和湘粤赣周边人民的鲜血。

1945 年，湖南省政府机关及国民党第九战区司令长官部移至汝城，胡凤璋在何键、薛岳等庇护下，更加横行霸道，肆无忌惮，率地方武装配合国民党军警疯狂捕杀共产党人，破坏汝城地下党组织。是年 8 月，王震部队南下挺进汝城、桂东地区，胡凤璋率部"围剿"截击南下部队。9 月 12 日，胡凤璋借国民党第九战区司令长官部高参方日英之势，以第九战区一纸"兹委派胡凤璋为汝城县县长，仰即到差视事"的空白公文，强行夺取县长贺钦之印，自封为汝城县县长。

1948 年 11 月 23 日，胡凤璋被湖南省政府以"劫夺县府、谋杀士绅"罪拘捕于长沙。

1949 年春，胡凤璋以巨款贿赂，并经薛岳致函程潜干预而被释放。

6 月初，胡凤璋从长沙返回汝城途中赴广州拜见薛岳，薛岳封其为"湘粤赣边区剿匪副司令。"6 月 18 日，乐昌"永和"商号交通站及时把情报送至汝城游击队，告之胡凤璋要回汝城。20—21 日，县游击队 80% 的力量分布在砖头坳、简家桥、延寿圩、山店坳、五里墩、牛田坳、桑坪一线，层层设伏。21 日获悉，胡凤璋由拜把兄弟黎元勋女婿沈建萍率 30 余人枪护送回汝城。游击队迅速加强简水桥、山田坳、磻溪等地警戒，准备袭击胡凤璋。因胡凤璋狡诈，仅带了 20 余人枪，临时改变路线从五山、小垣、珠目、小麻坑等地潜回到老巢下湾上古寨，而逃脱伏击。

胡凤璋潜回老巢后，立即纠集部下严防死守，并以每人 5 元（光洋）的代价大量招兵买马，扩充队伍，同时派人与县城守军李可才部密切联系，妄图遥相呼应，负隅顽抗。

6 月 25 日，李可才部被湘南支队逼出县城，胡凤璋率部全力接应，李可才部进入马桥下湾与胡凤璋保安团会合后，又妄图凭借下湾上古寨天险顽抗。后湘南支队强力围攻，切断其与外界的一切联系。李可才深感孤军难守，数天后乘夜突围逃走。湘南支队为集中力量消灭"湘南王"胡凤璋，有意让李可才部逃离上古寨。

李可才部逃走后，胡凤璋感到大势已去，末日将近。他一面率手下几百人马作困兽斗，死守孤寨；一面坐等援兵解围。湘南支队一、三大队及县大队、暂编团等1000 多人马死死围住上古寨。一面采用武力攻取，日夜攻击不断，消耗胡部有生力量；一面采用政治攻势瓦解军心，用喇叭筒高声喊话，规劝胡凤璋部放下武器主动赎罪，争取宽大处理；再是动员胡凤璋部家属寄言规劝，动摇瓦解其军心。同时，通过内线朱瑞贤（胡凤璋副官）传信给胡凤璋，敦促其放下武器，缴械投降，才是唯一出路。胡凤璋以"恪守岗位，互不侵犯"为辞，断然拒降。

7月6日，朱汉樵以县军管会主任身份进寨劝降。胡凤璋提出三个条件：一要保护其全家生命财产；二要保留几支手枪自卫；三要其部队投降后予以改编。经湘南支队司令部研究，同意接受胡凤璋的条件。后胡凤璋口是心非，一面虚以委蛇，用"谈判"应付，一面加紧部署寨内兵力抵抗，并乘夜派人急赴广东向薛岳求援。他不断给部下打气："游击队没有炮，几根烂枪怕什么？从前彭德怀那么多红军来攻打上古寨都没有攻下，几个游击队还怕他什么卵？"

湘南支队知道胡凤璋在玩弄"假谈真抗，拖延时间"的伎俩，一面继续展开政治攻势，一面加紧部署战斗，并火速派人请粤北支队增援。7月8日，粤北支队叶昌大队奉五岭地委命令，携两门六零迫击炮赶来汝城参战。9日，于马桥盘古羊高地向上古寨连发两颗炮弹，"砰！砰！"两声巨响，一颗落寨边爆炸，一颗击塌上古寨八角楼一角。胡凤璋部慌恐，立即举起白毛巾投降，胡凤璋派副官朱瑞贤下寨"求和"，准备再拖延时间。

湘南支队决定将计就计，里应外合攻取上古寨。因朱瑞贤是汝城地下党组织发展的内线人物，支队与之商议，决定于11日清晨以谈判为名攻取上古寨。11日拂晓，朱汉樵、朱亚林、朱亚雄3人前面开路，县大队蒋标班突击队紧随其后。来到寨边，守寨士兵大声吆喝："什么人？"朱汉樵沉着地大声报称"进寨谈判的！"趁胡凤璋部开寨门之际，朱汉樵率队一拥而进，内线朱瑞贤机警地夺过守门小队长胡凤璋侄子胡端生手枪，并令马弁张德能、朱怀德把寨门全部打开，突击队一举夺下了寨门。继而叶昌、李林、耿俊猛也率大队人马入寨，并迅速控制了寨内第一道防线。接着，突击队在朱瑞贤的带领下，向第二道岗哨——福主庙进攻。把守岗哨的队长是胡凤璋拜把兄弟黎元勋女婿沈建萍，他听到寨下动静，赶忙出来查看，刚好碰到朱瑞贤带着队伍从寨下上来，忙问下面声响是怎么回事。朱瑞贤佯装无事的样子说："没什么，都是自己人。"朱亚雄趁机上前用枪抵住沈建萍，大喝一声："不准动！"胡凤璋部30余名守兵见势不妙，纷纷放下武器，湘南支队大队人马迅速冲上寨顶。寨顶胡凤璋部守兵大多还未起床，不知外面发生了什么事，见突然拥上许多人，吓得目瞪口呆。有的想操枪抵抗，有的未穿衣服就拔腿逃跑，但一支支黑洞洞的枪口已抵着了胸膛，朱瑞贤忙说："诸位别慌，都把枪放下。"士兵们乖乖举手投降，被押至福主庙看管。朱汉樵迅速带领战士直奔胡凤璋住舍并将其住舍紧紧围住，同时向胡凤璋大声喊话，令其缴械投降。胡凤璋见大势已去，只得从厅堂里垂头丧气地出来，解下身上加拿大手枪双手交给朱汉樵，求朱汉樵保其性命。至此，被胡凤璋经营盘驻了20余年的上古寨获得解放。

此战斗历时18天，缴获长枪500余支（其中从福主庙下的地窖里取出200多支），手枪20支，机枪7挺（其中重机枪2挺），手榴弹180颗，子弹8担，骡马14匹，龙头细白布300余匹，平江青布600余匹，以及其他军用、民用物资一大批。湘南支队俘获胡凤璋及其子胡韶后，及时把他们押至县军管会监禁。全县万民欢呼，奔走相告。

匪首胡凤璋被剿灭后，湘粤赣边国民党当局极为震惊，立即派第九十七军第八十二师两个团、第六十军一个团，分别从资兴、宜章和广东仁化向汝城进犯。7月20日，国民党第六十四军欧阳康团，由广东城口向汝城逼进。因敌我力量悬殊，县工委、县军管会及所属武装主动撤离县城，退至濠头庙前驻扎。胡氏父子也随同被押至濠头，后转桂东沙田。因胡凤璋肥胖，行走不便，转移时不得不临时扎个竹轿抬着他行走。8月15日，经中国人民解放军湘南支队司令部、政治部决定，于桂东沙田军次老圩里将胡凤璋处决，结束了胡凤璋罪恶累累的一生。

湘南支队以司令员兼政治委员刘亚球、政治部主任唐麟署名，发布处决胡凤璋"联字第二号"布告，张贴于湘南各县，向世人公布胡凤璋的罪行，以平民愤，以警告胡之余党今后不得再与人民为敌，只有放下武器，立功赎罪，各安生业，才是唯一出路。

以胡凤璋为首的汝城土匪武装势力的覆灭，是湘粤赣三省边界土匪武装彻底走向灭亡的重要标志，是三省边境人民扬眉吐气、翻身解放的重要里程碑，为后来汝城肃匪建政和大军南下过境扫除了最大障碍。

二、成立人民政府

成立县军事管制委员会

1949年6月，汝城解放在即。为更好地接管国民党地方政府和组建新的民主政权，6月上旬，刘亚球、唐麟、李同文等于磻溪宗祠召开紧急会议，研究决定成立湘南支队和汝城、桂东、资兴、宜章四县军事管制委员会建制及确定负责人人选。

6月18日，湘南地委负责人唐麟在泉水杉树园村宋华堂家吊楼上召开临时会议。汝城县工委朱汉樵、陈少华、朱上炯和其他方面负责人朱亚林、朱忠典、陈昌言、李荣田等参加会议。会上，唐麟宣读了汝城县军管会组成人员和工作分配：军管主任朱汉樵，负责全面工作；副主任朱亚林，负责军事武装；财务委员朱忠典，负责财务管理；文教委员陈昌言，主管文化事务；政务委员朱上炯负责全县清匪、保卫、农村基层组建及联系粤北方面工作。会议还研究配备了一支40余人的政工队（也称武工队），由朱上炯直接指挥。

6月25日，军管会进驻县城，占领了国民党县政府。其后，迅速分派人员上街宣传解放军进城政策和张贴安民告示；安排县城各城门和军管会大门岗哨，组建巡逻小分队维持城内秩序；接待群众来信来访，接收各种慰问品和前线缴获的战利品；负责救护伤病员，处理安置俘虏和安抚烈士家属等。当晚，朱汉樵召开军管会成员会议，研究县城各机关部门和全县乡镇建制及人员配置，明确当前的具体任务：1.巩固县、乡、村的民主政权，全面组织建立村、乡农会，以便逐步取代保甲长的职能；2.继续搜缴民间武器，肃清残余匪特势力，并要求各基层农会严密监视国民党残余势力和暗藏特务的破坏行踪，保护人民的生命财产安全；3.宣传双减反霸和合理负担政策，逐步建立新的财税体制，并根据不同情况，着手收回原破仓分粮时寄存于民间的粮食，以保证军政人员的供给来源；4.通过实际工作考察，将有才干的基层干部逐步上调，以充实县军管会所属机关单位的骨干力量；5.宣传人民解放军渡江后节节胜利的消息，给广大军民精神鼓舞，为迎接大军南下做好思想和组织准备。

其后，军管会安排政工队携带武器下乡，宣传共产党的民主政治主张，帮助建立乡镇、村民主政权，以尽快替代国民党的乡、保建制。至此，汝城县军管会全面接管了国民党地方政权。

武装进城，宣布汝城解放

6月25日，李可才部退出县城向北逃窜，湘南支队四处设伏打击。在北面四拱桥、予乐湾伏击战打响的同时，设伏于县城南面的朱上炯率县大队一支人马经叶家坳、津江等地从东门突入县城，率先占领国民党县政府及其所属机关。其后，陈少华、赖九等也率县大队另一支人马由上黄门经南门口进城，与东门进城队伍汇合于县政府。两支队伍汇合后，立即部署县城治安工作，在县城各门和县政府门口派好步哨，安排巡逻队伍，维持城内秩序，防敌趁机扰民。接着，朱上炯率队到县党部、汝九公路修筑工程处、邮电局等机关封存档案，稳定人心，并责成各机关安排人员继续工作，妥善保护好本单位的档案和公物，确保机关稳定。后有人告发县卫生院转移药品器械，朱上炯立即派人查处，及时追回失物，并责成卫生院宋志鹏、袁养心等人暂时负责，稳定人心，保护好卫生院财产，承担救治伤病任务。

当日上午 10 时许，朱汉樵、刘亚球、唐麟等先后率军管会和湘南支队机关工作人员进城，正式宣布汝城解放。支队司令部设旧县银行三楼，县军管会和直属武工大队驻国民党县政府办公楼，军管会各办委自行寻找办公室，各司各责，迅速开展工作。

汝城解放后，到处呈现一派喜气洋洋的景象，人民群众兴高采烈，奔走相告，欢呼解放。从上横门到十字街，从东门到小教场，到处鞭炮齐鸣，锣鼓喧天。工商界迅速调集米、油、鸡、鸭等物品送军管会祝贺慰问；学校机关派出宣传队上街宣传游行，张贴"欢庆汝城解放""欢迎解放军进城"等标语；县军管会也临时派人上街宣讲解放军入城政策和"三大纪律八项注意"，并以湘南支队和军管会名义张贴安民告示。

当晚，朱汉樵、李同文、陈少华、朱上炯、朱亚林、朱忠典、廖绍伦等在军管会主任办公室开会，研究各乡镇军管办事处负责人人选和各部门及干部的配备方案。因当时人员缺乏，自至深夜才勉强凑齐 4 个办委、11 个乡镇军管办事处工作班子。县工委、县军管会也临时进行了大体分工：朱汉樵负责全面工作，朱亚林协助朱汉樵工作，朱上炯以县工委名义负责全县清匪、保卫、农村基层农会组建和配合粤北方面工作。

成立人民政府

汝城解放前夕，一些乡镇先于全县解放，相继建立了人民政权。1949 年 5 月 1 日，李林、耿俊猛、朱汉樵等率汝城县独立大队攻下文明乡公所，于文明秀水小学成立"汝城县军事管制委员会文明办事处"，主任谷正。汝城县军事管制委员会文明办事处的成立标志汝城县乡镇新生民主政权的诞生，它也成为全省第一个乡镇级人民政权。6 月 8 日，郭名善率北上先遣队一部和汝城武工队一举解放了田庄，成立了田庄办事处，指定朱洪胜负责。下旬，李同文任命胡代焊为田庄办事处主任。10 日，李同文率北上先遣队郭垂炎大队和濠头游击队一举解放了濠头，成立了濠头办事处，主任赖鉴冰，副主任郭名刚。

6 月 25 日，汝城县军管会进驻县城接管了国民党地方政权，县内一切军务、政务全由县军管会负责。全县先后建立首善津泰、仁治（土桥）、集龙益将、东屏（热水）、东岭、濠头、田庄、平坡太白、延寿、文明、长宁（马桥）11 个乡镇办事处。

7月20日，国民党第六十四军欧阳康团进犯汝城。当时，湘南支队主力已开往粤汉铁路以西一带活动，汝城境内人民武装仅有县大队，力量相当薄弱。为避免不必要的损失，军管会及时带领县城各机关单位主动撤至濠头暂避锋芒。欧阳康团占领县城后，军管会主任朱汉樵又率县大队小分队乘夜到县城四周袭击欧阳康团，使得欧阳康团只能龟缩城内，不敢乱出城骚扰百姓。8月4日，欧阳康团被迫退往广东，县军管会及各机关重进县城。8月11日，白崇禧部廖正瀛团于江西被解放大军追击溃退汝城，军管会及所属机关再次撤至濠头，廖正瀛团又占据县城10余天。后在全国形势影响和汝城人民武装力量的袭击下，8月26日廖正瀛团向广东方向逃窜。即日，军管会率各机关第三次进城。同日，湘南地委研究决定成立汝城县人民政府，县长朱汉樵，副县长朱亚林。

7月下旬，湘南地委副书记李同文率部攻打马桥石泉时，被胡凤璋部抓捕的女共产党员、游击队员李红英（又名段婵芬）向胡凤璋宣传党的宽待俘虏的政策，劝他不要开枪，不要与湘南支队交战。只有这样才有出路。胡凤璋被捕后，李林将李红英解救出来，安全送到县人民政府驻地。

9月1日，汝城县人民政府研究决定，全县建立首善、津泰、仁治、太白、平坡、东岭、东屏、和平、新民、长宁、文明、延寿12个乡镇人民政府。并要求各乡镇迅速组建村级民主政权，抓紧进行剿匪肃特、筹粮筹款等工作。

9月4日，汝城县人民政府在县城小教场召开成立大会，正式宣布成立汝城县人民政府，朱汉樵就任汝城县第一届人民政府县长，朱亚林任副县长。汝城县军管会随即撤销。同日，中共汝城县工委也在县城正式挂牌办公，工委书记朱汉樵，宣传委员金波，组织委员朱上炯。自此，汝城历史翻开了崭新的一页。

三、踊跃支前

1949年8月29日，中国人民解放军第二野战军第四兵团第十四军第四十师先头部队侦察连进入汝城，在土桥与土匪胡昭亮（胡凤璋之养子）遭遇，经战斗，缴其短枪2支，胡昭亮率部逃窜。30日，第二野战队第四兵团第十四军第四十师挺进汝城，师部进驻津江。当日，副师长王砚泉、参谋长史镜如在津江召开支前联席会议。湘南支队副司令李林、副政委李同文，政治部主任唐麟，以及汝城县工委书记、县长朱汉樵，组织兼民运委员朱上炯等参加了会议。会议要求汝城在15天内为过境大军筹集粮草各100万斤。

为更好地开展支前工作，当晚，汝城县工委、县人民政府成立支前委员会，主任由朱汉樵兼任，具体工作由朱上炯负责。

支前委员会成立后，根据南下大军需求和湘南地委、湘南支队指示，汝城迅速制定了支前方案和筹粮办法，组建乡村支前委员会，并把方案、办法上报地委、支队。

9月4日，湘南地委、湘南支队复信汝城李同文转朱汉樵，同意汝城支前报告中分区域的筹粮（70万斤大米）办法，并指示组建县、区、村支前委员会时，要包括组织县人民政府、农会、商会及其他人民团体、开明人士和民工大队，规定民工大队支前人员工酬每百斤百里给大米18斤，抬运伤兵者每日给大米20斤。

其后，汝城支前工作迅速开展，各地以乡、村为单位，分别组织支前工作队，不分昼夜地筹粮筹款。全县人民积极响应，有粮出粮，有力出力。时值何康民、胡昭亮组织土匪四处骚扰，县武装大队派出小分队下乡，武装保护筹粮工作的顺利进行。经全县人民积极努力，至9月中旬，各地共筹粮草共200万斤。后闻白崇禧部第九十七军5万余众即将犯境，湘南支队命令迅速疏散粮草。县工委、县人民政府及时向各地传达命令，各地在短短5天之内又神速将200万斤粮草疏散隐藏，或集中隐藏在安全之处，或转移到群众家里。白崇禧部驻县时，粮草困难，军心不稳。月底，南下大军即将过境，白崇禧部仓皇退出汝城向广东方向流窜。南下大军先头部队第十四军第四十师跟踪追击，于汝城南乡井坡一带击敌后卫。

汝城县工委、县人民政府重又发动全县人民，以最大的热情、最快的行动支援大军过境，几天之内，各地动员10万余群众踊跃支前，男女老少齐上阵，四面八方忙支援。仅7天时间，又将原来疏散的200万斤粮草重新集结于10个粮草供应站。

10月，南下大军10余万人陈兵汝城。汝城各处设炊煮、茶水供应站数百处，各地办事处发动群众帮助部队烧水做饭，安置住宿，并组织单架队、运输队和带路人员供部队调派。其间，很多青年积极参加人民解放军。

10月4日，过境大军与民共欢，于县小教场召开万人联欢大会庆祝中华人民共和国成立，大会由县工委书记、县长朱汉樵主持。第四兵团第十四军军长李成芳在会上讲话，高度赞扬汝城的支前工作。是日，大军兵分四路南下，分别从热水、大坪、井坡、延寿等地向广东、广西挺进。8日，南下大军全部离境。

大军离境时，中国人民解放军第十四军第四十师副师长王砚泉亲自写信感谢汝城军民："渡江以来，我军从未得到很好的休息，这次在汝城得到充分休息和足够的给养，表示衷心感谢。"并赠县骡马 80 匹，机枪 4 挺、弹药许多和其他军用物品一批。

四、英勇剿匪

为了巩固新生的人民民主政权，为汝城国民经济的恢复、发展营造和平稳定的环境。解放初期，全县开展了剿匪斗争。

汝城地处湘粤赣三省交界处，山高林密，地势险要。境内匪患猖獗，是湘南地区剿匪重点县。何康民、朱明标、刘瑞熊、何同古、康卓云、张文照、胡昭亮等 10 余股土匪武装四出活动，到处骚扰。1949 年 8 月下旬，匪首朱明标在前井坡乡乡长的策动下，率匪三次洗劫平坡办事处驻地大村村，其中一次洗劫村里农户 80%以上，许多无辜群众被害。9 月 4 日，胡昭亮、邓匪带领 100 余土匪围袭汝城县人民政府驻老虎洞税站，杀害驻守税站的县武工队副队长吴春伟，绑走朱志高、朱忠奎、黄谱明、朱树林等，劫走短枪 1 支、长枪 3 支。两天后的夜晚，该股土匪又抢劫了延寿圩。29 日，匪首何康民率 500 余匪、300 余支枪乘夜包围长宁乡人民政府，杀害曹明道、罗英才、曹秀明等 17 名工作人员，抢走枪支 30 余支。县工委书记、县长朱汉樵急派县大队一、二中队赴长宁追剿，激战一整夜，土匪溃败。长宁惨案，震惊全省。

10 月 8 日，县工委、县人民政府召开工作会议，决定配备武装工作队深入发动群众，巩固农会和民兵组织，对残余土匪武装进行全力追剿。14 日，中共汝城县（工）委又作出整顿和扩大地方武装队伍的决定，全力部署剿匪战斗。17 日，白崇禧部九十九军一八八师和三十九军的欧阳康团万余人进犯汝城。朱汉樵、朱亚林、朱上炯、金波等与先期到达汝城的南下大军二野四兵团先头部队首长研究决定，由湘南支队副政委李同文等率县城机关和部分武装撤至濠头，朱汉樵率县大队撤至附城乡江头村，朱上炯率县武工队撤至井坡一带，各自为战，伺机消灭敌人。同日，何康民趁机在仁治乡中心学校召开会议，成立"自卫委员会"，并自任主席，同时向人民苛派稻谷 800 担。19 日，白崇禧九十七军八十二师从文明进占县城，驻长宁至县城一带十余里。同日，何康民率部占据县城。30 日，湘南支队令赴宜章赤石剿匪的耿俊猛部"速回汝城剿匪"。耿俊猛率湘南支队一大队三个中队 360 多人枪急从宜章经文明奔县城进剿何康民匪部。11 月 5 日，耿俊猛部对占据县城的何康民匪部发起猛烈攻击，何康民匪部子夜逃往大坪鲁塘一带负隅顽抗。14 日，耿俊猛率湘南支队一大队和县大队一中队 400 多人枪，于马桥下湾围围剿国民党桂东伪县长欧尧、汝城土匪何康民余部、胡昭亮部，次日凌晨发起猛攻，迫使欧尧部 197 人缴械投降，胡昭亮率 110 多人投诚，后将其收编为县大队第三中队，胡昭亮任中队长。

1949 年 11 月，奉薛岳之命，何康民收罗汝城境内各处土匪武装，拼凑为"中国人民反共救国第四军第十师"，并自任副军长兼第十师师长，何其朗任副师长。继而在汝城各处大肆骚扰破坏，奸淫掠劫，无恶不作。12 月上旬，汝城县工委在县城召开干部扩大会议，进一步部署剿匪工作。县工委书记朱汉樵强调，一定要尽快肃清汝城境内土匪。会后，亲率武装工作队下乡剿匪和开展征粮试点工作。

1950 年 1 月 4 日，"中国人民反共救国第四军第十师"二大队张文照残部偷袭文明办事处，枪杀文明办事处副主任李子涛、工作人员周山，抢走枪支 22 支及文件、财物等。

1 月 25 日，湖南军区司令部下发《关于剿匪几个问题的指示》，确定汝城为湘南地区剿匪重点县。2 月，中国人民解放军第一六五师四三九团第一营奉命进驻汝城剿匪。县大队密切配合，共同对盘踞在大坪城溪的朱明标匪部进行围剿，除匪首朱明标只身逃脱外，其余土匪全部被歼。随后，部队跟踪追击匪首朱明标，于新田黑坳将其击毙。其后，进剿部队乘胜挥师岭屏乡（东岭），又将土匪第二支队黄运兴部击溃。下旬，县集中了县大队 4 个连、区中队 6 个中队、300 多名民兵、3 个情报组、4 个向导队和 4 个担架队的优势兵力，配合中国人民解放军一六五师四三九团一营作战，对长期盘踞在岭屏乡的汝城最大土匪武装何康民、薛纯武（乐昌县县长）部进行围剿，历时 11 天，共打死打伤土匪 387 人，俘 129 人。

1950 年 3 月 3 日（农历正月十五），何康民匪部在濠头扶竹洲枪杀农会主席曹春茂。湘南支队和汝城县大队急赴该地进剿。

3 月 10 日至 15 日，县委、县人民政府召开扩大干部会议，继续部署剿匪战事。会后，县委对县大队和公安队进行了充实调整，大大加强了战斗力。其时，郴县军分区独立七团、广东北江军分区独立十团、赣南军分区一部也集中力量在汝城周边地区协同围剿土匪。汝城地方武装密切配合赴汝部队进一步加紧了剿匪工作。

在人民武装的强力进剿下，匪首何康民率残部 30 余人枪潜入岭屏山区。其时，流窜汝城各地的散匪仍有 10 余股、数百人枪，他们分散活动，难以一举将其歼灭。面对新的匪情，剿匪部队改变原来大兵团作战的战略，实施包干驻剿、合围进剿、民兵搜山、政策攻心等多种战术。

3月28日，县人民政府颁布《告土匪书》，申明了"首恶必办，胁从不问，立功受奖"的政策。在强大的政治攻势下，400多名土匪下山向人民政府投降，其中，仁治乡100多人、岭屏乡132人。4月，何康民在广东仁化县城口镇召集各路匪首开会，宣布成立"五处指挥所"，继续扩充土匪武装，妄图依托湘粤边界山区进行垂死挣扎。

为彻底肃清汝城境内土匪，5月，汝城县成立剿匪指挥部，区设指挥所，统一部署全县剿匪战事。独立七团、县大队组成多支小分队，深入匪穴，分别进剿，先后歼灭了何子清、何尧阶、刘瑞熊、何同古、罗桂林、骆吉春、张英、何本兴、何大成等匪部。

5月25日，汝城县委、县人民政府发出《关于肃清土匪的指示》，重申党和政府的剿匪政策，"对顽固不化，扰乱社会治安，危害人民生命财产的匪特坚决予以镇压"。5月至7月，共击毙土匪16人，俘203人，收编514人，缴获长短枪433支、子弹2926发、手榴弹90余枚。境内土匪明显减少。

1951年2月27日，匪首何康民化装成乞丐妄图逃离岭屏山区，三江口蓝田水村民兵张老石等将其捉拿扭送政府。是年4月1日，经郴州专署依法审理，何康民被执行枪决。

3月2日，中共汝城县委、县人民政府、县民兵支队联合发出关于彻底肃清土匪的《紧急动员令》，望广大干部群众提高警惕，防止匪特作垂亡前的挣扎，积极参加清匪斗争，迅速、彻底肃清汝城匪患。全县军民人人参战，开展了大规模的围山、搜山活动。至4月中旬，基本肃剿了汝城境内的土匪，大规模的军事剿匪工作结束。

1949年10月8日到1951年4月，汝城的剿匪斗争历时一年半，进行大小战斗200多次，歼灭以何康民为首的多股土匪武装，毙伤和俘虏土匪910人，收编678人，缴获长短枪1313支、子弹2万余发、手榴弹570多枚及大批军用物资。特别是中国人民解放军第一六五师四三九团一营奉命进驻汝城剿匪，战果累累，使得境内匪患得以肃清，新生民主政权得以巩固，社会秩序得以稳定，并确保了征粮减租等多项工作顺利开展。

二十八张解放军借据背后的故事

2014年7月29日，在湘粤赣之交的湖南汝城三江口，数百群众沉浸在喜气洋洋的气氛中。中共汝城县委、县人民政府在三江口瑶族镇三江口村举行"解放军借据兑现大会"，村民谭春良、张海香夫妇激动地接过县委县政府6.6万元大红包，激动地说："这是共产党、解放军的诚信钱。爷爷和父老乡亲没打算领这笔钱，我代表他们收下，但是我要拿来贡献给村里办公益事业。"在场的群众无不交口称赞："解放军纪律严明，共产党说话算话，我们老百姓服！"

发 现

2013年10月30日上午，汝城县史志办徐宝来到汝城县三江口村，参观开国中将谭甫仁祖居，在与村民交谈时，得悉该村村民张海香家珍藏有60多年前的解放军借据，便立即来到她家中，说明来意后。张海香小心翼翼地拿出一包东西，慢慢展开，一张张数来，大大小小共有28张，小的巴掌大，大的一尺见方。均为借米、借稻谷的字据，用毛笔或钢笔书写，土产毛边纸质，微微发黄，卷角。工作人员仔细清点后发现，这些借据都是1949年10月至1951年2月间，中国人民解放军第二野战军过境汝城期间，解放军一六五师四九三团、北江军分区十一团、郴州军分区独立七团等部队留下的。

张海香介绍说，2002年6月，她丈夫的爷爷谭贤璋过世前，悄悄将孙子谭春良和她叫到床前，拿出用土纸包着的一包东西，嘱咐保存好这些珍贵文物。原来，汝城解放初期，谭贤璋是东岭八丘田保保长，他获悉解放军为了消灭何康民"中国人民反共救国军第四军第十师"等顽匪，需要大量粮食，就东奔西走，走亲串友，这户三五升，那家两三斗，一点点借过来，由解放军分别立据。当地群众非常拥护解放军，勒紧裤带，也要先供给解放军打土匪，大家都踊跃借出粮食，借据由谭贤璋保管。张海香说，他爷爷当时没有计算借据有几张，粮食有多少，更没提任何要求，只希望保存好这些精神粮食，为国家作点贡献。

县长黄志文获悉后，深情地说："三江口群众主动借粮食给解放军，支援剿匪战斗，60多年来从未向人民政府提出任何要求，默默奉献，这就是人民军队从胜利走向胜利的根本原因，就是军民鱼水情深的铁证，就是共产党和人民群众血肉相连的象征。充分说明汝城老区、苏区人民为了革命的成功，人民的解放，新中国的成立，付出了巨大牺牲，做出了重要贡献。党和人民政府绝不会忘记，也不能忘记他们。有关部门要做好兑付和表彰工作。"

考 证

2013年12月上旬，徐宝来又来到张海香家，对这些借据进行梳理、统计，打开一张张发黄卷角的借据，他的心中悠然升起一股钦佩、感激之情，手头感觉沉甸甸的。翻开《本保到达大军所经手筹借大米姓名》,这张长 84 厘米、宽 32 厘米的借据,记录了 68 户农民借出大米的数据,多为谭、邱、张、徐、杨、黄、刘姓,经手人谭贤璋。但一看那些稀奇古怪的数字,他几乎傻眼了,丈二和尚摸不着头。便请教该村懂得古代数字的老干部谭贤礼,方解其谜。原来谭贤璋写的是鲁班数码。统计了一整天,才算出合计数 6560 斤。其中最少的一户借出 8 斤,最多的一户借出 481 斤。

传 承

三江口的革命故事,街头巷尾妇孺皆知。他们对共产党、毛主席、解放军格外亲。难怪在铜锣丘谭甫仁祖居等墙上至今还保留着这些标语:"囤吞何康民,活捉刘向尧,枪毙黄苟仔!""报告匪情者奖,暗藏匪特者罚!""旭日一出红彤彤,救命恩人毛泽东。打倒蒋匪谋解放,千万穷人要做主人翁!"

在历次革命斗争中,三江口瑶族镇有 100 余人牺牲,刘荣、邓绍宽、赖冬林、钟立俊、杨黑果、钟有堂、刘锡熊、刘运才、钟荣金、罗龙等被认定为革命烈士,谭甫仁、赖绍尧成为开国将领。这些红色故事对谭贤璋及其后代产生了深刻影响。所以,他们用解放军借据作为传承红色历史、教育后代奋发有为的精神粮食。

附　录

★

汝城县革命斗争大事记

1918—1923 年

朱舜华在衡阳省立女子三师求学，与何宝珍等进步学生朝夕相处，受到熏陶。积极投入五四运动，结识了毛泽东、刘少奇、杨开慧等人。1922 年 10 月，经刘少奇、杨开慧介绍，加入中国共产党。多次回家乡汝城宣传马克思主义、五四精神，开展驱张（敬尧）运动。

1926 年

5 月　北伐军先遣部队叶挺独立团挺进湖南汝城，中共党员朱青勋、李涛、何翙奎等从郴州回县开展革命活动、支援北伐军过境。

同年　在郴州北街"永丰和"客栈成立中共汝城党小组，朱青勋为组长。

6 月　中共汝城县支部成立，朱青勋任书记。8 月，扩大为特别支部，朱青勋任书记，属中共湘南区委领导。

同月　根据国共合作精神，成立国民党汝城县党部筹备处，8 月，成立国民党汝城县党部。

8 月　汝城旅长沙、衡阳学生陈烈、范旦宇、朱圣祖回县成立"雪耻会"，宣传反帝爱国思想。

9 月　朱舜华担任中共湘南特委组织部长。

12 月 3 日　县土豪劣绅武装暴乱，围攻国民党汝城县党部，捣毁县农民协会筹备处，绑架县党部执行委员、省农运特派员朱青勋。当日，数百名农协会员到县长公署示威，迫使县长吴昭治释放朱青勋。后，中共汝城县特别支部派员接管县的"挨户团"、保商队，逮捕县商会会长何晋卿、保商队副队长范世宪等。次年3月12日，工农群众迫使县长公署处决何晋卿。

1927 年

1月9日　县第一次农民代表大会召开，成立汝城县农民协会，范大徵任委员长，全县会员达3.5万人。同时，县农民协会决定，将反抗武装暴乱时接管的"挨户团"、保商队改编为农民自卫军。

1月　县妇女联合会成立，朱春荣任主任。

2月　县第一次工人代表大会召开，成立汝城县总工会，李涛任委员长。

2月　成立县商民协会，何相尧任主席；成立县学生联合会，欧阳昌任主任委员。

5月　举办县农军干部训练班。在西垣开办兵工厂，为县区农军制造武器。

5—6月　惠（州）、潮（州）、梅（县）农工救党军先后派阳兴光等三批交通员赴武汉党中央，向周恩来等汇报斗争方针。

6月初　中共中央委派中央军事代表陈东日、武文元，中共广东区委派宣传部长任卓宣到汝城县，组建中共（C.P.）驻汝特别工作委员会，下旬组建湘南军事委员会，统一领导以汝城为中心的湘南革命运动。

同月　耒阳、宜章、永兴、资兴、郴县、桂东农军及广东仁化，惠（州）、潮（州）、梅（县）农工救党军300余人，由吴振民、李运昌率领，经上犹、桂东，会师于汝城。

同月　中共中央军事部长周恩来指示救党军返回汝城组建中国工农革命军第二师。汝城工农革命运动被誉为"新湖南"。

7月23日　中共中央委托农委书记毛泽东起草《湘南运动大纲》，计划发动以汝城县为中心的湘南秋收暴动。

同日　组建中共郴县特委。辖郴、宜、汝、资4县，书记夏明震。在此前后，中共湖南省委已派陈芬、何日升、曾志、黄善益等到各地恢复、建立党的基层组织。

7月底　中共（C.P.）驻汝特别工作委员会、湘南特别军事委员会在汝城组建中国工农革命军第二师，陈东日任师长，吴振民任副师长，武文元为参谋长。下辖3个团。二师成为"中国共产党领导的第一支打出工农革命军旗号的武装力量"。

8月8日　中共中央正式决定组成以中央政治局候补委员毛泽东为书记的湘南

特委，郭亮、夏曦、任卓宣为委员。

8月15日　汝城匪首何其朗勾结盘踞粤北湘南的国民党革命军第十六军，以重兵突袭中共（C.P.）驻汝特别工作委员会、湘南特别军事委员、中国工农革命军第二师，副师长吴振民、县特支书记朱青勋等英勇牺牲。县城失守，余部800余人撤往濠头后方营。

8月下旬　二师余部转移到濠头樟溪火焰坳，与汝桂赤卫队会合，自行缩编为国民革命军第四军补充团，何举成任团长，于鲲为副团长，任卓宣任党代表，率部到江西上犹营前整训。

9月　中共汝城县委成立，何日升任书记。

9月下旬　中国工农革命军第二师余部在江西省营前圩接中共湖南省委指示，改编为湖南工农革命军第二师第一团，何举成任团长。

9月24日　二师一团打着国民革命军第四军补充团旗号进城，智取桂东。

9月29日　二师一团攻克汝城县城，活捉国民党汝城县清党委员何沛霖。宣布成立汝城县苏维埃政府。

11月19日　受范石生之邀请，朱德、陈毅率南昌起义部队至汝城县，与曾日唯、范石生谈判，建立反蒋统一战线。

11月21日　范石生部第四十七师因为吕焕炎让防而北进资兴，朱德部也去资兴。

11月26—28日　朱德在县城衡永会馆秘密召开军队与地方党的联席会议。出席会议的有湘南特委、北江特委和两区各县县委负责人，为发动湘南起义做各项准备。朱德离开汝城时给津江朱氏宗祠题赠"世界一家"匾。

12月上旬　朱德、陈毅率部至韶关发动仁化董塘暴动。

1928年

3月16—20日　湘南工农兵代表大会在永兴县城太平寺召开，朱良才、朱赤作为汝城代表出席会议。朱德安排朱良才在会议汇报了汝城革命斗争情况。陈毅送皮带给朱赤。

3月21日　毛泽东得知湘南起义军背腹受敌，不顾个人得失，立即率部到湘南支援起义军撤离，由酃县向桂东四都方向进军。这时，汝桂边区游击队赖鉴冰等在湘赣边诸广山一带活动，立即前往接应和掩护毛泽东部到湘南。

3月22—27日　毛泽东部在酃县与桂东交界处大岭坳、钢古石要隘遇到敌军郭俊仁、何鉴"灶头勇"重兵把守，凭险阻挡革命军去路，毛泽东的队伍不能顺利前进。汝桂边区赤卫队赖鉴冰等立刻派出郭振声、赖礼文等去增援。他们连夜出击，一面与毛泽东部取得联络，一面摸黑绕道10余里，到达森林茂密的大岭坳，出其不意地占领了钢古石高地，胜利地绕过敌人封锁线以外之沙田一带，即与赖鉴冰等会合，迎接毛泽东队伍，并受到毛泽东嘉奖。

3月28至4月4日　毛泽东率一师一团胜利抵达桂东县城。毛泽东在桂东沙田圩老虎冲三十六担坵召开全体干部、战士大会，正式颁布《三大纪律六项注意》。宣布成立中共桂东县委和桂东县苏维埃政府，陈奇任县委书记兼苏维埃政府主席；汝桂边区赤卫队政治指导员赖鉴冰负责会议警戒，维持会场秩序，并担任大会记录。会后，毛泽东命汝桂边区赤卫队改编为湘赣边区游击大队，刘雄为大队长，赖鉴冰为政治指导员，潘从才为副大队长，并赠送步枪30支，拨银洋100元。

4月5—6日　毛泽东率一师一团经汝城与桂东交界的寒岭脑直指汝城县城。汝城宣抚团团长何其朗已率部千人在寒岭脑构筑了坚固工事，分别占据了寒岭脑左边的老虎垅、右边的荷洞坳山头及中间的凉亭坳等有利地形，形成品字形布防，企图以此阻击工农革命军进入汝城。毛泽东亲率部队，兵分三路同时向宣抚团进攻。当时大雾弥漫，毛泽东运用声东击西、以假乱真的游击战术迷惑敌军。宣抚团不明虚实，心惊胆怯，寒岭脑敌军被工农革命军一举割下。工农革命军一师一团乘胜进抵田庄圩，驻汝城地下党秘密联络点——指头春药店等地。在汝城地方党组织何翙奎、钟碧楚、刘光明等的配合下，革命军利用圩日召开了5000多人的群众大会。汝城地下党何大修、康庚早等参加了大会，深受鼓舞。

4月7日　为策应湘南暴动，毛泽东率工农革命军第一团经桂东进入汝城田庄。经土桥攻克县城，毛泽东等住土桥黄家村。拂晓，毛泽东率部由田庄出发向县城进军。在暖水银岭脚、鸭屎片一带与何其朗另一部发生激战，给敌沉重打击，何其朗成了"光杆司令"，仓促逃跑。其后，工农革命军又兵分两路，一路扼守县城附近的井水头、新木前一带，截断何其朗与胡凤璋部的联系；一路向何其朗驻地土桥圩进军。何其朗仓皇逃往邻地乐昌麻坑。毛泽东由迳口村康家银坑里地下党康庚早、何大修带路，转战汝城。经水口、迳口进入土桥圩，驻黄家村。毛泽东及师部驻扎在土桥黄家村黄元吉家大院后，立即派出部队到附近的金山、刘家岭、迳口一带搞宣传，打土豪，分粮食。到处书写革命标语，号召农民群众"暴动起来，建立苏维埃政权!""暴动起来，消灭屠杀工农的何其朗、胡凤璋!"广大群众欢欣鼓舞，热烈欢迎革命军。

4月7—9日 毛泽东出于关心群众、爱护群众，保护群众利益，在汝城开始纠"左"。在汝城的几天里，毛泽东灵活执行湘南特委"大烧大杀"的命令，在点火之前，尤其在夜间，提前敲醒屋里的人，尽快撤离，确保生命安全。同时，交代部属悄悄准备扑火工具，挑好水，这边点火那边灭火。因此，县市半边街店宇数百间，县公署，朝阳、濂溪、储能各学校受到了保护。

4月8日 毛泽东部由土桥黄家村进攻县城，何其朗率部向廖家，经井坡圩、龙虎洞，退至界头麻坑一带，毛泽东部约五六百人，枪约二三百支，敌我接触四五小时。毛泽东毛家脱险。毛泽东在大坪与井坡交界的腊岭坳谢家村毛家千江遇险，被民团追捕。恰好遇到农民欧亮通，毛泽东说明来意后，欧亮通急中生智用烧石灰的茅柴堆在毛泽东身上，躲过敌人搜查。

4月9日 工农革命军一师一团与胡凤璋援兵在县城附近激战。考虑一团已在汝城阻敌4日，为湘南起义部队向井冈山转移赢得了时间，毛泽东即命部队撤出战斗，返回田庄。毛泽东离开时，为了感谢群众的支持，悄悄将一青布袋子钱币放在黄元吉家壁柜里。

4月10日 革命军经南洞到达资兴龙溪。毛泽东指示田庄党支部书记何应春留下坚持斗争。然后带着何翙奎、钟碧楚、刘光明等离开田庄。毛泽东等由田庄进入南洞淇江，捕杀了几个罪大恶极的地主土豪后，率队向资兴东坪龙溪洞进发。

4月11—12日 毛泽东在龙溪洞指示何翙奎、钟碧楚、刘光明留汝城南洞、资兴东坪一带建立井冈山外围根据地，开展革命活动。毛泽东帮助组建了中共资汝边区支部，指派何翙奎任书记，钟碧楚管组织，刘光明负责宣传兼武装。并令组建资汝赤色游击队，赠步枪5支，子弹300发。支持东坪乡苏维埃政府主席胡九苟等坚持斗争。西边山根据地从1928年毛泽东播下火种，坚持斗争到1949年，前后长达21年之久。

4月12—13日 龚楷、萧克率宜章农军独立营也来到龙溪洞与毛泽东部会合。毛泽东命令宜章独立营与他的部队一起行动，继续掩护朱德、陈毅的湘南起义部队转移井冈山。毛泽东在龙溪洞与萧克率领的独立营研究如何撤出湘南。

4月14—16日 由资兴龙溪十八洞到南洞西边山、八面山。毛泽东《十六字令》中"山，快马加鞭未下鞍"词句，来自八面山。毛泽东经过南洞西边山彪坑时，险些被敌俘获，幸运地被红军游击队员郭细养救护。16日，率部由南洞西边山经彭公庙、中村、水口回到了酃县城。

8月　朱德、陈毅率红四军由郴州、资兴进入汝城南洞。前委派红四军第二十八团二营党代表唐天际任中共汝城县委书记兼湘南游击大队长。同月，在田庄恢复成立汝城县苏维埃政府，主席欧阳焜，副主席朱忠良。

10月　县委、县赤卫队护送湘南特委干部转移文明、宜章开展工作，在浙江山两水口宿营，遭湘军陶柳团袭击，朱忠良、彭坤（女）等12人被俘，英勇就义。

12月　组建中共湘粤赣边区特委。赖绍尧、叶绍球、黄金国等受革命革命军第十六军特务营何举成、李涛派遣，由韶关回汝城开展革命活动。

1928年

年初，重建了中共热水支部，曾棠为支部书记，其后，中共东岭支部建立，负责人黄国琼。在汝城热水黄家洞，组建中共湘粤赣边区特别工作委员会，赖绍尧任书记。并建立了湘粤赣边区游击大队。特委在汝城、仁化、宜章、资兴、桂东和崇义等县边境活动，建立党的组织和地下交通线。总的向江西方面发展。

2月　汝城县共产党员何翊奎、钟碧楚等人先后转移到江西上犹上寨、营前、鹅形、江口、清湖、蓝田等地进行革命活动，开始发展党员，组建中共上犹区委，何翊奎任书记。

3—4月　中共上崇县委成立，何翊奎任书记。3月28日，信丰、南康、大余、上犹、崇义、南雄六县党的活动分子会议在大余县城召开，上犹何仿文、蔡伟、张华粤参加了会议。4月3日，中共西河行委举行第一次行委全委会，罗寿男任书记。正式成立西河红军第二十六纵队，陈紫峰任纵队长，黄达任政委。上犹党组织属西河行委领导。4月，中共西河行委委员黄达等人到上犹、崇义巡视工作。巡视完毕后，赖绍尧等人随黄达回龙回，向西河行委汇报工作。

7—8月　红四军帮助重建中共汝城县委。朱德应湘南特委请求，抽调红四军第二十八团三营党代表唐天际、红四军军需处长欧阳焜、秘书朱忠良、文书朱赤等部队干部，重建了中共汝城县委。唐天际任县委书记，欧阳焜管组织，朱忠良抓宣传，朱赤负责武装。同时成立了共青团汝城县委，由唐天民、朱赤负责。在中共汝城县委的领导下，以资汝桂边的西边山为根据地，积极开展武装斗争。

8月1日至7日　朱德率红四军从南洞进入田庄，在田庄圩召开群众大会，宣布正式成立田庄乡苏维埃政府、开山苏维埃政府。同月10日，红四军在南洞成立了北区（含田庄、南洞、开山）苏维埃政府，召开了5000多人的庆祝大会。会上，朱德号召农民群众团结起来，积极参加土地革命运动。全区开展了插牌分田运动，农民共分得土地5798.65亩，在全县产生了巨大影响。8月中旬，汝城县苏维埃政府在田庄圩成立，选举欧阳焜为主席，朱忠良为副主席。在中共汝城县委领导下，各乡苏维埃政府相继成立，县苏维埃政府制定了《土地分配法》，并广泛开展土地革命运动，分配土地26.4万亩，78%的农民分到了土地。

8月下旬　朱德在汝城田庄抽调30余名战士组建了湘南红军游击大队，唐天际任大队长。

1929年

5—6月　5月中下旬，根据红四军前委书记毛泽东指示，彭德怀、滕代远率红五军3000余人转战湘南、粤北，恢复汝城县苏维埃政权和扩大巩固游击区，以巩固井冈山革命根据地。5月20日，向广东仁化进军。6月24日，彭德怀、滕代远率3000余人经桂东直达汝城暖水圩，于此布下防线，以防汝城反动武装偷袭，并做好攻打县城的战前准备。彭德怀率红五军从桂东沙田进入县内暖水，继而攻克县城。筹款数万元，缓解了红军食盐、布匹、药材等困难。

12月28—30日　宋裕和当选为红四军前敌委员会委员。在福建上杭县古田举行的中国共产党红军第四军第九次代表大会（古田会议），明确红军必须绝对服从党的领导。会议改选了红四军前委，毛泽东、朱德、陈毅、李任予、黄善益、罗荣桓、林彪、任永豪、谭震林、宋裕和、田桂祥等11人为正式委员，毛泽东为书记。会议为红四军指明了方向，也为全党和全军指明了方向，对后来中国革命的发展具有重大的影响。

1931年

2月底　邓小平、张云逸、李明瑞率红七军分两路过县境，前往江西中央革命根据地。

1932年

5月　彭德怀率红三军团攻克汝城。3日将胡凤璋围困于上古寨，因湘粤敌军驰援，13日，红军撤围。返赣途中，于汝城益将、集龙击溃尾追的湘军王东原师。红三军团与湘粤敌军发生了集龙大战。

5月上旬　红三军团第三师教导队第二期毕业典礼在汝城县城模范学校举行。

1933年

春　游世雄率游击队进入南洞西边山活动。

7月25日 《湖南民国日报》刊登《汝城暗无天日——胡凤璋勒筹枪款，财厅函保安部核办》

8月16日 《湖南民国日报》再次刊登《胡凤璋枪款案》，保安部再令释放清算员，袁同畴函胡劝早日悔过。汝城县保安团团长胡凤璋拒绝清算枪款，并将清算员朱省三严加监禁。虽经上峰下令释放，胡仍无动于衷。

秋 汝城县保安团、队在濠头、南洞等地筑碉堡200余座，对中央红军转战实行封锁。

1934 年

8月12—14日 红军第六军团9700余人在军政委员会主席任弼时、军团长萧克、政委王震率领下，经桂东寨前进入汝城濠头、田庄冲破国民党围剿军第四集团军第十五、十六师的防堵，于14日向资兴进发。

10月25日 中共中央、中央军委决定趁国民党军尚未弄清红军意图之际，沿赣粤和湘粤边界，迅速向湖南汝城和广东边境的城口方向前进，并规定：第一步进到西江、大庚、南雄地域，主力则于大庚、南雄之间西进；第二步进至沙田、汝城、城口地域，并相机占领汝城。红军总部驻信丰县城西南的小河圩。红军全部渡过信丰河。

10月26日 中央红军与国民党粤军陈济棠达成借道协议。红一军团直属队进抵三江口。红军总部进驻老屋下、新屋岭。

同日 红军总司令部电告各军团："现我方正与广东谈判，让出我军西进的道路，敌方已有某种允诺，故当粤军自愿的撤退时，我军应勿追击"，应勿"俘其官兵"，但"决不能因此而削弱警觉性及经常的战斗准备"。

10月27日 国民党湘军加强第二道封锁线。蒋介石命令南路军尾随红军追击；并以西路军于桂东、汝城及湘南地区堵截；以北路军一部向宁都、兴国集中，准备"追剿"红军。此时，国民党政府军在桂东、汝城、城口、仁化已构筑了第二道封锁线。一、三军团大部渡过大庚河。此时，国民党粤军突破水口向我推进，赣州南下之国民党政府军也将通过新街附近。预计10小时内两路国民党政府军将在赣韶公路会合。红军为争取先机，指战员们一边急行军，一边吃甘薯充饥。14时，抵凤凰城，18时又继续西进。红军总部驻上下坪。

10月28日 红军先头部队进入湘东南地区汝城。军委电告各军团：一、三军团主力已胜利地突破国民党政府吹嘘的坚强封锁线——南岭大庚岭。红军先头部队已迅速进入湘东南地区。三军团占领崇义城。13时，朱德急电各军团、军委纵队首长：敌军企图在我军还未到湘南时从两侧进攻我们。"为取得先机之利，野战军必须北移至铅厂圩。"同时部署了各军团及军委纵队行进路线和渡河点。红军各部经王坑口、打狗抗，在长江圩附近通过浮桥，进驻杨梅城。

10月29日—11月13日 中央红军第一、三、五、八、九军团、中央军委2纵队共8.6万余人，从江西崇义兵分3路进入汝城，沿途冲破粤军李汉魂、叶肇部、湘军刘建绪部和汝城县保安团设置的第二道封锁线，在汝城境内行军作战16天。

10月29日 军委部署突破第二道封锁线。军委电告各军团首长：现粤军第一军集结于大庾、南雄、新田地域；湘军何键部主力向赣西及湘赣边境集结，第六十二师主力正向汝城开动；周浑元的4个师亦向遂川集结，企图在我军还未进入湖南时，从两翼夹击我军。为此，我军应取先机，于11月1日进到沙田、汝城、上堡、文英、长江圩地域，突破由沙田到城口的国民党军设置的第二道封锁线。并决定三军团分左右两个纵队前进。以四师为右纵队，由崇义经黄竹洞、左亭、集龙向汝城前进；军团主力为左纵队，由稳下、左溪、关田、文英、热水向汝城前进，突破国民党政府军设置的第二道封锁线。九军团上午从青龙圩出发，翻山越岭，15时进驻大坝口。红军总部驻崇义新溪。

10月30日 蒋介石察觉红军突围行动是大规模战略转移。三军团第四师十一团从江西文英圩进占汝城之东的热水圩；一部向汝城益将方向警戒，在狐狸集、穿峰坳等处与地方反动民团遭遇，见红军大军压境，反动民团闻风而逃。红军在热水圩召开群众大会，宣传党的主张和红军北上抗日的主张，会上向贫苦群众分发了打土豪得来的衣物和粮食。中央军委纵队与一军团一部从江西乐洞进抵汝城的鱼王。红军总司令部仍驻崇义新溪。17时半，朱德急电董振堂、李卓然：一、三军团于31日晚进达新坪、官田、沙溪、聂都地域，八军团进到过埠、石玉地域，九军团进到大庾以北，军委一纵队进到康罗，二纵队进到铅心圩、田心里地域。令五军团分为左右两个纵队，31日晚分别进到横段和杨梅村地域；11月1日晚，分别进到下关地和田心里地域。朱德、周恩来、王稼祥致电彭德怀、杨尚昆：减少不必要的担子，不得超过编制规定的范围。8时，九军团从大坝口出发，沿着崎岖山路进驻小梅关。红军二十天来的突围行动，国民党蒋介石发觉红军已不是战术行动，而是大规模的战略转移。

10月31日 三、八军团先头部队击溃国民党湘军围攻。三、八军团的前卫部队与国民党陶柳团、胡凤璋部三四百人在汝城的苏仙岭遭遇，击溃国民党湘军围攻，歼其一部。三军团一部由崇义的丰州圩抵汝城集龙。中央军委纵队和一军团一部由鱼王分别进抵东岭和大坪。九军团 19 时离开小梅关,连夜行军西进。红军总部进驻密溪林场。

11 月 1 日　军委命令一、三军团攻占城口、汝城。红军先头部队进入湖南汝城。红军总部命令一军团一部在 2 日晚以奇袭方式攻占城口,三军团一部攻占汝城东南的制高点并包围汝城县城。一军团直属队从江西崇义的聂都出发,经九牛塘,晚在仁化犁壁岭宿营。三军团左右两纵队,接近汝城地域。9 时,九军团进驻义安圩。汝城县政府县长陈心颖发布《赣匪西窜警戒办法》,部署第二道封锁线。责令沿途各区乡封锁、藏匿粮食、食盐、布草等军需物资,严禁给红军提供粮食、住房等,否则株连亲族,禁止群众与红军接触,实现严厉的坚壁清野政策,对过境红军构成威胁。红军总部进驻闵田。

11 月 2 日　一军团先头部队占领城口,率先突破第二道封锁线。20 时,一军团二师六团,在团长朱水秋、代政治委员王集成率领下,以奔袭奇袭的方式夺取城口城。突破国民党粤军设置的第二道封锁线。是夜,为抢先渡过城口的临河,掩护后续部队迅速通过,王集城带领第一营战士,伪装国民党军,向临河上的一座独木桥走去;国民党军喊完口令还未得到回令即被缴枪。其余红军部队迂回包抄,俘虏一百多人,进入湘南地域。三军团主力左纵队迫近汝城,占领了汝城东南的制高点,右纵队经益将、穿风坳,向汝城挺进,监视钳制汝城国民党守军。九军团和一军团一师同行,于 16 时进驻聂都圩。红军总部进驻文英。

11 月 3 日　三军团决定放弃进攻汝城。晨,红军总部同意三军团首长对汝城国民党军的情况侦察报告。报告称"汝城碉堡坚固,山炮不能征服,地下作业又无时间",因此决定"放弃进攻汝城",以一部监视汝城之敌。一、三、五军团集结汝城至城口一线,与固守在沿线数十座碉堡中的国民党军发生战斗,红军在城头寨、泰来圩、大坪等地,歼灭和击溃国民党湘军陶柳团、胡凤璋部,摧毁湘军碉堡 30 余座。朱德在热水八担丘急电林彪、聂荣臻:打开两条前进道,一条经大坪、新桥地域向九峰圩,这是主要道路,一定要争取之。另一条路则经城口或以南之恩村向麻坑、岭子头,为左侧翼的道路。并告:红军总司令部向热水圩移动。九军团、五军团和军委纵队向热水圩、塘口等地域移动。红军总部进驻热水圩。

11 月 4 日　各军团得知战略大转移目的是与红军二、六军团会合。红军总部决定:一、三军团"打开由(汝城大坪)官路下至文明司、山田铺的道路。"一军团应把城口顽强地保持于我们手中，并向南北两面扩张，以便在一军团的地段内，确实能争取两条前进的道路，并侦察有无补充道路。要求三军团："如实际情况由汝城之北向（资兴）黄草坪确实难打开一条道路时，则无论如何应于汝城、大坪之间打开由官路下经店圩到百丈岭的道路。"三军团主力于汝城以南之天马山、泰来圩、官路下突破国民党军设置的第二道封锁线。朱德电令五军团首长：五军团（缺三十四师）于5日早进到塘口、八担丘地域，有掩护第三纵队抗击由东面来追之敌的任务；三十四师进到乐洞地域，有掩护第二纵队抗击大庾、长江之敌的任务。并告："第一纵队5日早进到八丘田、三江口地域。"是日，红军各部队得到上级正式通知：红一方面军目前进行的战略大转移，是为到湘西与二、六军团会合，到那建立新的革命根据地。九军团离开聂都圩，又折向广东粤北境内。红军总部进驻汝城八丘田（大坪东北）。

11月5日　总部电令各军团必须进入湘南粤北地域。红军总部13时电令各军团，从5日晚到8日晨，红军各部队必须通过汝城到城口间的封锁线。并规定三条基本的前进道路：1. 右路由泰来圩经店圩、百丈岭向文明司、山田铺方向前进，另经店圩南之延寿圩向三界圩，为辅助道路。2. 中路由新桥经界头、盖子排、九峰山向九峰圩方向前进。3. 左路由城口经麻坑圩向岭子头方向前进。一、五、九军团由城口沿湘粤边境经乐昌五山大小王山（与汝城大围山之交）向九峰山脉前进。三、八军团主力绕过汝城县城，由泰来圩一带经泉水进抵延寿。同日晚，六师暂留汝城北进行佯攻，钳制汝城国民党军。

同日　红军总部电告各军团：敌从衡阳、韶关两个方面增援两师兵力，协同先前调来耒阳线上的国民党政府军薛岳、周浑元部，重新布置粤汉及湘江两条线上的所谓第三、第四道封锁线。红军总部进驻汝城城溪。蒋介石严饬何键、陈济棠两部，必须竭力阻止红军于宜章、郴州附近。

11月6日　几路红军汇集延寿。国民党急令粤军陈济棠部尾追。粤军独立第二师、第三旅经广东九峰过砖头坳进入汝城，经走马赶往简家桥围截；独立第三师、第一旅则由城口北上，经东岭、大坪赶往泉水尾追红军；驻汝城湘军陶柳部、胡凤璋保安团也经马桥赶往山田坳。三路国民党军成三面夹击之势，妄图于延寿等地与红军主力决战。但红军主力在敌未合围之前，已迅速通过延寿，由山田坳、城江、山眉分三路进入了岭秀、盈洞，分别于岭秀的永乐、大兴、长洞、大源和盈洞的新聚、坳下、盈洞圩、新联等地宿营。先遣部队则越过百丈岭，于当日下午五时许抵达文明司。时任红九军团政治部主任的李涛，中央军委总部三局局长宋裕和（均为汝城延寿人）匆匆路过家门，无暇回家会见亲人。从濠头撤离的红三、八军团最后一部也由附城南岭背等地赶经延寿抵岭秀长洞。红军经过岭秀时，在长洞老屋场，把徐君亮、徐怀余等土豪的粮食、布匹、衣物等分给贫苦农民。三军团从左路突破国民党湘军何健部在汝城至城口恩村间设置的第二道封锁线。红三军团侦察排赶到了文明，发动群众活捉文明乡乡长朱性培。红一军团进驻城口。红军总部进驻汝城厚溪。

11月7日　毛泽东、朱德联署起草《出路在哪里?》宣言书。军委主席、红军总司令朱德接一军团报告，开始部署一、三军团突破乐昌、宜章、郴县间国民党军设置的第三道封锁线的行动。邓小平担任主编的《红星》报在汝城发布了长征路上唯一一张"号外"，重申了红军纪律。红三军团主力首先占领文明司。中央机关、中央军委纵队、各野战军团部队陆续抵达文明司，分别在老白冲、秀水、韩田、沙洲、新东、文市等地宿营并短暂休整。左路第一、九军团由乐昌九峰进入文明上章、楼江。安排总司令部、后勤部驻秀水，总政治部驻韩田，总卫生部驻沙洲。毛泽东、朱德、陈云等均在文明住宿。同时，苏维埃国家银行在文明街、沙洲村两地设立银行兑换处，红军所用的"苏钞"按日兑换，共兑换了3天。下午，红三军团一部从文明新东出发，经宣溪、良田进入宜章小水岭、大屋场、红家坳等地。卫戍司令部等领导机关驻文市司背。下午，红三军团一部由文明新东，经宣溪、幸福、良田进入宜章小水岭、大屋场、红家坳。红五军团为掩护中央军委纵队在延寿、岭秀等地阻击国民党粤军四师与湘军陶柳等部，双方均有较大伤亡。红军总部进驻小垣大山。

11月8日　红五、九军团突破第二道封锁线，军委部署突破第三道封锁线。4时20分，一军团电告红军总部："由九峰乐昌之线东向西前进，经九峰、茶寮……乐昌，此数处均有敌阻，另外有一条极小的路直到枫门坳。但枫门坳亦有敌做工事。……九峰以北敌情道路如何不明……今日二师一个团走小路攻占枫门坳，以一师全部及二师二团（缺一营）攻击茶寮……一师应经蒋元向茶寮前进，进到后，如敌不多，工事不坚，周、刘应单独攻击之，否则待二师到达后与二师取得电话联系后再候令攻击。"15时，红军总部发布在良田、宜章间突破国民党军封锁线的命令："军委决定三军团于良田、宜章（均含）间突破封锁线，其先头师约于十号可前出到宜章地域。一军团应监视九峰、乐昌之敌，并迅速于宜章、坪石之间突破封锁线，军委第一、第二纵队及五、八军团在三军团后跟进，九军团则于一军团后跟进。"15 时 30 分，一军团电告红军总部："现在配合一、二师之各一部攻击茶岭……我五团之一部已占岭子头"，并再次提出"如九峰、茶寮不能占领，则我军无把握自九峰、乐昌间通过西进。"18 时，一军团致电红军总部，请示"我军左纵队已不能经九峰、乐昌间西进而应改自九峰以北西进"。19 时 30 分，红军总部复电一军团："依你们来电看，一军团主力的部署仅在九峰东南及以南地域，这使军委一、二纵队受到九峰之敌的威胁……一军团有防止九峰之敌向砖头坳（属汝城小垣境内）前进之任务，因此，一师应派出一部控制九峰通砖头坳的大路。"20 时，一军团首长下决心并电告红军总部："我们明日率一师经大王山及砖头坳以东向九峰以北转进。"三军团首长为突破国民党军第三道封锁线进行部署：决定五师全部，六师（缺一个团）、直属队，首先突破章桥市、万会桥之线，以打开西进道路为目的，相机占领宜章城。五军团在汝城以南之天马山至城口间，全部通过第二道封锁线。九军团随三军团后，冒着寒风细雨，拥挤奔跑在小道上，连夜赶路西进。红军总部进驻汝城延寿圩。

11 月 9 日　红军在文明老白冲、韩田一带张贴宣传《出路在哪里》。红三军团主力向宜章城进逼。凌晨 1 时，朱德急电三军团首长：一、九军团不能于九峰、乐昌之间通过，并将转移到九峰之东北，而砖头坳已到粤敌之一部。三军团应利用湘敌未赶到前的时机，同时占领宜章及两路司。为达此目的，应使用第五师、六师之主力。此外，迅速占领唐村、白鲗并相机占领坪石街，并保持在我手中，直至一军团到达为止。凌晨 2 时，红军总部命令："一军团（缺十五师）以强行军前进到九峰的东北……无论如何不得让敌人进到九峰以东及以北地域。"以抢占粤汉铁路边的制高点——九峰山，防止粤军占领乐昌，向我发动袭击和堵截，掩护中央纵队和其他部队从九峰山以北到五指峰之间安全通过。

同日　5—6 时，一军团两次电告红军总部："一军团已取道大小王山（乐昌五山与汝城小垣之间）、延寿圩向九峰东北地域转进"，"本日我除一部监视茶寮，第一、第二师经大王山四沌关家桥向九峰以北转进"。三军团首长获悉宜章城确无国民党正规军队，仅有数百义勇军据守。决定派第十三团为先遣支队，附红星炮营，袭取宜章。五师主力与六师两个团及军团直属队，均向宜章城进逼。在行动过程中又调整了全军团的部署，决定五师于 10 日午前攻占良田北端万会桥为主要目标，六师附迫击炮两个连、山炮一门，以攻占宜章为主要目标，得手后，以一个团进占泮石，一个营进占白石。五师主力为军团预备队，取道平和，于 10 月 10 时前到达雨湾市，准备截击郴州南援之国民党军。红军五师十四团今攻占章桥石。五军团第十四师第四十一团和八、九军团一部与堵截我之国民党军在延寿圩激战 3 小时，部队才得以通过延寿圩。红军总部进驻汝城文明司。

11 月 10 日　一军团第二师抢占了九峰山，三军团攻占宜章城。凌晨 2 时，朱德致电一军团首长：为争回已失去的战术时机，一、九军团 10 日、11 日应经三界圩、中塘、里田至赤石司，以便以后能前出于三军团左翼以前指定之宜章以南地域。并告军委一纵队 10 日留文明司附近。一军团第二师第四团激战一天，抢占了九峰山。三军团第五师攻占良田、黄泥坳，迫近郴州，切实郴宜大道，摧毁国民党军堡垒百余座。红军六师以十六团为先锋，冒着大雨向宜章城迫近，在距宜章城 15 公里的白石渡，击溃二百多名反动民团的拦阻，迫其退至宜章城下，吓得驻守宜章城的国民党军紧闭城门。红军为减轻攻城损失，等待炮兵协同攻击，先从东门到南门，将整个宜章城围困，城郊劳苦群众见红军到来，热情帮助红军，特别是 300 多名筑路工人，协助红军挖坑道、扎梯子，作攻城准备。城内国民党守军见此情景，深夜弃城逃跑。

同日　10 时，红军总部批评一、九军团行动无计划及执行命令迟缓，致使红军迅速通过敌人封锁线受到影响。红军总部驻文明司。

11 月 10 日　中央红军总政治部发布了《关于红军中没收征发委员会暂行组织条例》。

11 月，中共中央发布《中国共产党中央委员会告民众书》。

11 月 11 日　红军总部通令嘉奖表彰三军团。拂晓，宜章城城门大开，城内群众热烈欢迎红军进城。三军团第六师，为突破国民党军设置的第三道封锁线立下首功。为此，红军总部下达通令，嘉奖表彰："军委赞扬三军团首长彭（德怀）杨（尚昆）同志及全体指战员在突破汝城及宜（章）郴（县）两封锁线时之英勇与模范的战斗动作"。并要求三军团"保证野战军全部通过封锁线"。朱德命令中央第二纵队司令员罗迈：（1）九军团后方部队及 22 师于 11 日晚或 12 日晨到达文明司地域；（2）他们配置于现地第一纵队的宿营位置；（3）罗迈同志为文明司的卫戍司令并负责分配宿营地域及一般秩序。红军总部仍驻文明司。

11 月 13 日　一军团全部越过大王山进入汝城地，沿湘粤边境进抵宜章白石渡。

1935 年

4 月中旬　蔡会文组建的湘粤赣边区支队，在资、汝、桂之间的东边山与游世雄会合，建立汝、桂、崇革命根据地，坚持武装斗争。

6月4日　何键划郴州、宜章、汝城等县为湖南省第八保安区，胡凤璋为副司令。各县设团防局，建常备队，军事"围剿"共产党和游击队，实行大清剿。

1936 年

1月　中共西边山边区委员会成立，书记游世雄；副书记杨汉林，隶属中共汝城工作团。

1937 年

5—6月　湖南省第八区保安副司令胡凤璋率汝城、资兴、桂东3县地方武装对东、西边山进行清剿。

10月　中共汝城县临时区委成立，赖绍尧任书记，隶属中共湘南特委。郭力军、何大群等组织"濠头学友会"、濠头学友联谊会，编辑《波浪》进步刊物，反抗地方势力；建立濠头抗战救亡剧团，宣传抗日救国。县政府召开汝城县抗敌誓师大会。范旦宇起草了《告全县人民书》。

冬　郭力军、何大群等冲破国民党的控制，组织"濠头学友会"，反抗地方势力；建立"青年巡回剧团"，宣传抗日救国。

12月　县设立民训总队和乡民训队。全县筹集稻谷18.9万担，支援抗日前线，开展"七七抗战献金"活动。

1938 年

2月　组建中共资汝桂中心县委，顾星奎任书记。

3月　汝城星光书店开业，董事长何海伦，经理何湘泉，会员有140多人，推销抗日救国书刊。

7月　中共汝城县委建立中共星光书店支部，朱秋任书记，何海伦、何湘泉为支部委员。举办星光读书会。推销抗日救国书刊。举办星光读书会和组建抗日民族解放先锋队，传播马克思主义和抗日救国思想。在开山庙撤销中共汝城县临时县委，成立中共汝城县委，何秉才任书记。

8月　中共汝城县委以濠头抗日救国剧团为基础，成立了汝城青年巡回剧团，由县委领导。根据县委指示，剧团内秘密成立了"民族解放先锋队"，何大群任队长，在剧团内外发展了大批队员，在西乡、南乡、土桥、濠头等地巡回演出《放下你的鞭子》《电线杆子》《义勇军进行曲》等节目，宣传抗日。建立汝城县"青年巡回剧团"，组建抗日民族解放先锋队，传播马列主义和救国思想。同月，汝城县委输送了何大柱、胡代炜、范坚才等到延安"抗大"和陕北公学学习。在此前后，还有曹明煌、范大生、范名琚等赴陕北。

11月　县抗日自卫团成立。

1939年

2月　中共汝城县委指示在储能、启明两校秘密建立党支部。朱书诚为储能支部书记，何大群、朱家基先后为启明支部书记。

5月　汝城县的统战工作，受到中共湖南省委书记高文华的表扬。

9月　湘南特委代理书记谷子元亲临汝城布置隐蔽工作，指示县委书记何秉才、组织部长朱忠源撤离汝城，朱琦接任县委书记，雷乐云为组织部长，郭履峻为宣传部长。

10月　郭履峻被派到湘南特委做联络工作，后经湘南特委介绍参加新四军。宣传部长由何大群接任。

1940年

湘南特委派特委委员蔡坚为特派员到汝城，安排朱琦、朱秋等转移到乐昌，指派何大仁为县委书记，何子钧为组织部长。

1941年

2月　组建中共资汝桂中心县委，顾星奎任书记。

秋　国民党破坏国共合作，密捕中共汝城县区委负责人宋扬庭、朱家基、曹明道入狱。

冬　根据湘南特委指示，汝城县地下党员朱善猷、何大群、朱上炯、朱汉樵等先后转移到广西桂林，与1939年冬达到桂林的地下桂林党支部负责人朱忠源（后何大群负责）接上了组织关系，后参加了桂林支部。该支部直属湖南省委、湘南特委领导，由撤到桂林的汝城籍和湖南其他县的党员组成。

11月　县抗日自卫团成立，举办教导队训练班。

1942年

中共汝城县委书记何大仁向国民党汝城县党部书记长、中统特务郑德行秘密自首，组织部长何子钧也叛变，县委停止了活动。

1943年

3月　中山大学文学院迁到泉水殿华，开展抗日救亡运动。

10月　县政府设立劝募委员会，发行战时公债11万元。

1944 年

日本军队向湖南大举进攻，长沙、衡阳等地相继失守，湖南省党部、省政府、第九战区司令长官部（薛岳）等机关、部队退驻汝城。

春　2 架美军驾驶的战斗机"寇蒂斯 P—40 与日寇作战被击伤，分别降落于县校坪场和撞毁于马桥单岭头。县政府立即组织营救飞行员，将飞机残骸送到 130 公里的韶关及乐昌火车站。

6 月　日军向湖南大举进攻，长沙、衡阳等地相继失守。

6 月 16 日　国民党湖南省党部、湖南省政府、国民党第九战区司令长官部等机关、部队退驻汝城县。汝城民众千余人在土桥傅家一带突击修筑飞机场，供抗战飞机起降。

12 月　县政府奉命为部队紧急筹粮 100 万斤，所有粮仓全部调空。第九战区第 160 师第 479 团欧阳泗率部先后在延寿与乐昌九峰之交的砖头坳、三江口与仁化交界的城口，与日军短兵相接，最终收复汝城，保卫了第九战区指挥部和汝城人民。国民党湖南省党部调统室刘美全、王炳彦及叛徒何子钧诱骗密捕中共汝城县委负责人何秉才、范旦宇，并于 12 月 31 日深夜将其杀害于外沙村附近的鸡毛岭。

1945 年

1 月　日军侵占韶关、乐昌，国民党暂编第二军第七、八师、九三后方医院、粤汉铁路警队、广州文化学院以及香港、广东、湖南及江西大批难民涌进汝城，高峰时达 120 万人。汝城县设 11 处难民收容所，千方百计安置难民。

春　朱汉樵奉命秘密回县，计划组织地下武装，开辟抗日根据地。

8 月 18 日　王震、王首道率八路军一二九师三五九旅约 5000 人组成的国民革命军第十八集团军独立第一游击支队，经桂东八面山进入汝城县南洞、田庄，击溃敌军堵截，经濠头向赣南进发。8 月 21 日，王震令打开国民党第九战区建的濠头白袍粮仓，除支队每人带足 7 天粮食 3 斤食盐外，其余的都分给了当地群众。王震在濠头白袍召开大革命时期的党员和革命群众座谈会，王震说："抗日已经结束，我们胜利了，打败了日本，不要两三年，全国就要解放，三座大山就要被推翻，你们是老革命根据地的同志，要坚持革命。"

9 月 12 日　下午 3 时，胡凤璋依仗第九战区司令长官部高参方日英之势，凭方日英便条充当汝城县长，抢夺县长贺钦县印。

10 月　广东革命武装东江纵队一部由仁化长江进入东岭一带活动。为表彰和纪念汝城军民在抗战中英勇牺牲的官兵，第九战区司令长官薛岳、汝城县政府在县城西关口树立《抗战阵亡将士纪念碑》，在县城文庙内兴建忠烈祠，供奉烈士灵位，以昭后世。

1946年

2月　成立中共濠头党小组，何大文任组长。

8—9月　叶昌部在汝城东南部开展武装斗争。公开打出"崇义仁化汝城人民反征救命团"的旗帜。

12月　朱上炯回县后最先到濠头活动，发展了何松波、何大鹏、何大文等人入党。

1947年

2月　县自卫总队成立，乡设自卫分队。

7月　就学于中山大学的知识青年郭名善等前往香港华南分局寻找党组织，汇报准备于桂东发动武装起义，要求组织派人领导。分局领导指示他找五岭地委联系。

8月　五岭地委通知在湘粤赣边活动的李康寿（唐瑞）等人，告知桂东有人搞武装斗争，密切注意桂东、汝城方面的动静，设法与之联系。郭名善回桂东后，向郭垂炎汇报赴港情况，并前往广东南雄寻找五岭地委和游击队。途经汝城东岭，恰好遇到湘粤赣边人民解放总队负责人李康寿，接上了五岭地委关系。

10月27日　李康寿、黄强等随郭名善前往桂东沙田龙头村排里，准备举行起义。经分析研究，汝城集龙圩地处湘粤赣三省交界之处，有利于扩大影响，就近与边总司令部联系，又距汝城县城较远、敌难增援，起义部队决定首先攻打集龙警察所。29日晚，李康寿、郭名善率两个机枪班、两个步枪班和一个短枪突击队共67人枪，从沙田龙头村出发，沿着山间羊肠小道，急速向集龙圩进发。在当地游击队的配合支持下，半夜时分，部队到达集龙圩，郭名善指挥起义军迅速包围了驻在江西会馆的警察分局，大获全胜。集龙战斗，游击队毙敌1人，俘敌20余人，缴获长短枪32支，弹药数箱，光洋等财物。这一枪，打得真漂亮，打响了华南湘粤桂赣琼5省解放战争第一枪！集龙首战告捷后，游击队开往五岭地委和边总司令部驻地南雄整训。边总授该队为"湘粤赣边区人民解放总队北上先遣队"番号（简称北上先遣队），队长郭名善，政委李康寿。

1948年

3—4月　五岭地委由仁化凌溪迁移到汝城东岭一带。

8月　中共汝城县工委成立，朱汉樵任书记。

8—9月　中共五岭地委派陈达伟等进入县内南乡活动。配合中共汝城县工委，组织游击队，开展武装斗争。该队于1949年5月命名为"雄狮武工队"。

11月23日　湖南高等法院根据地方法院起诉，在长沙拘捕惨杀张盛珊的主犯胡凤璋。

1949年

2月11日　刘亚球率武工队进入汝城浙江山

5月1日　独立大队挥师汝城文明圩，占领乡公所，成立"汝城县军事管制委员会文明办事处"，谷正为主任。文明成为湖南最早解放的乡。

6月13日　湘南各县人民武装部队及北上先遣队3000余人枪汇集泉水殿华整编，成立中国人民解放军湘南支队，李林任支队长，刘亚球任政委，下设3个大队和暂编团。陈少华任汝城县大队大队长。

6月14日　胡凤璋在长沙被保释放，出狱后，会见薛岳（湘粤赣剿"匪"总指挥），被封为湘粤赣边区剿匪副司令。

6月25日　在湘南支队的政治攻势和军事打击下，驻汝湘保安十一团李可才部弃县城逃走至马桥石泉。湘南支队和县大队进驻县城。宣告汝城解放。

6月26日　成立汝城县军事管制委员会。27日，全县有11个乡（镇）军管办事处成立。

6月29日　叶昌率粤北二支队至县，支援围歼在石泉村的湘保安十一团。

7月9日　湘南支队、粤北二支队通过政治攻势和军事打击，活捉了负隅顽抗的胡凤璋。

7月中旬　国民党六十四军黄团、三十九军李团、六十三军欧团、白崇禧部廖团进犯汝城，到处抢守财物，抓丁拉扶。

8月15日　湘南支队在桂东沙田宣布处决胡凤璋。

8月26日　汝城县人民政府成立，朱汉樵任县长。

9月上旬　全县12个乡（镇）人民政府建立。

9月28日　中国人民解放军第二野战军第十三军、十四军10万余人到达汝城。县、乡政府积极筹集粮草支援大军过境南征。

10月1日　在县城小校场召开庆祝中华人民共和国成立万人大会，县长朱汉樵主持，南下大军第十四军军长李成芳讲了话。

　　10月8日　县工委、县人民政府召开工作会议，决定配备武装工作队深入发动群众，巩固农会和民兵组织，对残余土匪武装进行全力追剿。14日，中共汝城县（工）委又作出决定，全力部署剿匪战斗，以巩固新生的人民政权。至1951年4月，全县剿匪斗争取得全面胜利。

中共汝城组织一览表

（1926—1949）

（一）大革命时期

1. 中共汝城小组（1926.2—1926.5）

组长　朱青勋

成员　宋清贤　何举成　李　涛　何翊奎

2. 中共汝城县支部（1926.6—1926.8）

书记　朱青勋

委员　何举成　何翊奎

3. 中共汝城县特别支部（1926.8—1927.8）

书记　朱青勋

委员　何举成　何翊奎　李　涛　宋清贤

4. C. P.（中共）驻汝特别工作委员会（1927.6—1927.8）

书记　任卓宣

委员　陈东日　陈佑魁　吴振民　朱青勋

5. 郴（县）宜（章）资（兴）汝（城）特别工作委员会（中心设汝城）
（1927.7—1927.8）

书记　夏明震

委员　朱青勋　高静山　李一鼎

6. 中共汝城基层组织

①中共城区支部（1926.10—1927.8）

②中共东乡支部（1926.10—1927.8）

③中共北乡支部（1926.10—1927.8）

④中共西乡支部（1926.11—1927.8）

⑤中共热水支部（1927.1—1927.8）

⑥中共濠头支部（1927.1—1927.8）

⑦中共益将支部（不详）

⑧中共东岭支部（1927.2—1927.8）

⑨中共南乡支部（1927.2—1927.8）

⑩中共延寿支部（1927.5—1927.8）

（二）土地革命战争时期

1. 中共汝城县委（1927.9—1929 秋）

书记 何日升（1927.9—1928.4）

唐天际（1928.8—1929 秋）

委员 胡伟章 范旦宇 欧阳焜 朱忠良 朱 赤

2. 中共工农革命军第二师第一团委员会（1927.9—1927.11）

书记 任卓宣

委员 何举成 李 涛

3. 中共第十六军委员会（1927.11—1927.12）

书记 陈毅

4. 中共第十六军特务营委员会（1927.11—1928.2）

书记 李 涛

委员 何举成 范 卓

5. 中共湘粤赣边特区委员会（1928.1—1929 冬）

书记 赖绍尧

委员 曾 棠 曾 碬 叶绍球 张明钦 范 卓 胡宗钦

6. 中共资（兴）汝（城）边区支部（1928.4—1928.6）

书记 何翊奎

委员 钟碧楚 刘光明

7. 中共湘粤赣边区游击大队支部（1927 冬—1934 冬）

书记 赖鉴冰

8. 中共西边山边区委员会（1936.1—1937.10）

书 记 游世雄

副书记 杨汉林

委 员 赵书良 顾星奎 王 赤 王佐凡 彭寿其 陈 奎

9. 中共西边山特区委（1937.4—1938.1）

书记 顾星奎

10. 中共汝城基层党组织

①中共热水支部（1928 春—1932.5）

②中共东岭支部（1928 春—1932.5）

③中共濠头组织（1927.9—1934.11）

④中共南洞、田庄组织（1928.8—1929 秋）

（三）全民族抗日战争时期

1. 中共汝城临时区委（1937.10—1938 冬）

书 记　赖绍尧（1937.10—1938.7）

何秉才（1938.7—1938.冬）

委 员　范 卓　范致远

2. 中共资（兴）汝（城）桂（东）中心县委（1937.10—1939 冬）

书 记　顾星奎（1937.10—1938 冬）

赖绍尧（1938 冬—1939 冬）

委 员　彭寿其　刘芝禄　李书福　钟乐喜　李明秋

3. 中共汝城县委（1938.7—1941.6）

书 记　赖绍尧（1938.7—1938 冬）

何秉才（1938 冬—1939.9）

朱 琦（1939.9—1940 春）

何大仁（1940 春—1941 春）

宋扬庭（1941.6—1941 秋）

交通员　宋正经（1941 春—1941.6）

委 员　范 卓　朱志元　雷乐云　朱道行　范旦宇

朱 琦　郭力军　何大群　范致远　何子钧

4. 中共桂林特别支部（1939.12—1944 冬）

负责人　朱志元（1939.12—1941.12）

何大群（1941.12—1944 冬）

5. 中共汝城基层组织

①中共汝城西区区委（1938.8—1944）

中共外沙支部　　　中共大稼支部　　　中共坳头支部

中共桑坪支部　　　中共荷塘支部　　　中共延益支部

中共莲塘坳支部　　中共霞留支部　　　中共留富支部

中共石泥坑支部　中共黄草坪支部

②中共汝城北区区委（1938.冬—1941）

中共田庄支部　　中共黄家支部　　中共开山支部

中共蕉叶垅支部　中共唐乾支部　　中共暖水支部

中共南洞支部

③中共汝城东区区委（1939.1—1942.2）

中共横迳支部　　中共长安支部　　中共永安支部

中共宽量支部　　中共李家支部　　中共香垣支部

中共迳口支部　　中共水口支部　　中共濠头支部

中共热水支部　　中共鱼王支部　　中共东岭支部

④中共汝城中区区委（1938.1—1942.1）

中共水东支部　　中共厚坊支部　　中共城市支部

中共叶家支部　　中共广东店员支部　中共颜家支部

中共曹家支部　　中共津江支部　　中共城厢支部

中共高村支部　　中共北门口曹家支部

6.中共汝城县委直属支部

①中共星光书店支部（1938.6—1939.9）

②中共南乡支部（1938冬—1944）

③中共启明支部（1938冬—1939冬）

④中共储能支部（1938冬—1940）

⑤中共濠头支部（不详）

（四）解放战争时期

1.中共桂（东）汝（城）崇（义）资（兴）工作委员会（1948.1—1949.3）

书记　李康寿

委员　孙　立　郭名善　郭垂炎

2.中共崇（义）仁（化）汝（城）工作委员会（1948.10—1949.3）

书记　颜　申

委员　劳　火　陈仲舒　黄　枫　陈少华　徐道金

3.中共汝城县工作委员会（1948.8—1950.3）

书记　朱汉樵

委员　朱上炯　金　波　陈少华　劳　火　陈仲舒

4. 中共汝城基层组织

①中共濠头小组（1947.2—1948.3）

②中共濠头支部（1948.3—1948.12）

③中共庙前坳支部（1948.12—1949.4）

④中共汝城城区临时支部（1948.12—1949.6）

⑤中共汝东支部（1949 初—1949.9）

⑥中共田庄支部（1949.7—1949.9）

后 记

中共汝城县委党史研究室、汝城县中共党史联络组主持编撰的《汝城县革命斗争史》，是《湖南红色基因文库》书目之一。

经过多年的艰辛努力，本书正式出版了。这是汝城人民政治生活中的一件大事，也是地方党史研究的又一项丰硕成果。

本书编者在《中国共产党汝城历史》第一卷的基础上，坚持唯物史观和实事求是原则，深入调查研究，以更加翔实的史料，更为生动的叙述，系统地再现了新民主主义革命时期汝城党组织领导人民群众走过的艰难历程，热情讴歌了汝城共产党人及人民群众追求真理、勇于牺牲的革命精神，阐述了汝城的革命斗争在全省、全国的历史地位，具有重要的史料、学术和政治价值。本书的出版，为开发红色资源，讲好红色故事，传承红色基因，促进汝城的经济和社会和谐发展，推进汝城改革开放大业和现代化建设，提供了丰富而珍贵的精神食粮。

由于编者的理论素养和学术水平有限，书中存在缺点、错误在所难免，敬请读者赐教。

本书编纂组

2022 年 6 月